沟通艺术

（第2版）

◎主　编　崔景茂　刘仁三　李学灵

◎副主编　叶士舟　李文君　陈兴旺　赵　念　徐　旻　曹　洁

◎参　编　鲍　玮　宋庆福　朱娉娉　程　娟　龚丽兰　方海林

　　　　　吕　刚　熊云惠　武　迪

Publishing House of Electronics Industry

北京·BEIJING

内容简介

本书涵盖职场沟通的基本理论、基本知识、基本技能和基本方法，可以为相关课程提供理论与实践指导。本书的每个模块均设计了学习目标、内容结构、引例、思考与练习、技能训练、能力自评等环节，方便教师教学使用。教材另附有相对完整的与教材内容和教学目标相对应的训练体系（训练手册）。本书内容翔实、资料丰富，可充分满足学生课前预习、课中讨论和课后练习的需求。通过对本书的系统学习和组合训练，学生可以掌握职场沟通的基本理论、基本知识、基本技能和基本方法；培养与职场沟通相对应的语言、非语言表达能力，口头、书面沟通能力，常见演示报告编制能力，新媒体作品创作能力等；兼顾培养观察思考、积极反馈、团队合作、协调关系等通用能力的提升需求。

本书可作为高等职业院校沟通类课程的教师教学用书和学生自学使用。

未经许可，不得以任何方式复制或抄袭本书之部分或全部内容。
版权所有，侵权必究。

图书在版编目（CIP）数据

沟通艺术 / 崔景茂，刘仁三，李学灵主编. —2 版. —北京：电子工业出版社，2024.5
ISBN 978-7-121-47857-4
Ⅰ. ①沟… Ⅱ. ①崔… ②刘… ③李… Ⅲ. ①心理交往－语言艺术－职业教育－教材 Ⅳ. ①C912.13-49
中国国家版本馆 CIP 数据核字（2024）第 097470 号

责任编辑：游　陆
印　　刷：河北虎彩印刷有限公司
装　　订：河北虎彩印刷有限公司
出版发行：电子工业出版社
　　　　　北京市海淀区万寿路 173 信箱　　邮编：100036
开　　本：787×1 092　1/16　　印张：12.75　　字数：326 千字
版　　次：2020 年 9 月第 1 版
　　　　　2024 年 5 月第 2 版
印　　次：2025 年 8 月第 4 次印刷
定　　价：39.80 元

凡所购买电子工业出版社图书有缺损问题，请向购买书店调换。若书店售缺，请与本社发行部联系，联系及邮购电话：（010）88254888，88258888。
质量投诉请发邮件至 zlts@phei.com.cn，盗版侵权举报请发邮件至 dbqq@phei.com.cn。
本书咨询联系方式：（010）88254489，youl@phei.com.cn。

前　　言

沟通是我们获取信息、交流感情、协调行动不可或缺的基本手段，也是我们作为人的最基本的社会能力。沟通作为人生存和发展的工具，具有两面性。这是本书取名为"沟通艺术"而非"沟通技巧"的原因。"技巧"强调的是工具性的层面，注重的是手段；"艺术"则更强调文化的层面，注重的是目标。为了全面推进学生职业综合能力的培养，系统提高学生的沟通能力，编者在总结多年来沟通类课程教学经验的基础上，组织编写了这本具有时代性、思想性、实用性、创新性，独具特色的《沟通艺术》（第2版）教材。

所谓时代性，体现在两个方面：一是在互联网媒体作为重要沟通途径的条件下，本书体现了互联网思维，在沟通的途径和方法上有一定的创新；二是教材同步建立了数字化资源，且同步建设了网络课程，使教材内容数字化，便于学生灵活学习。

所谓思想性，就是力求教材在"技巧"之外具有一定的"营养"，这也是本书与当前流行的各类沟通教材的不同之处。本书的"营养"，一是在于具备"课程思政"的价值诉求，将课程思政融于各模块的素养目标，使学习内容与党的二十大精神保持一致，并重点优化设计了训练手册，使之承载新的思想和要求；二是在于立足于公共关系的基本理念与方法，是一本具有公共关系思想的沟通教材。本书在处理竞争关系方面追求合作、共赢，在沟通方法方面更加注重沟通主体的社会责任，在沟通技巧方面强化了工具伦理，在新媒体沟通方面强调控制舆情风险。

所谓实用性，就是更加关注学生能力的提高，力图通过具体沟通项目的训练，使学生获得看得见的成果、可迁移的能力。这种实用性通过训练包的实施得以体现。本书的训练手册中所设计的训练包并不追求训练项目的多与全，而是力图提高训练项目的牵引力和承载力，即对知识的牵引和对职业综合能力的承载。训练包以教学资源的形式呈现。

所谓创新性，就是本书除具备上述创新元素外，重点强调三个方面的创新点，供教师教学和学生自学时重点把握。第一，在沟通价值体系上秉承公共关系的基本理念，力图避免沟通技巧的滥用；第二，在培养方法上主张讲授和训练两条线同步进行，项目训练（生产性实践）不可或缺；第三，在内容体系上增加了对沟通基本问题的深层次思考，引导学生思考更加深邃的沟通哲学问题，以提升其在学习中的认知维度。

本书依托安徽省高等教育振兴计划项目的支持，是2016年高校学科（专业）拔尖人才学术资助重点项目[①]和2021年高校人文社科重点项目（项目编号：sk2021A1122）承诺完成的内容之一。本书由安徽工业经济职业技术学院崔景茂教授（负责前言、训练手册）、刘仁三副教授（负责模块二的子模块二，模块四的子模块二、子模块四，模块八的子模块四）、李学灵副教授（负责模块四的子模块一、子模块三，模块八的子模块二、子模块三）担任

---

① 2016年安徽省高校学科（专业）拔尖人才学术资助重点项目（项目编号：gxjbzd2016095）。

沟通艺术（第2版）

主编，崔景茂负责大纲的编写，刘仁三负责全书的统稿。担任副主编的有滁州城市职业学院叶士舟（负责模块二的子模块一、子模块二）、安徽国防科技职业学院李文君（负责模块五的子模块二、子模块三、子模块四）、滁州城市职业学院陈兴旺（负责模块四的子模块二、子模块四）、安徽国际商务职业学院赵念（负责模块六）、安徽工业经济职业技术学院徐旻（负责模块二的子模块一，模块七的子模块二、子模块三、子模块四）、滁州职业技术学院曹洁（负责模块三）。参加编写的还有安徽工业经济职业技术学院鲍玮（负责模块一、训练手册）、宋庆福（负责模块二的子模块三）、朱婷婷（负责模块二的子模块四）、程娟（负责模块三、训练手册）、龚丽兰（负责模块五、训练手册）、方海林（负责模块六的子模块一、子模块二，训练手册）、吕刚（负责模块六的子模块三、子模块四）、熊云惠（负责模块七的子模块一，模块八的子模块一、子模块五，训练手册）、武迪（负责模块七的子模块二、子模块三、子模块四）。

本书由校企合作开发完成。在教改探索的过程中，安徽华冶地理信息技术有限公司为课程教学提供了现代学徒制培养环境的支持，使相关训练有真实的项目依托，获得较好的实证效果。此次修订，还遴选了与编写院校具有多年深度合作关系的新能源企业、高新技术企业、现代服务性企业，深度参与教材内容及配套资源的编写和开发建设。这些企业在教材内容框架的设计、生产性实习实训大纲与方案的制定等方面参与讨论并提出建设性意见。新增企业包括：中煤矿山建设集团（代表：人力资源部部长纪光星）、京东方科技集团股份有限公司（代表：华东区域招聘经理凌达）、合肥国轩电池科技有限公司（代表：HRBP经理张琳）、联宝（合肥）电子科技有限公司（代表：人力资源校企合作发展部经理常腾飞）、杭州开元名都大酒店（代表：人力资源部总监傅美芳）、合肥辰茂和平酒店（代表：党支部副书记、总经理助理关坚）、合肥香格里拉大酒店（代表：人力资源部总监刘鑫）。

本书的第1版由崔景茂担任主编，并立项为2017年安徽省省级质量工程项目（安徽省规划教材），第2版由李学灵牵头在第1版的基础上进行了必要的修订，由崔景茂、刘仁三、李学灵担任主编。第2版教材在编写过程中参阅、引用了许多专家和学者的有关著作与研究成果，参考了兄弟院校的同类教材，一批年轻且具有丰富教学经验的教师贡献了他们的智慧成果，在此一并表示感谢！

由于编者水平有限，书中难免存在疏漏和不足之处，有待今后进一步修订完善，恳请读者批评指正。

编者

目　　录

模块一　沟通的基本原理　/ 001

- 子模块一　沟通的基本概念　/ 004
- 子模块二　沟通的基本途径　/ 010
- 子模块三　语言沟通和非语言沟通　/ 014
- 子模块四　沟通的模式　/ 023
- 子模块五　沟通障碍及克服　/ 026
- 思考与练习　/ 031
- 技能训练　/ 031
- 能力自评　/ 032

模块二　沟通的基本素养　/ 034

- 子模块一　观察　/ 036
- 子模块二　倾听　/ 041
- 子模块三　语言　/ 047
- 子模块四　情绪管理　/ 052
- 思考与练习　/ 057
- 技能训练　/ 057
- 能力自评　/ 058

模块三　礼仪沟通　/ 060

- 子模块一　非语言沟通与礼仪语言　/ 062
- 子模块二　现代礼仪的内涵　/ 066
- 子模块三　现代社交礼仪要领　/ 068
- 子模块四　现代商务礼仪要领　/ 071
- 思考与练习　/ 077
- 技能训练　/ 077
- 能力自评　/ 077

模块四　管理沟通　/ 079

- 子模块一　管理沟通设计　/ 081
- 子模块二　上级沟通　/ 084
- 子模块三　平级沟通　/ 089
- 子模块四　下级沟通　/ 093
- 思考与练习　/ 098
- 技能训练　/ 099
- 能力自评　/ 099

模块五 商务沟通 / 101

子模块一　商务沟通概述　/ 104
子模块二　企业与顾客的沟通　/ 107
子模块三　企业与上下游企业
　　　　　的沟通　/ 113
子模块四　企业与同行的沟通　/ 115
思考与练习　/ 118
技能训练　/ 118
能力自评　/ 119

模块六 公关沟通 / 120

子模块一　公关沟通的基本概念　/ 123
子模块二　企业 CIS 设计　/ 127
子模块三　提升知名度与美誉度　/ 135
子模块四　广告与公益活动的运用　/ 141
思考与练习　/ 146
技能训练　/ 146
能力自评　/ 146

模块七 媒体沟通 / 148

子模块一　纸媒沟通　/ 151
子模块二　影视媒体沟通　/ 154
子模块三　新媒体沟通　/ 159
子模块四　舆情监控与风险应对　/ 164
思考与练习　/ 169
技能训练　/ 169
能力自评　/ 170

模块八 沟通的哲学思考 / 171

子模块一　与自然的沟通——万物照应自然　/ 173
子模块二　与圣贤的沟通——与孔子对话　/ 177
子模块三　自我沟通——等待自己的灵魂　/ 181
子模块四　与团队成员的沟通——合作共赢　/ 186
子模块五　跨文化沟通——身处地球村　/ 191
思考与练习　/ 194
技能训练　/ 194
能力自评　/ 195

沟通的基本原理

- ☑ 学习目标
- ☑ 内容结构
- ☑ 引例　庄辛说楚襄王
- ☑ 子模块一　沟通的基本概念
- ☑ 子模块二　沟通的基本途径
- ☑ 子模块三　语言沟通和非语言沟通
- ☑ 子模块四　沟通的模式
- ☑ 子模块五　沟通障碍及克服
- ☑ 思考与练习
- ☑ 技能训练
- ☑ 能力自评

学习目标

通过本模块的学习，应该达到以下目标

知识目标：掌握沟通的基本概念、沟通的基本途径、语言沟通和非语言沟通、沟通的模式，理解沟通的内涵、要素和目的，了解沟通的重要性。

技能目标：分析沟通过程中出现的障碍，掌握克服沟通障碍的策略。

素养目标：在本模块的学习过程中，通过学习沟通的基本原理，建立并培养沟通意识和沟通能力，逐步养成在任何场合都能够有意识地运用沟通的理论和技巧进行有效沟通的习惯。

内容结构

模块一的内容结构如图 1-1 所示。

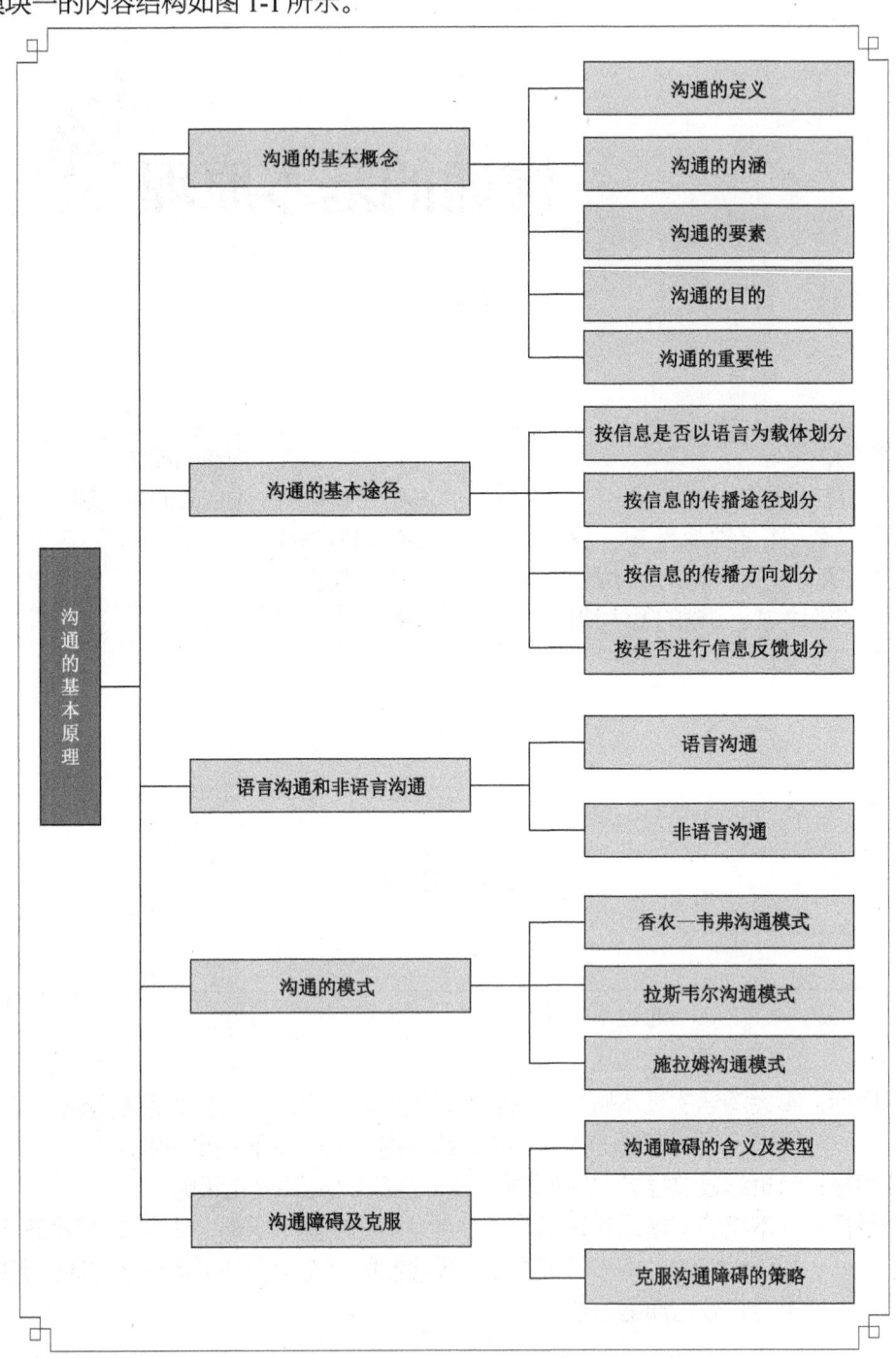

图 1-1　模块一的内容结构

引 例

庄辛说楚襄王

历史上,楚襄王整日不思进取,只求个人享乐,不理朝政,不断割地赔款,而且听信小人谗言,结果接连被秦国攻城略地,江山社稷岌岌可危。但软弱的楚襄王并没有奋起反抗,而是一味隐忍退让,期待秦人会良心发现。他的这种做法,让很多关心国家安危的大臣十分着急,大臣们纷纷进谏,但楚襄王一个也不理。很多人屡次进谏都没能成功,反而引起楚襄王的反感,说他们多言滋事,危言耸听。

当时,朝中有一位名叫庄辛的大臣,足智多谋,他见国家日渐衰落,看在眼里,急在心里,又见众人劝说无效,就亲自去找楚襄王。

楚襄王正在花园赏花,见庄辛到来,知道他又是来进谏的。楚襄王打定主意,无论庄辛说什么,自己都当作耳旁风。所以等庄辛来到他身旁时,他只瞄了庄辛一眼,一言不发。这时,恰有一只蜻蜓飞来,庄辛的脑海里马上闪过一个念头,他说:"大王,您看见那只蜻蜓了吗?"

楚襄王一听,觉得有趣,便说:"看见了,有什么特别吗?"

庄辛继续说:"它活得多舒服呀!吃了蚊子,喝了露水,停在树枝上休息,自以为与世无争,世人不会对它怎样,但它哪里知道,树下正有个小孩拿了粘竿等着它呢!顷刻之间,它就会坠于地下,被蚂蚁所食。"

楚襄王听了,面露凄然之色。

庄辛又说:"您看见那只黄雀了吧?它跳跃在树枝上,吃野果,喝溪水,自以为与世无争,世人不会对它怎样,但它哪里知道,树下正有个童子拿着弹弓对准了它。顷刻之间,它就会坠下树来,落在童子手中。"

楚襄王听了,开始面露惧色。

庄辛又说:"这些小东西不说了,再说那黄鹄吧!它展大翅,渡江海,过大沼,凌清风,追白云,自以为与世无争,世人不会对它怎样,但它哪里知道,下边正有个射手搭弓上箭,已瞄准了它。顷刻之间,它就会坠下地来,成了人间美味呢!"

楚襄王听了,惊起了一身鸡皮疙瘩。

庄辛又说:"禽鸟的事不足论,再说一下蔡灵侯吧。蔡灵侯左手抱姬,右手挽妾,南游高陂,北游巫山,自以为与世无争,别人不会对他怎样,哪知子发已奉了楚宣王的命令,前去征讨他而夺其地。顷刻之间,蔡灵侯将死无葬身之地。"

楚襄王听了,吓得手脚抖动起来。

庄辛又说:"蔡灵侯的事远了,咱说眼前吧。大王您左有州侯,右有夏侯,群小包围,日夜欢娱,自以为与别人无争,会得到别人的容忍,哪知秦国的穰侯已得了秦王之令,正率重兵向我国进发呢!"

听了庄辛的陈述,楚襄王的脸色一点点变白,浑身发抖,他决心痛改前非,重振国威。庄辛的进谏忠心可嘉,楚襄王为此奖赏了他;庄辛又因劝君有方,被加封为阳陵君。自此,楚襄王励精图治,与秦人一争高下。

资料来源: 唐华山.迂回沟通——有效沟通的谋略与案例[M].北京:人民邮电出

版社，2007.

> 💡 **思考**：同样是劝楚襄王振作起来，为什么别人的话楚襄王听不进去，庄辛的话却让楚襄王吓得全身发抖呢？

子模块一　沟通的基本概念

同步案例 1-1

孔子周游列国，来到陈国与蔡国之间，因兵荒马乱，旅途困顿，三餐以野菜果腹，大家已七日没吃下一粒米饭。有一天，颜回好不容易要到了一些白米，就下锅煮饭，孔子则在一旁睡觉。当孔子醒来时，却看到了意想不到的情景：颜回居然正偷偷地把一口煮好的米饭放到嘴里。孔子非常吃惊，他万万没有想到，自己最信任的弟子，居然在老师几天没吃饱的情况下，先偷偷地吃了。读圣贤书，所为何事？学到的居然是偷吃饭？没多久，颜回端着一碗饭来请孔子吃饭。孔子假装没看见刚才他偷饭吃的事，起身说："我刚才梦见了祖先，这饭很干净，我用它先祭过祖先再吃吧。"颜回一听，急忙摆手说："不行不行，刚才我煮饭时，有灰土掉进去了，将一团饭弄脏了。扔掉太可惜，给别人吃又不合适，于是我自己吃了，已经吃过的饭是不能用来祭祀的啊。"至此孔子方才明白，自己错怪颜回了。

资料来源：根据《吕氏春秋·览·审分览》整理。

> 💡 **思考**：孔子对颜回的误解是通过什么消除的？

> 📖 **启发**：误会止于沟通！

在日常的工作和生活中，沟通无时不在，无时不有。沟通是我们每个人每天都要做的事（与别人的交谈、打电话、阅读书籍或邮件、发表演讲等），是我们生活中必不可少的部分。马克·吐温说过："沟通是成功人生的通行证。即便是上帝，也有有求于关系的时候。"未来学大师阿尔文·托夫勒指出："与其说我们深深卷入信息时代，还不如说我们正处于沟通革命时代。"通用电气前 CEO 杰克·韦尔奇说过："管理的秘诀，就是沟通，沟通，再沟通。"美国哈佛大学的调查资料显示：在 500 个被解聘的人中，因人际沟通不良而导致工作不称职者占 82%。美国普林斯顿大学在对 10 000 份人事档案进行分析时发现，"智慧""专业技能""经验"只占成功因素的 25%，其余 75%取决于良好的人际沟通。越来越多的数据、事实说明，有效、良好的沟通能力已成为人们必不可少的重要能力之一。

一、沟通的定义

沟通，原译自英语 communication，是传播学中的核心概念。对于什么是沟通，不同的专家、学者从各自的角度给沟通下了各种定义。据统计，关于沟通的定义竟有一两百种之多。

《大英百科全书》：沟通就是"用任何方法，彼此交换信息。即一个人与另一个人之间用视觉、符号、电话、电报、收音机、电视或其他工具为媒介，从事交换消息的方法"。

《韦氏词典》：沟通就是"文字、文句或消息之交通，思想或意见之交换"。

《现代汉语词典》：沟通就是"使两方能通连"。

拉斯韦尔认为，沟通就是"什么人说什么，由什么路线传至什么人，达到什么结果"。

"决策学派"管理学家赫伯特·西蒙认为，沟通"可视为任何一种程序，组织中的成员将其所决定意见或前提，传送给其他有关成员"。

管理学家斯蒂芬·罗宾斯认为，沟通是"意义的传递和理解"。

美国学者桑德拉·黑贝尔斯、理查德·威沃尔二世在其所著的《有效沟通》一书中，将沟通进一步定义为："沟通是人们分享信息、思想和情感的任何过程。这种过程不仅包含口头语言和书面语言，还包含形体语言、个人的习气和方式、物质环境——赋予信息含义的任何东西。"

中国学者苏勇在其编著的《管理沟通》一书中，从管理的角度，特别是从领导工作的职能特性出发，吸收了信息学的研究成果，将沟通定义为："沟通是信息凭借一定的符号载体，在个人或群体间从发送者到接收者进行传递，并获取理解的过程。"

结合以上定义，我们认为：沟通是信息交换的过程，是为了达到一定的目的，两个或两个以上的主体通过一定的方式或渠道，进行的传递信息、传播思想、表达情感的整个过程。

课堂讨论：请你用一句话来描述沟通。

二、沟通的内涵

1. 沟通是一种信息传递的活动

沟通是两个或两个以上的主体借助某种方式或渠道，进行信息的传递和反馈的过程。如果信息没有被传递，就不会发生沟通。在一定程度上，我们甚至可以说沟通是信息的运动，信息是沟通的材料。

2. 沟通必须借助一定的方式或渠道

沟通的过程，需要通过一定的方式或渠道，包括口头、书面、姿势、网络等。

3. 沟通是双向、互动的反馈和理解过程

沟通是发送者凭借某种方式或渠道，将信息发送给既定对象（接收者），与此同时，接收者在接收信息后，进行信息的反馈并寻求相互理解的过程。因此，沟通是一种双向、

沟通艺术（第2版）

互动的行为，必须是发送者和接收者双方之间的互动，并且整个过程中包括反馈和理解。通俗地说，沟通不是"只说给别人听"，也不是"只听别人说"，沟通是"你说给我听"加上"我说给你听"，彼此之间传递信息、表达情感以求得相互理解。

4. 沟通要有明确的目标

沟通要有明确的目标，这是沟通最重要的前提。沟通时的第一句话要说出你想达到的目的，这是非常重要的，也是沟通技巧在行为上的一种表现。

同步案例 1-2

没有明确目标的沟通是不会成功的

一位举人经过三科候选，终于得到山东某县县令的职位。第一次拜见上司，他想不出该说什么话。他沉默了一会儿，忽然问道："大人尊姓？"上司勉强说了姓某。他低头想了很久，说："大人的姓是百家姓中所没有的。"上司非常惊异："我是旗人，你不知道吗？"他问："大人在哪一旗？"上司回道："正红旗。"他说："正黄旗最好，大人怎么不在正黄旗呢？"上司听后勃然大怒。

资料来源：姜晓敏. 人际沟通与礼仪［M］. 上海：华东师范大学出版社，2010.

启发：案例中的县令去拜见上司，却对上司的情况一无所知，没话找话，结果得罪了上司，恐怕连乌纱帽都难保。有很多事实证明：为了达到目的，谈话时必须简单明了而且具有说服力。最主要的是，该说则说，不该说则不说，而且不了解的事情也不要说，一些突然提起的话题，也应该尽量避免。

5. 沟通是信息、思想和情感的分享与交流过程

在沟通的过程中，信息是比较容易沟通的，诸如几点开会、什么时间去单位、几点的火车，而思想和情感不太容易沟通。在工作的过程中，有很多障碍使思想和情感无法得到很好的沟通。事实上，我们在沟通过程中传递更多的是彼此的思想，而信息的内容并不是主要的内容。

6. 沟通是一种社会活动

沟通是人的沟通，而人是具有社会性的，这就从本质上赋予了沟通社会性的特征。

同步案例 1-3

何谓沟通？

张三："请问你今年贵庚？"
李四："我不耕田，我是养鸭子的。"
张三："我不是问你这个，我是问你今年多大。"
李四："二斤重。"

张三："我也不是问你这个，我是问你今年几岁。"
李四："哦，养鸭也要缴税。"

资料来源：谢红霞．沟通技巧[M]．北京：中国人民大学出版社，2011．

三、沟通的要素

沟通是互动的过程，是由各种要素组成的信息的流动过程。沟通的要素包括发送者、接收者、信息、渠道、噪声、反馈和环境。

1. 发送者

发送者是信息的发送者，是沟通过程的主要要素之一。发送者的主要任务是信息收集、加工、传递和对反馈的反应。

2. 接收者

接收者是发送者的信息传递对象。接收者在接收发送者所传递的信息的同时，也将新的信息注入其中，并且反馈给发送者。所以，在沟通互动的过程中，发送者与接收者在同一时间既发送又接收。接收者的主要任务是接收发送者的思想和情感，并及时把自己的思想和情感反馈给对方。

3. 信息

信息是发送者所发送的内容，是由发送者要与接收者分享的思想和情感组成的。所有的沟通信息都是由语言和非语言两种符号组成的，思想和情感只有在表现为符号时才得以沟通。语言中的每一个词都是表示某一个特定事物或思想的语言符号。当我们说"手机"这个词时，我们认同是在说用于通信的一种移动工具，这里的"手机"是一个具体符号，一个代表着一件物品的符号。非语言符号是我们不用词语而进行沟通的方式，如面部表情、姿势、语调和外表等。像语言符号一样，我们也给非语言符号赋予了特定的含义。例如，打呵欠意味着厌烦或疲倦，皱眉表示疑惑，不看着某人的眼睛可能意味着隐瞒了什么东西。

4. 渠道

渠道是信息经过的路线，是发送者发出信息，接收者接收和反馈的手段。

在面对面的沟通中，渠道主要是听觉和视觉，彼此相互听和看。常见的渠道有我们熟悉的大众传播媒介中的广播、电视、报纸、杂志、网络等。还有其他渠道，如非语言符号中的握手（接触）、着装（视觉）、各种语气和语调（声音）。渠道的主要任务是保证沟通双方信息传递所经过的路线畅通。

5. 噪声

噪声指使信息扭曲的沟通障碍，存在于沟通的各个环节。语义差异、文化差异、信息超载等都会影响沟通的效果，需要沟通双方加以辨别、控制。

6. 反馈

反馈是接收者接收发送者所发出的信息，通过消化和吸收，再将产生的反应传达给发送者的过程。例如，我给你说一则笑话，你付之一笑，这就是反馈。在沟通中，反馈是非常重要的一环，因为反馈能让沟通参与者知道思想和情感是否按他们计划的方式来分享。

在没有干扰的环境中，面对面地发送与接收信息，我们就有机会知道他人是否理解并领会信息传达的意思。例如，教师在上课时，往往根据学生的面部表情来判断学生是否理解，假如学生坐立不安或注意力分散，则可判断他们有些厌烦。

在沟通中，参与的人越少，反馈的机会就越多；参与的人越多，反馈的机会就越少。

7. 环境

环境是沟通发生的地方。人们的沟通总是在特定的、自然或人文的环境中进行，环境对沟通产生巨大的影响。

一般来说，正式的环境适合正式的沟通。例如，礼堂对演讲和表演来说是一个好地方，但对交谈来说并不理想。如果人们要在更亲密的状态下交谈，最好到一个较小和更舒服的屋子里，在那里能面对面地坐着。在很多情况下，环境不同，沟通的效果也是不同的。例如，在大排档用餐和在高档酒楼用餐，效果是不一样的，为什么？许多年轻人喜欢在大排档用餐，因为他们喜欢热闹，在那种嘈杂的环境中谈天说地更随意，不用顾忌很多。高档酒楼就不一样了，对他们来说，酒楼里吃的是正餐，要顾忌餐桌礼仪，虽然这里舒适漂亮，但远不及大排档随意。所以，人们经常根据沟通的目的选择沟通的环境，其效果是不一样的。

党的二十大报告指出："中国坚持经济全球化正确方向，推动贸易和投资自由化便利化，推进双边、区域和多边合作，促进国际宏观经济政策协调，共同营造有利于发展的国际环境，共同培育全球发展新动能，反对保护主义，反对'筑墙设垒'、'脱钩断链'，反对单边制裁、极限施压。"当今世界正在经历百年未有之大变局，新一轮科技革命和产业变革深入发展，与此同时，全球不稳定性正在加剧，我国发展进入战略机遇和风险挑战并存、不确定难预料因素增多的时期，推动经济高质量发展面临的形势更加复杂严峻，任务也更为艰巨。新时代新征程，我们要坚持经济全球化正确方向，携手各国共同营造有利于发展的国际环境，共同培育全球发展新动能，让经济全球化进程更有活力、更加包容、更可持续，推动经济全球化朝着更加开放、包容、普惠、平衡、共赢的方向发展。

四、沟通的目的

1. 传递信息

信息的采集、传送、整理、交换，无一不是沟通的过程。只有通过沟通，交换有意义、有价值的各种信息，生活中的大小事务才得以开展。

2. 表达情感

沟通是人们交换情报、信息和传递思想、情感的过程。与他人沟通，是为了求得相互了解，并达到某种程度的彼此理解，使沟通双方在思想和情感上达到一致的体验。

安利公司在经营时，会让一位成功的业务员讲他成功的经历或经验给其他业务员听，让一位失败的业务员讲他失败的经历给大家听，大家一起沟通交流，最后让五位成功的业务员和五位失败的业务员聚在一起交流。安利公司的这种做法就是让员工学会表达情感，并进行情感分享。

3. 改善人际关系

社会是由人们相互沟通所维持的关系组成的网，人们相互交流是因为需要同周围的社会环境相联系。沟通与人际关系相互促进、相互影响，有效的沟通可以赢得和谐的人际关系，而和谐的人际关系又使沟通更加顺畅。相反，人际关系不良会使沟通难以开展，而不恰当的沟通又会使人际关系变得更差。

沟通是人类社会组织的基本特征和活动之一。没有沟通，就不可能形成人类社会组织。家庭、企业、国家，都是十分典型的人类社会组织形态。沟通是维系组织生存，保持和加强组织纽带，创造和维护组织文化，提高组织效率、效益，支持促进组织不断发展的主要途径。

五、沟通的重要性

 同步案例 1-4

短了四寸的裤子

妈妈给小宏买了一条新裤子，让他穿着参加第二天的小学毕业典礼。小宏在试穿的时候，发现裤子长了两寸，于是在晚饭的时候向奶奶、妈妈和姐姐说了这件事。

妈妈在晚上睡觉之前，想起小宏的裤子长了两寸，就把裤子剪好并放回原处。半夜，姐姐被刮风的声音吵醒，想起小宏裤子的事情，就把裤子又剪短了两寸。奶奶第二天早上醒得早，也想起小宏说过的裤子的事情，于是又把裤子剪短了两寸。

自然，当小宏早上醒来穿衣服的时候，发现自己的裤子整整短了四寸。

资料来源：短了四寸的裤子［J］．中国农村金融．2013（15）．

启发：缺乏充分的沟通，造成事倍功半、阴差阳错的结果。故事中的主人公沟通不到位，结果是剪废了一条裤子。

1. 沟通是个人身心健康的保证

心理学认为人是一种社会性动物，人与人的相处和沟通就像人需要食物、水、住所等一样。如果人失去了与他人相处的机会与接触方式，则很可能会出现一些不良症状，如产生幻觉等。我们平常与他人闲聊琐事，即使聊一些不重要的话题，也能使我们因为满足了彼此互动的需求而感到愉快和满意。心理健康的人，往往喜欢与人交往，并能以乐观、豁达、信任、友爱、尊重、理解等良好的心态待人。良好的人际沟通可以增进双方思想和情感的交流，使双方产生亲密感，获得精神上的愉悦，从而保持旺盛的精力。人际交往的时间与空间范围越广，个人精神生活就越丰富、愉悦，而孤独、不合群的人往往有更多的烦恼和难以排解的苦闷。一位富有远见的成功者，总是会充分利用环境空间提供给自己的条件，使自己有足够的时间与外界保持必要的联系，使与自己相关的各种关系始终处于融合状态。而且，良好的人际关系有助于培养良好的心态，从而从容应对突如其来的各种变故，实现平稳起落。良好的人际关系对于个人生理与心理健康有很大帮助。有人说寂寞会置人于死地，而良好的人际关系可以延年益寿。很多医学研究发现，积极、良好的人际关系使人长寿，提高肌体免疫力，使人较少患病，也有助于身体的康复，而寂寞、疏离等会导致心理疾病。令人痛苦的事莫过于没人理会、没人爱、被放弃、被疏远等，这会使人感到焦虑、沮丧、受挫、失望，从而造成心理的创伤。总之，积极、良好的人际关系使人感到安全、自尊、自信、愉悦，从而成为快乐健康的人。

2. 沟通是社会交往的需要

人际关系提供了社会功能，凭借社会功能我们可以发展和维持与他人的关系。我们必须通过与他人的沟通来了解他人。凭借沟通的过程，关系得以发展、改变或维系。因此，在与某人第一次交谈后，可能会决定是与此人保持距离还是接近他。同时，我们也是为了加强自我肯定而与他人沟通。通过沟通，我们能够探索自我、肯定自我。要了解自己有什么专长与特质，有时要通过沟通从别人口中得知。与他人沟通后所得到的互动结果，往往是自我肯定的来源，每个人都想被肯定、受重视，从互动的结果中就能找到部分答案。

3. 沟通具有决策功能

人除了是社会性动物，也是决策者。我们无时无刻不在做决策，无论是思考接下来是否要去看电视，明天要穿哪一套衣服，还是考虑是否该给对方一个微笑，都是在做决策。但有时可能是靠自己就能做决策，有时却需要和别人商量后一起做决策。沟通满足了决策过程中的两个功能——促进信息交换和影响他人。正确和适时的信息是做有效决策的关键。与他人沟通，可以获得许多有效信息。同时，我们也通过人际沟通来影响他人的决策，如和朋友去买衣服，他的询问意见与你的传达意见之间的互动就可能影响最终结果。

有资料表明，对一位成功者来说，在影响其成功的诸多因素中，来自个人才智、能力、毅力等方面的因素只占不到一半的比例，而更多的则是来自人际关系方面的因素。心理学家认为，一个人除了8小时的睡眠，其余70%的时间要花在人际的各种交往和沟通上。一位事业、生活上的成功者，往往也是善于沟通、勤于交流的人。

子模块二　沟通的基本途径

沟通具有复杂性和普遍性的特点，人与人之间、人与群体之间在思想与情感的传递和反馈过程中，可以借助各种途径或方式进行沟通。总结起来有以下几种常见的途径，这也是沟通的基本类型。

一、按信息是否以语言为载体划分

根据沟通过程中的信息是否以语言为载体进行传播,可将沟通分为语言沟通和非语言沟通两种形式。

1. 语言沟通

语言沟通是指用语言符号进行的信息沟通和交流活动。

2. 非语言沟通

非语言沟通是指不用口头语言和书面语言,而用非语言符号进行的信息沟通和交流活动,主要有各种肢体动作、神态、表情等。

非语言沟通补充了语言沟通的不足,并使沟通形式更加复杂。非语言沟通和语言沟通相互加强,但它们之间存在明显的区别。

语言沟通以语言符号为载体,能对词语进行控制,是结构化的,并且是被正式教授的。非语言沟通是连续的,通过听觉、视觉、嗅觉、触觉等多种渠道传递信息,绝大多数是习惯性的和无意识的,在很大程度上是无结构的,并且是通过模仿学到的。

二、按信息的传播途径划分

根据沟通过程中信息的传播途径不同,可将沟通分为正式沟通和非正式沟通两种形式。

1. 正式沟通

正式沟通是指由组织内部明确的规章制度所规定的沟通形式,即通过组织机构规定的途径所进行的沟通,如会议沟通、正式面谈、传达指示、汇报工作,以及组织之间的信函往来等。一般较重要的信息都采取正式沟通的形式,正式沟通具有官方性、程序性、规范性、严肃性的特点,约束力较强,信息可靠不失真。

2. 非正式沟通

非正式沟通是指在正式渠道之外的信息交流和传达方式,它不受组织监督,自由选择沟通渠道,是正式沟通的补充,如各种各样的社交活动,以及传播谣言和小道消息等。相比正式沟通,非正式沟通是非官方性、非规范性的,具有自发性、灵活性的特点。通过非正式沟通,可以了解组织成员的情况,并为组织做出决策提供一定程度的帮助。但非正式沟通的信息容易失真,所以组织决策者要注意甄别。

 拓展阅读 1-1

正式沟通网络

正式沟通是在组织内部按照规定的程序,传递或交流与工作相关的信息。巴维拉斯和莱维特在 20 世纪 50 年代通过实验提出了五种正式沟通网络,分别是链式、轮式、Y 式、圆周式和全通道式。值得一提的是，现实生活中组织内的正式沟通网络可能是这五种基本模式的变形或综合。

链式：代表信息沿着组织等级向上或向下依次传递。这种模式只有垂直方向上的信息传递，不存在水平方向或越级的信息传递，体现出严格的从属关系。

轮式：代表一个中心人物（通常是主管）与周围成员（通常是下属）进行信息传递。该中心人物是信息的发送点，也是各信息的汇集点，其他成员之间无信息交流。这种模式也只有垂直方向上的信息传递。

Y式：可视为链式和轮式的结合与变形，是一种较复杂的垂直沟通，存在一个中心人物，没有平行沟通。

圆周式：代表成员间依次联系的一个封闭系统，没有中心人物，既可视为一个全部为水平沟通的系统，也可视为一个包含垂直和水平两种传递方向的系统。

全通道式：代表全方位开放式的沟通网络系统，所有成员地位平等，没有中心人物，各成员间能进行相互的信息传递和交流。

研究者对这五种正式沟通网络进行了深入研究，认为可从速度、准确性、满意程度和有无中心人物四个标准来评价正式沟通网络。此后，又有研究者发现不同的正式沟通网络能影响团队领导的选拔、团队学习的速度和轻松度、团队的效率及成员对团队进步的满意程度。也有人认为可从解决问题的速度、对领导的预测度方面对它们进行比较。从"信息传递速度""信息的准确性""问题解决速度"来看：链式网络由于按照从属关系逐级传递信息，因而准确性高，信息传递和问题解决的速度中等；轮式网络的信息均由一个中心人物发送（或将信息传递给该中心人物），没有其他的中间环节，因而快速、准确；Y式网络结合了两者的特点；圆周式网络的信息传递必须依靠有相邻关系的成员，中间环节较多，信息传递速度慢；在最为开放的全通道式网络中，由于任意两两成员都可进行沟通，因而信息传递速度快，但是沟通渠道过多，不易形成统一意见，造成问题解决速度最慢。

资料来源：黎沛昕. 人际沟通网络研究综述[J]. 商业文化（学术版），2010（08）.

三、按信息的传播方向划分

根据沟通过程中信息的传播方向不同，可将沟通分为上行沟通、下行沟通、平行沟通、斜向沟通四种形式。

1. 上行沟通

上行沟通即自下而上的信息传递与沟通，指组织成员借助一定的渠道向领导者传递信息与沟通的活动，如下级向上级反映情况、汇报工作、提出建议等。目前国内有些组织所设立的举报箱、建议箱，实行领导接待来访制度，鼓励组织成员监管等都是上行沟通的形式。

2. 下行沟通

下行沟通即自上而下的信息传递与沟通，指组织的领导者通过一定的渠道向组织成员传递信息与沟通的活动，如上级把政策目标、制度规则等向下级进行传达、发布、命令等。若下行沟通顺畅，就能够把领导者的意图迅速传递给组织成员，提高组织成员的工作自觉性和积极性,尽快实现领导者的组织决策。

3. 平行沟通

平行沟通又称横向沟通,指组织机构中处于相同层次的人员、部门之间的信息传递与沟通,一般常见于组织内部各部门的协调工作。平行沟通有利于加强组织内部各平行部门之间的相互了解、团结合作,有利于维系组织内部的正常关系。如果平行沟通不顺畅,那么组织内部容易出现各平行部门各自为政的现象,也容易造成各平行部门之间的矛盾与冲突,因此不容忽视。

4. 斜向沟通

斜向沟通是指组织机构中不属于同一层次的人员、部门之间的信息传递与沟通,目的是加快信息的传递,常见于职能部门和直线部门之间。

四、按是否进行信息反馈划分

根据沟通过程中是否进行信息反馈,可将沟通分为单向沟通和双向沟通两种形式。

1. 单向沟通

单向沟通即没有反馈的沟通,信息仅从发送者流向接收者,没有信息的反馈过程,如报告、演讲、发布命令等。单向沟通的优点是信息传递速度快,但信息的发送者和接收者之间不存在讨论,因此单向沟通得到的信息并不十分准确,缺乏信息的反馈性。

2. 双向沟通

双向沟通即有反馈的沟通,沟通双方互为信息的发送者和接收者,如讨论、谈判等。双向沟通指信息的发送者和接收者之间有反馈,双方能及时获得反馈的信息。双向沟通的优点是沟通信息的准确性较高,有利于双方的相互理解和情感的联络、巩固。但双向沟通有可能收到对方的质疑或反对意见,信息传递速度较慢。

小游戏:撕纸游戏

游戏类型:沟通技术
参与人数:不限
所需时间:约 15 分钟
游戏场地:室内为宜
所需材料:准备数量是总人数两倍的 A4 纸(废纸也可)
游戏目的:
1. 体验沟通的重要性。
2. 了解两个不同主体之间产生矛盾的原因。
3. 初步掌握沟通的方法。

游戏步骤：
1. 全体学生分别坐在自己的位置上。
2. 教师给每位学生发一张A4纸。
3. 教师发出游戏指令：
（1）请大家闭上眼睛。
（2）游戏的全过程不许提问题。
（3）按照教师的指令操作。
① 首先把纸对折。
② 第二次对折。
③ 第三次对折。
④ 然后把右上角撕下来。
⑤ 把纸转180°，再把左上角也撕下来。
（4）请大家睁开眼睛，把纸打开。
4. 请每位同学在全班展示自己撕的纸（会出现不同的结果）。
5. 教师给每位学生再发一张A4纸。
6. 教师重复相同的指令，再做一遍上次的游戏。唯一不同的是，这次学生可以睁开眼睛，并且可以提出自己的一些疑问及不清楚的地方。例如，问清楚对折是横折还是竖折，折过后的开口朝哪个方向等。在此基础上做完所有的步骤，然后要求学生将纸打开。
7. 分析并比较两次撕纸的结果。
8. 提问：
（1）第一次撕纸，为什么会出现这么多不同的结果？
（2）第二次撕纸的结果和第一次撕纸的结果相比有什么不同？为什么还有图案不一致的现象？
（3）撕纸游戏给我们的启示。
9. 总结：第一次撕纸，很多人的图案都是不同的。第二次撕纸，图案不一致的现象还是存在，但比第一次少了很多。这是因为第一次撕纸是单向沟通，第二次撕纸是双向沟通。之所以还会出现图案不一致的情况，是因为一些学生没有把握撕纸指令中的关键信息（如开口的方向等）。从撕纸游戏中可以看出，人与人之间、人与群体之间、群体与群体之间产生矛盾、出现问题大都是由缺乏沟通或沟通不畅造成的。

子模块三　语言沟通和非语言沟通

同步案例1-5

触龙当说客

战国时期，秦国攻打赵国，赵国危在旦夕，向齐国求救。齐王虽然答应出兵，但需赵国派太后的幼子长安君到齐国做人质。太后听后震怒，严词拒绝，赵国大臣触龙前来说服太后。面对盛怒的太后，他先用"缓冲法"，藏起自己的来意，像两个普通老人一样见面唠起家常，问起居，谈饮食，议养生，使太后从"盛气而揖之"变成了"色少解"，减少了对触龙的抵触情绪。然后，触龙利用太后的爱子之情，告诉太后，真正爱护儿子就要为他的长远打算，儿子去做人质是为国家建功立业，虽然短期可能会让他受些挫折，但从长远来看是非常有利于他的成长的。就这样，触龙成功地说服了太后。

资料来源：史锋．人际沟通与礼仪［M］．北京：北京师范大学出版社，2011．

思考：触龙是如何说服太后的？给你带来什么样的启示？

一、语言沟通

（一）语言沟通的含义

在人际沟通的过程中，语言是人们交流信息的主要手段。所谓语言沟通，是指人们以语言为媒介所进行的信息交流活动。

（二）语言沟通的类型

1. 口头沟通

口头沟通是指借助语言进行的信息传递与交流。口头沟通的形式有很多，如会谈、电话、会议、广播、对话等。口头沟通能够快捷地传递信息，是人们在工作和生活中最常见的一种沟通方式。但是，信息传递所经过的层次越多，通过口头沟通所获得的信息也就越容易失真。

2. 书面沟通

书面沟通是指借助文字进行的信息传递与交流。相比口头沟通，书面沟通显得更加正式、规范和严谨。书面沟通的形式也有很多，如通知、文件、通信、布告、报刊、备忘录、书面总结、汇报等。书面沟通常见于组织与组织之间、组织与群体之间正式的、规范的沟通。书面沟通可以修正沟通的内容，可以使沟通的内容更加直观且方便保存，具有持久性。但是，书面沟通缺乏及时的反馈，并且对信息接收者的影响力有限。

3. 电子沟通

电子沟通是指以计算机技术与电子通信技术组合而产生的信息交流技术为基础的沟通。它是随着电子信息技术的兴起而发展起来的一种沟通方式，包括传真、闭路电视、计算机网络、电子邮件等。

（三）语言沟通的特征

语言沟通是人们交流思想、表达情感、寻求互助与合作的一种手段。因此，从本质上看，语言沟通是一种普遍存在的社会现象，具有社会性的特征；从形式上看，语言沟通是个体与个体之间的具体行为，具有鲜明的个性化特征；从过程上看，语言沟通是由沟通的主体和客体共同完成的，具有互动性的特征。

1. 社会性

社会性是人作为社会的一员在活动时所表现出的有利于集体和社会发展的特性，如利他性、服从性、依赖性，以及更加高级的自觉性等。社会性也是人不能脱离社会而孤立生存的属性。人的社会性决定了沟通具有社会性的属性。

语言随着人类社会的产生而发展。因此，语言具有社会性，语言的社会性决定了语言沟通的社会性。

2. 个性化

首先，任何形式的人与人之间的语言沟通，都是通过某个或数个具体的个体来实现的，即便国家之间、党派之间、社会组织（主要指企事业单位）之间的人际交往活动，也是通过具体的个体之间的语言沟通来实现的，这就给语言沟通打上了个性化的烙印。其次，语言沟通的个体，分属于不同的社会阶层，他们的人生观、价值观、受教育程度、社会地位、生活方式、兴趣爱好、性格情感等有着巨大的差异，人与人之间的语言沟通也会呈现出鲜明的个性化特征。例如，有的人喜欢有话直说，有的人喜欢婉转迂回；有的人说话语速快，有的人说话慢条斯理；有的人说话时眉飞色舞，有的人说话时不动声色……林林总总，不一而足。所以说，个性化是语言沟通的鲜明特征。

3. 互动性

语言沟通说到底，是沟通的主体和客体之间面对面的情感交流或信息交换。沟通双方或你听我说，或我听你说，互为沟通的主体和客体，而彼此所说的内容互为因果，使话题连绵不断，沟通行为得以延续。由于语言沟通的听、说、问可以实时进行，互动与反馈方便及时，因此具有很高的沟通效用。

（四）语言沟通的基本原则

语言沟通的基本原则是人们在进行语言沟通时所必须遵守的准则和不可逾越的底线。语言沟通的基本原则是指人们在长期的语言沟通实践中，从经验和教训中总结出来的，并再次经过实践的检验被证明行之有效的法则或标准。有了宏观层面的原则的指导，人们在微观层面的语言沟通行为就会变得理性、得体，从而产生良好的效果。

1. 真诚原则

要想做好语言沟通，与他人建立长久的、和谐的合作关系，真诚是不可或缺的首要原则。

真诚是沟通的基石。中国移动有一句很经典的广告语，"沟通从心开始"，这句话很好地诠释了沟通的本质：沟通萌于真，达于心，是心与心的真诚交流。真诚是连接心与心的桥梁。只有用真心去传情达意，才能使彼此的沟通更为顺畅、更加精彩。真诚的沟通将打破心灵之间的隔阂，缩短心与心之间的距离。1858年，林肯在一次竞选辩论中说道："你能在所有的时候欺骗一些人，也能在一些时候欺骗所有的人，但是，你不能在所有的时候欺骗所有的人。"鲁迅先生说："捣鬼有术，也有效，然而有限，所以以此成大事者，古来无有。"因此，那些骨子里渗透着虚伪与欺骗的语言沟通，即便骗术再高超，也总有露馅的时候，谎言一旦被揭穿，即便使用高超、精湛的沟通技巧尽力弥补，也无济于事。

如果将沟通比作一棵大树，那么"真诚"便是根，"技巧"便是枝和干。撇开真诚而单纯追求技巧，无异于缘木求鱼、舍本逐末。

2. 合作原则

人类社会的合作关系，决定了人与人之间的语言沟通必须遵守合作的原则。

美国语言哲学家格莱斯指出，合作原则的内涵是"在参与交谈时，根据你所参与交谈的目的或方向的变化而提供适当、贴切的话语"。在沟通目的的参照下，沟通双方都要向对方提供适当、贴切的话语，只有这样语言沟通才能顺利进行——这就是语言沟通的合作原则。

语言沟通的合作原则有四条相应的准则。

（1）量准则

量准则是指为实现沟通目的所需要的信息的数量，但不包括超出需要的信息。

在生活中，违反量准则的现象有很多。例如，在医患交流时，患者总是提供超量的症状信息，甚至提供多余无效的信息，而医生认为患者不懂医学，不必告知太多，常常提供不足的信息。

（2）质准则

质准则是指不说自知虚假的话，不说证据不足的话。

（3）关系准则

关系准则是指语言沟通的内容要有关联性，要切合主题；不要东拉西扯，漫无边际。即不说与沟通的目的、主题没有关系的内容。

（4）方式准则

方式准则是指语言沟通的用语要通俗明了、简明易懂，避免歧义。

党的二十大报告指出："中国坚持在和平共处五项原则基础上同各国发展友好合作，推动构建新型国际关系，深化拓展平等、开放、合作的全球伙伴关系，致力于扩大同各国利益的汇合点。"中国始终坚持国家不分大小、强弱、贫富一律平等，尊重各国人民自主选择的发展道路和社会制度，在和平共处五项原则基础上同各国发展友好合作，不以意识形态或社会制度划线，不把自己的意志强加于人；始终坚持对外开放的基本国策，坚定奉行互利共赢的开放战略，走开放发展、合作发展、共赢发展之路。

3. 得体原则

得体是指在语言沟通中，以追求最佳沟通效果为目的，以契合特定的语境为基本要求，选择最适当的沟通手段或方式传递最适合的信息的原则。得体是语言沟通中最重要、最基本的原则。

得体原则要求在语言沟通的过程中，沟通用语与沟通的场合、对象、目的等语境的构成要素相契合。语言沟通的得体原则要求我们思考这样的问题：在某种特定的语境中，能说什么，不能说什么；说什么好，说什么不好；怎样说有分寸，怎样说没有分寸；怎样说效果好，怎样说效果不好……既要考虑自己的身份、地位、文化素养、生活阅历等，又要考虑沟通对象的情况，选择最恰当的表达方式，达到沟通的目的。"到什么山上唱什么歌，见什么人说什么话"说的就是这个道理。

4. 尊重、礼貌的原则

在语言沟通的过程中，尊重对方是必不可少的。尊重、礼貌是礼仪之本，也是待人接物的基本美德，对营造良好的沟通氛围十分重要。

 同步案例 1-6

张良下邳拾履

张良在博浪沙谋刺秦始皇未遂，逃匿到下邳隐居。有一回，他在镇东石桥上遇到一位白发长须、手持拐杖的老者要他拾鞋，他照做了。不料老者不但不道谢，反而大咧咧地伸出脚要他帮着穿上。张良默不作声，只得从命……张良赢得了黄石老人"孺子可教"的首肯，但考验并未结束。此后五日，在他如约与老者相会不幸迟到后，对方愤然作色，只说了句"与老人期，后，何也"便拂袖而去。如是者再三，直到张良整夜伫候在桥上，黄石老人才高兴地将三卷自己用毕生心血注释的兵法相赠。张良获此书后勤读不辍，后来终于成为韬略满腹、智谋超群的兴汉名臣。

资料来源：骆萍. 拾履美德［J］. 社会工作，1997（04）.

二、非语言沟通

（一）非语言沟通的含义

非语言沟通是相对语言沟通而言的，是指通过身体动作、面部表情、语气语调、空间距离等方式交流信息、进行沟通的过程。在沟通中，信息的内容部分往往通过语言来表达，而非语言则作为提供解释内容的媒介，来表达信息的其他相关部分。

非语言在沟通中具有十分重要的意义。学者对语言和非语言在沟通中的重要性进行了研究，发现非语言传达的信息占信息总量的60%，人们90%的情感都是通过非语言形式表达的。人们更倾向于通过非语言形式来表达自身情感和理解他人传递的信息。

同步案例 1-7

藏不住心事的齐桓公

春秋时期，齐桓公与管仲密谋伐卫，议罢回宫，来到其所宠爱的卫姬宫室。卫姬见之，立即下跪，请求齐桓公放过卫国。齐桓公大惊，说："我没有对卫国怎么样啊！"卫姬答道："大王平日下朝，见到我总是和颜悦色，今天见到我就低下头并且避开我的目光，可见今天朝中所议之事一定与我有关。我一个妇道人家，没什么值得大王和大臣们商议的，所以应该是和我的国家有关吧？"齐桓公听了，沉吟不语，心里决定放弃进攻卫国。第二天，与管仲见面后，管仲第一句话就问："大王为何将我们的密议泄露出去？"齐桓公又被吓了一大跳，问道："你怎么知道？"管仲说："您进门时，头是抬起的，走路步子很大，但一见到我侍驾，走路的步子就变小了，头也低下了。您一定是因为宠爱卫姬，与她谈了伐卫之事。莫非您现在改变主意了？"

资料来源：裴培．职场礼仪与沟通技巧[M]．北京：科学技术文献出版社，2015．

（二）非语言沟通的主要形式

1．身体语言

身体语言又称肢体语言、动作语言，是指借用人体的动作、姿态、表情、着装等形式表达特定的思想、态度。身体语言的形式有很多，包括表情、手势、身姿等。身体语言是所有非语言沟通形式中内容最丰富、最复杂，使用最频繁的一种。

相关研究发现，人们在沟通时，有7%的效果来自说话的内容，有38%取决于声音（音量、音调、韵脚等），而有55%取决于身体语言（面部表情、身体姿势等）。可见，身体语言在沟通中占有重要的地位，一个善于沟通的人应特别重视对方身体所透露的信息。

同步案例1-8

匈奴使见魏武帝

《世说新语·容止》里讲了这样一则故事。魏武将见匈奴使，自以形陋，不足雄远国，使崔季珪代，帝自捉刀立床头。既毕，令间谍问曰："魏王何如？"匈奴使答曰："魏王雅望非常，然床头捉刀人，此乃英雄也。"魏武闻之，追杀此使。

意思是说匈奴使者来访，曹操（魏武帝）认为自己的相貌丑陋，不足以威慑远方国家的使者，于是在会见匈奴使者时，让相貌清朗而威重的崔季珪代替，自己则充当侍卫，拿着刀站在床榻旁。会见完毕，又派间谍去问匈奴使者："你看魏王如何？"使者答道："魏王风度儒雅非同一般，但是床榻旁那个握刀人，才是一位真英雄啊！"曹操听后便警觉起来，生怕使者已窥见个中情形，于是马上派人追杀使者。

资料来源：王皓白．商务沟通[M]．杭州：浙江大学出版社，2011．

（1）表情

表情是所有非语言沟通形式中最重要、表现力最强的一种。人的面部表情无时无刻不在传递各种信息，在交际中发挥着重要的作用。

① 眼神。美国身体语言专家福斯特在其著作《身体语言》中写道："尽管我们身体的所有部分都在传递信息，但眼睛是最重要的，它在传送最微妙的信息。"人们每天都用眼神默默无声地互通信息，眼神在面对面的沟通中发挥重要的作用，它决定着你能否有效地与对方交流。一个不能运用眼神交流的人不会是一个高明的交流者。

行为科学家断言，只有在相互注视对方的眼睛时，彼此的沟通才能建立。沟通中的眼神接触非常重要，有的民族甚至对眼神接触的重视程度远远超过对语言沟通的重视程度。

在阿拉伯国家，阿拉伯人告诫其同胞"永远不要与那些不敢和您正视的人做生意"。

眼神在沟通的过程中通常有以下几种含义。

表示感兴趣。双方交谈的投机程度不同，看对方的频率也不同，交谈越投机注视越频繁。在一般的交谈中，会有 25%～75%的时间在看着对方。长时间凝视代表一种亲近的愿望，长时间不对视则可能代表对彼此没有兴趣。

吸引对方的注意力。凝视对方一方面代表对对方感兴趣，另一方面在传递这样的信息：我对你感兴趣，请关注我。

表达反馈。疑惑的眼神表示希望对方解释得更加清楚，愉悦的眼神表示希望对方继续讲下去，愤怒的眼神则表示反对和希望道歉，游移的眼神代表不感兴趣。

寻求信息。在讲话的过程中，讲话者会不时地注视对方，以确认对方的反应。

② 笑容。笑容是最复杂的身体语言之一，没有人能说得清人类有多少种笑容，每一种笑容又具体代表什么样的含义，我们经常用"微笑、大笑、狂笑、狞笑、奸笑、苦笑、傻笑、不怀好意地笑、尴尬地笑、勉强地笑、抿着嘴笑、皮笑肉不笑、灿烂地笑"等不同的词语形容不同的人或同一人在不同场合的笑容。笑容也是所有身体语言中受主观意识控制最弱的一种形式，没有人能控制自己的笑容。因此，识别笑容是了解、窥探别人内心的一种非常有效的手段。

课堂讨论：微笑，是我们生活中常用的一种沟通方式。是不是在任何情况下都可以微笑呢？

③ 嘴部动作。嘴是人的面部最有表现力的器官之一，可以丰富地表达情绪。在沟通的过程中，如果对方的双唇动作自然，呈轻松的闭合状，就说明他心情平静；如果对方的嘴唇不由自主地张开，则说明他对你传达的信息感到吃惊。

上、下唇张开后，可以露出牙齿。人们在心情平静时，一般不会露出牙齿，中国古代对女性就有"笑不露齿"的不成文规定；人们在表达憎恶、愤怒时，会咬紧牙齿，绷紧面部肌肉，使之扭曲；人们在遭受失败时，会用咬嘴唇的方式来反省或自我惩罚；而在要求得不到满足时，儿童会用噘嘴来表示自己的不满，恋爱中的女性也会用噘嘴来表现撒娇。

咂嘴是人们常有的动作，能表达多种含义。人们在酒足饭饱之后咂嘴，表示满足或回味食物的味道；见到稀罕物咂嘴，表示称奇；皱着眉头咂嘴，表示不耐烦；对于无理要求，人们往往用咂嘴表示制止。

④ 皱眉。皱眉通常表达一种痛苦、无奈、深思、百思不得其解的感受。

（2）手势

手势是人通过上肢来传递信息的语言，包括手指、手掌、手臂做出的能够承载沟通信息的各种动作。如同表情一样，手势语也是表现力很强的体态语，是人类很重要的沟通工具。在沟通的过程中，人们可以通过手势来了解对方的真实心理。

手势的功能总结起来有以下几种。

① 表示数字，比较常见的是表示从 1 到 10 的 10 个数字。

② 表示对别人的评价，我们伸出的每一根手指都具有某种评价的含义。

有些手势在不同的地区表示的含义不尽相同，比较广泛接受的是大拇指代表赞扬，小拇指代表看不起。

③ 代表信念和态度。例如，英国前首相丘吉尔在第二次世界大战中做出的代表必胜信

念的"V"字形手势，一直流传到现在。

④ 代表关注的焦点。例如，用手指指向某个事物或方向。

（3）身姿

俗话说："站如松，坐如钟，行如风。"这句话从某些角度提出了对人的身姿的总体要求，它能给人以精神饱满、有力量、可以信赖的感觉。在沟通的过程中，身姿反映了人的心理。

① 坐姿。抬头仰身，靠在座位上，双臂抱在胸前——桀骜不驯，也是缺乏教养的表现；欠身浅坐在沙发上——谦恭拘谨，表达局促不安的心态，求人办事或与地位高的人沟通时多用这种坐姿；面对椅背，跨骑而坐——面临压力或居于劣势，故意做出这种防护性动作；四平八稳、深坐在座位上——欢悦自信。

② 站姿。人在得意时，会抬头挺胸；失意时，会低头弓背。不同的站姿表现不同的心理。例如，学生犯了错误，被老师叫到办公室接受批评，一开始学生没认识到自己的错误，会以"稍息"的姿势站立，手放在后背，头部抬起，表示"抗拒""不服气"，一旦认识到错误，就会改变站姿，双脚并拢，低头垂手。通过学生的站姿，就能判断批评教育是否取得效果。

③ 行姿。行走时左顾右盼，好像在寻找什么东西，等待什么人似的，表明此人心中有事；垂头丧气、盯着脚尖走路，那他一定遇到了不顺心的事；步履沉重、行走迟缓往往表示心情沉重；低头驼背、含胸挺腹给人以萎靡不振的感觉；走路时左右摇摆，会被认为不稳重、不可靠。

2. 声音

西方学者把声音称为"沟通中最强有力的乐器"，因此很多成功的政治家都知道如何运用声音的魅力去争取人心。

一道动听的声音应该是饱满的、充满活力的，能够调动他人的感情。音质宽厚、语调抑扬顿挫的声音，可以散发独特的性格魅力，并且提升沟通的效果。在电话沟通中，声音占交流效果的90%，因此很多通过电话销售的公司对员工有严格的声音方面的要求。因为宽厚、低沉的声音能让人感觉可信、可靠。声音交流还可以揭示人的性格是友好、热情、诚恳，还是冷酷、无情、狡猾。顾客可以通过公司员工的声音判断公司的性质、员工的专业化程度和服务的态度等，那种沉稳的声音，能让人感觉公司有信誉、安全。

在沟通中声音的运用主要体现在以下三个方面。首先，根据不同的情况调整音量。例如，在群组沟通中，声音可以高一些，而在对一个人讲话时，声音可以稍微低一些。总之，要保证别人能够很容易地听到你的声音。其次，注意语调的变化。语调的抑扬顿挫能够吸引对方的注意力，有助于信息的传递。最后，掌握好语速。在沟通中要与对方的语速相匹配，保持与对方同步的语速水平，对方语速快你也快，对方语速慢你也慢。

3. 空间语言

空间语言又称界域、人际距离，是指人对空间的需求和使用，是人类的一种沟通工具。

研究表明，人的心理上的个人空间就像一个无形的"气泡"，人在这个"气泡"里就会感到安全。如果有人靠得太近，突破了"气泡"，人就会感觉不自在或不安全，会用各种各样的方式做出反应，如退让、回避、双手由于紧张而出汗等。

根据亲密程度的不同，个人空间可以分为四种类型。

（1）亲密区域（0~45cm）

亲密区域的空间狭小，只有关系密切的人才能获准进入，如父母、孩子、恋人、夫妻等，一般适用于家庭成员和亲密的朋友之间。

（2）私人区域（45cm~1.2m）

这个区域可以看到双方细致的表情变化，显示出一定程度的亲密，有利于私人感情的沟通，适用于朋友、同学、同事之间。

（3）社交区域（1.2~3.6m）

在这个区域内活动的人不一定熟悉，也不一定认识。在商务沟通场合，人们一般保持在这个区域内，适用于接待来访、安排洽谈等场合。

（4）公共区域（3.6m以上）

在这个区域内沟通双方一般没有太多的情感和心理上的联系，适用于非个人性质的沟通，如演讲、报告。

以上四个区域，是西方学者在观察欧美中等收入群体的界域行为后得出的结论。实际上，中国人的个人空间比欧美人要小得多。据观察，中国人的亲密区域是0~30cm，私人区域是30~70cm，社交区域是70cm~2.5m，公共区域是2.5m以上。另外，要特别说明的是，区域的划分不能绝对化。各个区域的界限是模糊的、相对的，也会因时间、地点的变化而变化。

4．服饰

服饰是指人的穿着打扮，它不仅具有实用价值和审美价值，还是一种沟通工具。服饰在沟通中的作用体现在以下四个方面。

（1）第一印象

第一印象是指沟通双方初次见面时彼此产生的最初印象，人们沟通的过程在一定程度上会受到第一印象的影响。对陌生人来说，形成第一印象的主要依据是外貌，而服饰是影响外貌的重要因素。穿着打扮自然得体，能给人留下良好的第一印象。

（2）显示身份和地位

服饰是一种附着在人体上的语言。通过服饰，人们可以解读对方的相关信息，如社会地位、经济状况、职业、性格、年龄等。

在古代，服饰是用来区分人的重要标志。清代对文武百官的顶珠和补子（朝服中间的图案）按一品到九品都有明确的制度规定。在现代社会，我们根据军衔就知道一个人在部队里的职务。

服饰还可以显示人的职业信息。职业装可以帮助我们识别不同的从业人员，如从服饰上就能区分检察官、法官、警官。执法时穿制服，可以增强执法人员的威严和权威性。除此之外，服饰还可以显示一个人的经济状况。

（3）暗示

当人们受限于某种情景，不能使用语言来表达思想和情感时，服饰可以委婉、含蓄地传递信息，对他人的心理和行为产生影响。

（4）感染情绪

当我们穿着光鲜的衣服出门时，我们的心情是愉快的，服饰可以感染人的情绪。同时，由于同一阶层的服饰有一定的相似性，因此人们更愿意接近那些与自己服饰相似的人，疏远那些与自己服饰相差太大的人。例如，领导深入农村考察访问，往往衣着朴素，以便接近农民，了解真实情况，塑造亲民形象。

子模块四　沟通的模式

同步案例1-9

狮子与老虎的争斗

狮子与老虎之间爆发了一场激烈的冲突，最后两败俱伤。狮子快要断气时，对老虎说："如果不是你非要抢我的地盘，我们也不会弄成现在这样。"伤痕累累的老虎吃惊地说："我从未想过要抢你的地盘，我一直以为是你要侵略我。"

资料来源：郑强国，贾静，赵英，等．人际沟通与交流［M］．4版．北京：清华大学出版社，2019．

思考：狮子和老虎为什么会两败俱伤？这个案例说明沟通要注意什么？

沟通的基本过程，指的是具备沟通活动得以成立的基本要素，由发送者将信息通过选定的渠道传递给接收者的过程。沟通过程由各种要素构成：发送者、接收者、信息、渠道、噪声、反馈和环境。在沟通的过程中，至少存在一个发送者和一个接收者，其中沟通的载体称为沟通渠道，编码和解码分别是沟通双方对信息进行的信号加工形式。

沟通模式是对沟通性质和过程的表述，是对现实的一种同构。随着沟通学的发展，人们总结出不少沟通模式，其中最为重要的有香农—韦弗沟通模式、拉斯韦尔沟通模式、施拉姆沟通模式。

一、香农—韦弗沟通模式

1949年，美国贝尔电话实验室的香农（Shannon）及其合作者韦弗（Weaver）提出了一个通信系统模型。该模型把媒介分为三种，即发送者、接收者、噪声。后来人们把这一信息论的基本模式称为"香农—韦弗沟通模式"（见图1-2），并在人际沟通中进行广泛应用。

在该模型中，信息源发出信息，经过发送者，把信息变换为信号。信号在渠道中传递的过程，会受到噪声的干扰，所以接收的信号实际上是"信号+噪声"。之后经过接收者，把信号还原成信息，传递到目的地。受到噪声的干扰，信号不是稳定不变的，这可能会导致发出的信号与接收的信号之间产生差别。也就是说，信息源发出的信息与目的地接收的信息的含义可能不同。交流失败的一个共同原因就在于发送者一方不能认识到发出的信息与接收的信息并不总是相同的。

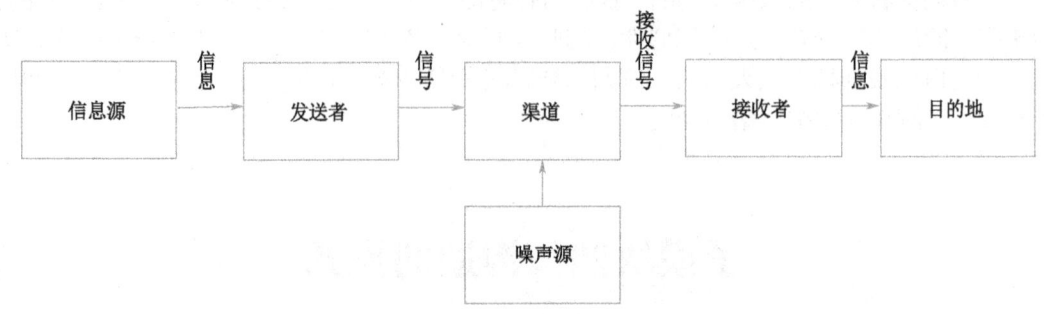

图1-2　香农—韦弗沟通模式

香农和韦弗的这一模型不仅适用于通信系统，还可以推广到其他信息系统。他们在该模型中提出了一个新因素"噪声"，表示信息在传递过程中受到干扰的情形。这说明信息系统的基本任务是解决有效性与可靠性这两个方面的问题，即以最大速率准确无误地传递信息。"噪声"的概念也提醒人们注意研究和交流过程中的干扰与障碍的问题。

二、拉斯韦尔沟通模式

拉斯韦尔沟通模式又称"5W"模式。1948年，政治学家拉斯韦尔在《传播在社会中的结构与功能》一文中，以建立模式的方法对人类社会的传播活动进行了分析。他把传播过程分解为传播者、信息、媒介、受众、效果五个要素。"5W"模式的英文含义是：Who→Say What→In Which Channel→To Whom→With What Effects。由于该模式中五个要素的重要单词的首字母同为"W"，因此后人把它称为"5W"模式（见图1-3）。

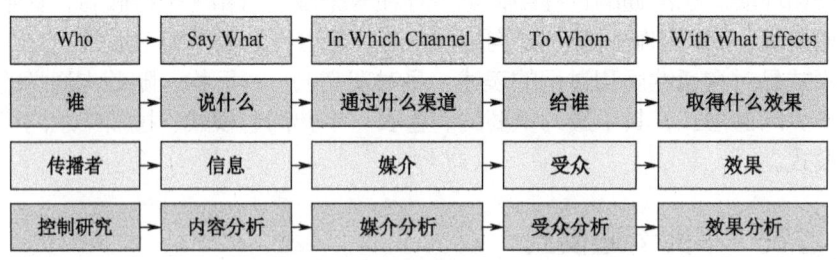

图1-3　"5W"模式

在"5W"模式中，五个要素各有其自身的特点。

"谁"就是传播者，在传播过程中担负信息的收集、加工和传递任务。传播者可以是单个的人，也可以是集体或专门的机构。

"说什么"就是传播的信息内容。它是由一组有意义的符号组成的信息组合。符号包括语言符号和非语言符号。

"通过什么渠道"就是信息传递所必须经过的中介或借助的物质载体。它可以是信件、电话等人与人之间沟通的媒介，也可以是报纸、广播、电视等大众传播媒介。

"给谁"就是受众。受众是所有受传者（如读者、听众、观众等）的总称，是传播的最终对象和目的地。

"取得什么效果"就是信息到达受众后在其认知、情感、行为各层面所引起的反应。它是检验传播活动是否成功的重要尺度。

拉斯韦尔的"5W"模式是线性模式，即信息的流动是直线的、单向的。该模式把人类的传播活动明确概括为由五个环节和要素构成的过程，是传播研究史上的一大创举，为后来研究大众传播过程的结构和特性提供了具体出发点。而大众传播学的五个主要研究领域——控制研究、内容分析、媒介分析、受众分析和效果分析，也是由这一模式发展而来的。

"5W"模式虽对传播学和人际沟通学的影响极为深远，但仍存在不足，主要表现为它没有意识到"反馈"这个要素，忽视了传播的双向性。

三、施拉姆沟通模式

1954年，美国"传播学之父"施拉姆教授在《传播是怎样运行的》一文中，提出了一个对后世影响较大的人际沟通模式（见图1-4）。该模式试图说明，A、B双方的有效沟通，只能通过共同的意义空间来进行，且随着沟通的持续，共同的意义空间要有扩大的趋势。

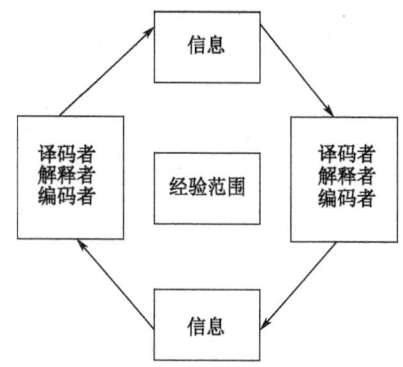

图1-4 施拉姆沟通模式

施拉姆教授看到了人际沟通是一个高度循环的动态过程，并且沟通双方都是沟通行为的主体，沟通具有象征性互动的特征。施拉姆沟通模式正是基于这种认识，细化了沟通要素的纠结关系。简单地说，就是在沟通的过程中，发送者按照自己的预定目的把沟通内容传递给接收者，而接收者则按照自己的理解和周围客观性条件的双重作用，有选择地接收发送者所传递的信息。沿此逻辑分析，施拉姆找到了影响沟通效率的症结。他认为，影响沟通的因素，主要有主观性因素和客观性因素两大方面。主观性因素包括发送者和接收者双方；而客观性因素则包括很多方面，从内容到渠道、从传播媒介到周围环境，这些都会影响沟通的有效性。

施拉姆沟通模式作为一种新的沟通模式，其优点有三：一是突出了信息传播过程的循环性，总结了一种观点——信息会产生反馈，并为发收双方所共享；二是打破了传统的直线、单向模式"一统天下"的局面，更强调发收双方的相互转化；三是强调沟通双方要建立一种平等的关系，即双方都是主体，最大限度地提升了沟通的效果。

施拉姆沟通模式的不足之处主要有二：一是未能区分发收双方的地位差别，因为在实际生活中发收双方的地位很少完全平等；二是虽能够较好地体现人际传播尤其是面对面传播的特点，但对大众传播过程不能适用。

子模块五　沟通障碍及克服

同步案例1-10

秀才买柴

有一位秀才去买柴，他对卖柴的人说："荷薪者过来！"卖柴的人听不懂"荷薪者"（担柴的人）三个字，但是听得懂"过来"两个字，于是把柴担到秀才面前。

秀才问他："其价如何？"卖柴的人听不太懂这句话，但是听得懂"价"这个字，于是告诉了秀才价钱。秀才接着说："外实而内虚，烟多而焰少，请损之。"（你的木柴外表是干的，里头却是湿的，燃烧起来，会浓烟多而火焰小，请减些价钱吧。）卖柴的人因听不懂秀才的"鸟语"，于是担着柴走了。

资料来源：宋子义．有效沟通［J］．企业管理，2014（04）．

思考：为什么卖柴的人听不懂秀才的话？听不懂秀才的话一定是卖柴的人的问题吗？

启发：很显然秀才和卖柴的人之间存在沟通障碍。受这个故事的启发，企业管理者最好用简单易懂的语言来传递信息。对于说话的对象、时机要有所掌握，有时过分修饰反而达不到目的。

一、沟通障碍的含义及类型

在沟通的过程中，常常会受到各种因素的影响和干扰，使沟通受到阻碍。如果我们在日常生活中听到了这样的话："我不明白你的话""你的意思原来是这样，你怎么不早说"，这就说明沟通障碍出现了。

（一）沟通障碍的含义

所谓沟通障碍，是指在信息传递和交换过程中，由于信息意图受到干扰或误解，导致沟通出现失真的现象。

在沟通的过程中，发送者、接收者、沟通过程都有可能出现障碍。为了提升沟通效果，必须设法克服这些障碍。

（二）沟通障碍的类型

1. 发送者方面的障碍

（1）目的不明确

发送者不明确自己的沟通目的，不知道自己要向对方传递哪些信息，或者不知道对方想了解哪些信息，这样就会造成沟通障碍。因此，发送者在沟通信息时必须有明确的目的和清楚的概念，要明确"通过什么渠道，向谁传递什么信息，并且达到什么目的"。

（2）表达含糊

无论是口头沟通还是书面沟通都要表达清楚，言辞达意。如果发送者不能用准确、清晰的语言向对方表达自己的意图，说话含糊不清、语无伦次，或者词不达意，没有逻辑性，就会影响与接收者的沟通和交流。

（3）选择失误

选择失误导致的沟通障碍有三种情况：一是发送者传递信息的时机选择不当，时间的拖延使信息过时，大大降低了信息交流的价值；二是信息沟通渠道选择不当，阻碍了信息的顺利传递，或者延误了信息的传递时机；三是信息沟通对象选择错误，造成对牛弹琴的局面，使沟通的效果大打折扣。

2. 接收者方面的障碍

（1）过度加工

在沟通的过程中，接收者有时会按照自己的主观意愿对信息进行过滤或添加，这就容易导致信息失真。在组织中，有些下属在向领导汇报工作时会过滤不好的信息，报喜不报忧，使领导难以掌握真实的情况；领导向下属传达的一些指示，经过层层下属的逐级领会而"添枝加叶"，变得断章取义或面目全非，造成所传递的信息模糊或失真。

有关学者统计，如果一条信息在高层管理者那里的正确性是100%，到了信息的接收者那里可能就只剩下20%，这是因为各级部门会先对接收的信息进行甄别、领会再传递出去。

（2）经验障碍

接收者在与发送者沟通的过程中，会把以往所吸收的信息积累为经验，并不知不觉地用过去的经验过滤所接收的信息，其结果往往是接收者获得的信息与发送者传递的信息的含义和意图大不相同，导致沟通无效。

（3）兴趣障碍

接收者对谈论的话题过分关心或漠不关心，都会产生沟通障碍。如果接收者对话题过分关心，那么他往往会急切地提出问题，发表评论，而不在乎发送者接下来要讲什么；如果接收者对话题漠不关心，他就不会在意发送者说了什么，对发送者传递的信息置若罔闻。

（4）思想差异

接收者与发送者在年龄、性别、职业、受教育程度、价值观、思维方式等方面存在差异，常常会导致两者在思想上出现隔阂或误解，甚至引发冲突，导致信息交流的中断，甚至是人际关系的破裂。

（5）心理障碍

若接收者在沟通信息时曾经受过伤害或有过不良的情感体验，造成"一朝被蛇咬，十年怕井绳"的心理定式，他对发送者就会心存疑虑，怀有敌意，或者内心恐惧，忐忑不安，从而拒绝接收所传递的信息，甚至抵制参与信息交流。

3. 沟通过程中的障碍

（1）空间距离障碍

面对面的沟通是最有效的沟通方式。在与他人不能面对面沟通的情况下，距离也就成了一种障碍。尤其是当沟通双方距离太远，接触机会极少，只能通过通信工具来传递信息的时候，空间距离所造成的沟通障碍就会十分明显。

（2）时间障碍

倘若沟通双方的时间受到限制，在时间的压力下，重要的事情就很容易被仓促决定，这也是常见的沟通障碍。管理学中有一个"芝麻绿豆原理"，说的是对于重大的事情两三天就下决定，对于芝麻绿豆大的事情却拖了两三个月都没有下决定。

（3）信息泛滥

组织内的信息泛滥成灾，工作中没有根据事情轻重缓急进行有效的分类处理，将会造成大量的时间和精力的浪费，并且会导致沟通障碍。

（4）环境障碍

一切会对沟通造成干扰的声音都是噪声。在沟通时，如果周围环境比较嘈杂，就会对沟通效果产生影响。因为噪声会让人心烦意乱，暴躁不安，无法集中注意力倾听。安静的环境能让人排除各种杂念，身心放松，激发灵感和激情，有助于沟通的顺利进行。

（5）反馈过程中的障碍

只有通过反馈信息，才能建立一个双向沟通的过程，而这种双向沟通对信息传递的准确性和完整性具有重要的意义。在反馈的过程中，反馈渠道本身的设置和使用，以及反馈过程中可能出现的信息失真等，都有可能给有效沟通带来障碍。例如，虽然企业中设置了员工意见反馈信箱，但领导从不打开信箱，说明这种反馈形同虚设。

二、克服沟通障碍的策略

沟通障碍确实会给人们的信息交流造成困扰，阻碍人们的正常交流。对于怎样克服这些沟通障碍，怎样解决沟通过程中思路、理念上的问题，掌握沟通的方法、手段等就显得非常重要。

同步案例 1-11

春秋战国时期，有一位著名的医生，他叫扁鹊。有一次，扁鹊谒见蔡桓公，站了一会儿，他看看蔡桓公的脸色，然后说："国君，你的皮肤有病，不治怕是要加重了。"蔡桓公笑着说："我没有任何病。"扁鹊告辞后，蔡桓公对他的臣下说："医生就喜欢给没病的人治病，以显示自己有本事。"

过了十天，扁鹊又前来拜见蔡桓公，他仔细看看蔡桓公的脸色说："国君，你的病已到了皮肉之间，不治会加重的。"蔡桓公见他尽说一些不着边际的话，气得没有理他。扁鹊走后，蔡桓公还没有消气。

又过了十天，扁鹊又来朝见蔡桓公，神色凝重地说："国君，你的病已入肠胃，再不治就危险了。"蔡桓公气得叫人把他轰走了。

再过了十天，蔡桓公出宫巡视，扁鹊远远地望见蔡桓公，转身就走。蔡桓公很奇怪，派人去追问。扁鹊叹息说："皮肤上的病，用药物敷贴就可以治好；皮肉之间的病，用针灸就可以治好；肠胃之间的病，服用汤药就可以治好；但是病入骨髓，那么生命已掌握在司命之神的手里了，医生是无能为力的。如今国君的病已深入骨髓，所以我不敢去谒了。"蔡桓公听后仍不相信。

五天之后，蔡桓公浑身疼痛，连忙派人去请扁鹊，这时扁鹊已经逃往秦国躲起来了。不久，蔡桓公便病死了。

资料来源：裴培. 职场礼仪与沟通技巧［M］. 北京：科学技术文献出版社，2015.

思考：蔡桓公和扁鹊的沟通顺畅吗？从沟通的角度分析扁鹊的失误，思考如何改进其沟通策略。

1. 明确沟通的目的，准备充分

发送者和接收者在沟通之前有必要弄清楚为什么沟通，沟通的目的是什么，要通过沟通传递什么信息，明确沟通的内容。如果缺乏共同的目的和感受，而一味地尝试沟通，那么不仅失去了沟通的意义，更无法实现有效沟通。所以，任何沟通开始之前都必须明确沟通的目的，围绕沟通的目的对沟通的内容进行充分的准备。此外，还要学会站在对方的立场去思考，进行换位思考，只有这样才能实现有效沟通。

2. 沟通的内容要确切和完整

在信息交流的过程中，沟通的内容要言之有物，有针对性，语意明确，尽量通俗化、具体化和数量化；避免使用含糊的语言，更不要讲空话、套话和废话。此外，发送者在沟通时，还需要考虑接收者的文化程度、知识背景等因素，及时调整自己的沟通方式。例如，高级工程师在与一线工人沟通时就要避免使用过多的专业术语，否则达不到沟通的效果。

3. 善于倾听

苏格拉底说："自然赋予人类一张嘴、两只耳朵，也就是要我们多听少说。"倾听就是认真、耐心、诚恳地听取对方的意见。在沟通中，倾听是尊重对方的最好体现。要表达对对方的尊重，一个很重要的举动就是认真细致地听对方先讲。善于倾听要求沟通双方都能站在对方的立场，按照对方的思维方式理解信息。

4. 及时反馈

在沟通的过程中，由于接收者未能准确理解信息的内容而造成的沟通问题不在少数。因此，沟通双方应该在沟通中积极反馈。只有通过反馈，确认接收者理解了发送者所发送的信息，沟通才算完成。发送者要检验沟通是否达到目的，也只有通过获得接收者的反馈才能确定。因此，建立及时的反馈机制是实现有效沟通的重要环节。

5. 简化沟通语言，巧妙运用语言艺术

一般情况下，人的注意力的持续时间是有限的。在沟通的时候，不是有多少时间就要拼命把它用完，如果在短时间内没有抓住对方的注意力，对方就会什么都听不下去。这意味着，发送者在与接收者沟通的时候，说话要有重点。比如，劳斯莱斯的汽车销售员在介绍劳斯莱斯时会说"每一个零件都是手工打造的"，这无疑是介绍词中最重要的一句。

与此同时，沟通双方要选择对方容易理解、接受的语言，巧妙运用语言艺术，达到良好的沟通效果。在沟通时，面对复杂的问题，用简单的比喻表达出来，更容易被对方理解。

同步案例 1-12

方丈妙答，化险为夷

明朝开国皇帝朱元璋幼时曾在皇觉寺为僧，当时在寺内墙上涂抹过一些打油诗以消遣时日。后来他做了皇帝，怀旧之心顿生。他想起在皇觉寺为僧的那段日子，想看看那些打油诗还在不在。于是，他驾幸皇觉寺。

朱元璋进入寺内后，一言不发，四处寻找。方丈摸不着头脑，急忙问道："圣上，您找啥？"

朱元璋气呼呼地说："找啥？找诗呀，朕当年题的那些诗呢？"

方丈方知大祸临头，扑通一声跪下道："老僧该死！老僧该死！诗没了，我有罪！"好在昔日这位方丈待朱元璋不错，朱元璋念及这一点，说："朕念你当年对朕不错，免了你的死罪。"

"不过，"朱元璋厉声问道，"朕的那些诗你为什么不保护好呢？"

这时方丈稍稍安下心，答道："圣上题诗不敢留。"

朱元璋奇怪："为什么？"

方丈不慌不忙地答道："诗题壁上鬼神愁。"

朱元璋又问："那你把它擦了？"

方丈奏道："谨将法水轻轻洗。"

朱元璋追问："一点痕迹也没留下？"

方丈又奏道："犹有龙光射斗牛。"

"好！好！不敢留就不留吧。"朱元璋终于转怒为喜，笑逐颜开。他厚赐了寺僧而返。

资料来源：裴培. 职场礼仪与沟通技巧［M］. 北京：科学技术文献出版社，2015.

6. 保持积极健康的心态

人的情绪、心态等对沟通过程和结果具有重大的影响。兴奋、失望等情绪一方面容易造成对信息的误解，另一方面容易产生过激的反应。因此，沟通双方在沟通前应主动调整各自的情绪和心态，明确自己的角色和位置。只有做到心平气和，才能对人、事、物做出客观公正的评价。

思考与练习

1. 什么是沟通？沟通的内涵有哪些？
2. 沟通的重要性体现在哪些方面？
3. 当我们需要传递一些信息给他人时，可以写信，也可以与他们交谈。比较这两种方式的优缺点。
4. 简述沟通的几种模式。
5. 常见的沟通障碍有哪些？
6. 克服沟通障碍的策略有哪些？

技 能 训 练

傍晚6点左右，一群客人走进某餐厅。迎宾员立即上前，询问来客人数，把客人引到一张空桌前，正好8位。服务员小张及时上前给客人上茶，其中一位客人拿起一份菜单看了起来。小张上完茶后，便站在那位先生的旁边，拿着本子和笔，面含微笑地静静等待客人点菜。那位客人先点了几道凉菜，接着犹豫起来，似乎不知点哪道菜好，停顿了一下，便转向小张，说："服务员，你们这儿什么海鲜特别好吃？推荐一下。"小张答道："这不好说，本餐厅的海鲜品种、档次各有不同，价格也不同，再说大家的口味也各不相同，所以很难说哪种海鲜特别好吃。您还是看菜单自己点吧。"小张的一席话说得似乎头头是道，但那位点菜的客人听了不免有点失望，只得应了一句："好吧。"于是，他随便点了几种海鲜和其他菜品。客人点完菜后，小张又问道："请问您要什么饮料？"客人问道："有哪些饮料？"小张一下子来劲了，忙说道："本餐厅最近进了一批德国高档果汁，有樱桃汁、白桃汁、苹果汁、梨汁四种口味。""不是鲜榨果汁？"客人问道。"先生，这可是零防腐剂、零色素、零香精的果汁呢，还是产自欧洲庄园的水果，很好喝、很有名的。"小张答道。客人一听，觉得不能在朋友面前丢了面子，说："那就每种口味各来2瓶，合计8瓶吧。"

服务员将果汁打开，冷菜、热菜纷纷上来，客人们在主人的盛情下美餐一顿……

最后，那位客人在结账时一看账单，不觉大吃一惊，原来在2100多元的总账中，8瓶果汁竟占了640元。他不由得嘟囔一句："果汁这么贵呀！""那是德国原装进口的果汁，卖80元一瓶，因为进价就要60元呢。"收银员解释说。"原来如此，不过刚才服务员可没告诉我价格呀。"客人显然很不满意，付完账后便很快离去。

阅读并分析以上案例中沟通不够理想的地方，设计比较合理的沟通方案。
1. 由三位同学分别扮演小张、客人、客人的朋友，再现案例中的情景。
2. 结合生活实际，用心体会案例中的三种角色。
3. 设计合理的沟通方案，并在班级中交流。

能力自评

一、专业能力自评：同理心

一般来说，具有良好沟通能力的人具备五大共同特点。
1. 自我监控。能意识到自己的行为对他人的影响。
2. 适应性。能根据情境的需求恰当地调整自己的行为。
3. 同理心。能敏锐地察觉他人的情感。
4. 深层认知能力。能对特定的社交情境做出不同的解释。
5. 道德意识。行为符合道德规范的要求。

是否拥有同理心是评价一个人是否拥有沟通能力和衡量一个人情商高低的重要方面，测试一下吧！

阅读下面的句子，看看它们在哪种程度上符合你自身的情况，评分为 1（一点也不符合）~ 7（非常符合）分。
1. 在一群人中看见一个非常孤独的人时，我会感到不好受。
2. 如果周围的人很紧张，那么我也会随之变得紧张起来。
3. 我会深刻体会朋友的烦恼。
4. 有时候，我会对情歌里的歌词颇有感触。
5. 我的情绪很容易受到周围人的影响。
6. 看到别人哭，我会很难受。
7. 看到别人受到虐待，我会义愤填膺。
8. 如果周围的人很抑郁，那么我很难做到泰然处之。
9. 看到动物遭受痛苦，我会感到难过。
10. 看到那些无助的长者，我会感到很不好受。

完成自测题以后，算算自己的得分。如果得分为 10 ~ 25 分，则说明你仍需要继续培养自己的同理心；如果得分为 26 ~ 55 分，则说明你已经具备一定的同理心了，你对他人的情感有比较好的理解能力，但你仍然能够在这个方面有更大的进步；如果得分在 55 分以上，则说明你已经具备十足的同理心了，这种能力在沟通方面对你而言大有裨益。选择得分最低的 6 项，作为本部分技能学习提高的重点。

二、核心能力自评

核心能力	是否提高
沟通的基本概念	
沟通的基本途径	
沟通的基本模式	
沟通障碍的克服	
主动沟通的意识	
积极反馈的意识	
自评人（签名）： 　　　　　　　　年　月　日	教师（签名）： 　　　　　　　　年　月　日

注："是否提高"一列可填写"明显提高""有所提高""没有提高"。

模块二 沟通的基本素养

- ☑ 学习目标
- ☑ 内容结构
- ☑ 引例　失察管理
- ☑ 子模块一　观察
- ☑ 子模块二　倾听
- ☑ 子模块三　语言
- ☑ 子模块四　情绪管理
- ☑ 思考与练习
- ☑ 技能训练
- ☑ 能力自评

学习目标

通过本模块的学习，应该达到以下目标

知识目标：掌握观察的概念、作用、基本要素和方法，理解倾听的内涵与策略，理解语言的含义与类型，理解情绪管理的内涵及原则。

技能目标：学会倾听，能够认识自己的情绪，能够运用情绪表达的指导原则进行有效沟通。

素养目标：在对某个对象实际观察的过程中，能够多角度、全方位、认真细致地观察和想象，提高观察的效果和效率；能够运用不同的语言素养进行有效沟通；能够在沟通中使用倾听的技巧；在学习情绪管理的过程中，培养自省自控意识，提高沟通的质量。

模块二 沟通的基本素养

内容结构

模块二的内容结构如图 2-1 所示。

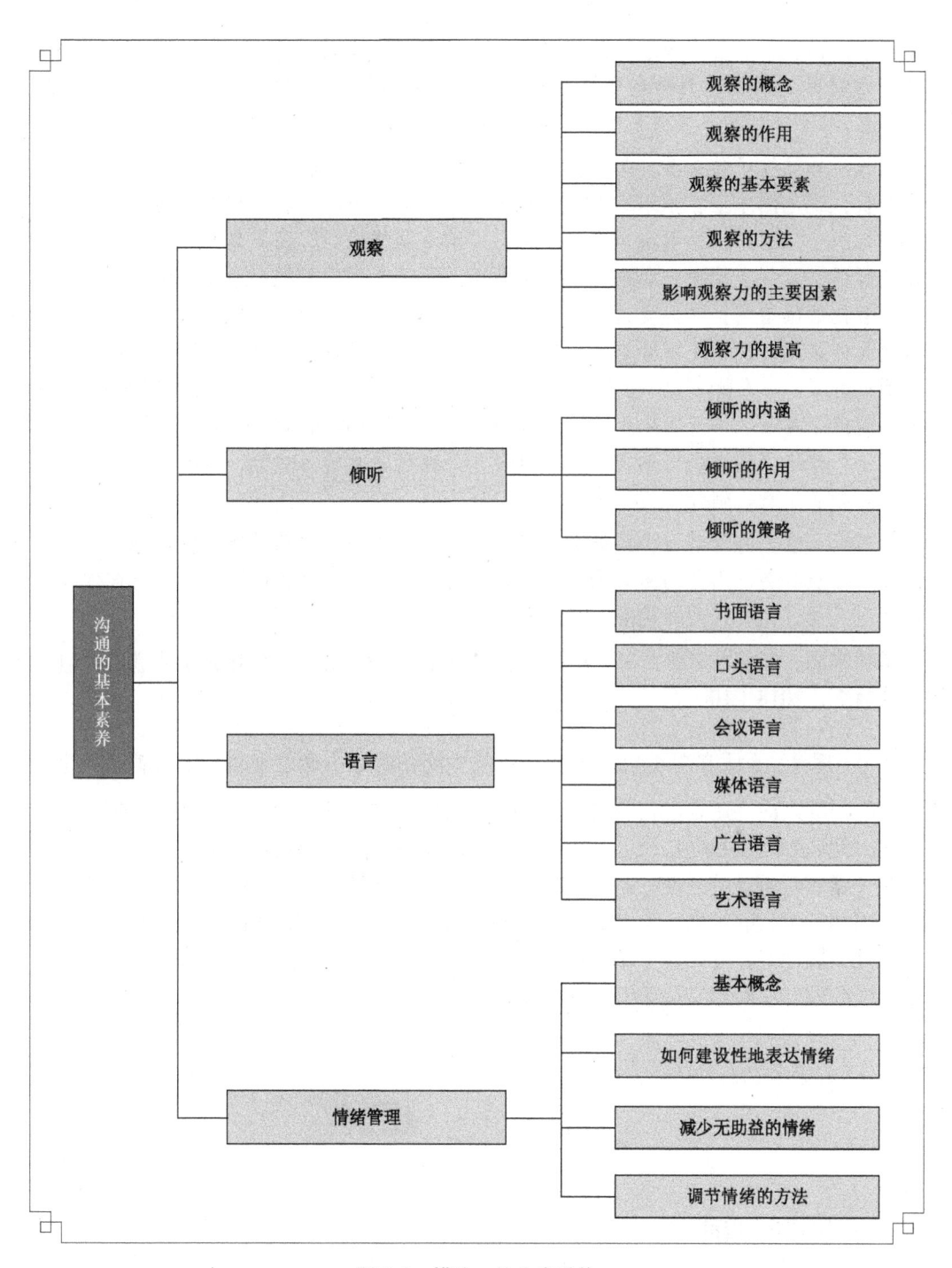

```
沟通的基本素养
├── 观察
│   ├── 观察的概念
│   ├── 观察的作用
│   ├── 观察的基本要素
│   ├── 观察的方法
│   ├── 影响观察力的主要因素
│   └── 观察力的提高
├── 倾听
│   ├── 倾听的内涵
│   ├── 倾听的作用
│   └── 倾听的策略
├── 语言
│   ├── 书面语言
│   ├── 口头语言
│   ├── 会议语言
│   ├── 媒体语言
│   ├── 广告语言
│   └── 艺术语言
└── 情绪管理
    ├── 基本概念
    ├── 如何建设性地表达情绪
    ├── 减少无助益的情绪
    └── 调节情绪的方法
```

图 2-1 模块二的内容结构

沟通艺术（第2版）

引例

失察管理

在幼儿园日常检查班级活动时，会遇到各种各样的事情，有这样一个案例值得深思。在户外活动时，园长看到李老师拉着小雨的手来回巡视，老师走到哪里，小雨就低着头跟到哪里。

园长不知发生了什么事，走过去询问："李老师，小雨怎么了？"李老师回答："有小朋友告状，说他刚才坐在乐乐小朋友的身上，把人家当马骑，我就把他拉在手里，不让他欺负别人……"这时，小雨小声说了一句："不是这样的。"园长想知道事情的原委，就对李老师说："你去忙吧！我跟小雨说会儿话。"于是，园长把小雨领到旁边，蹲下来认真地看着他的眼睛问："你说说看，事情是怎样的……"小雨用无助的眼神看着园长，害怕再次受到误解。没等小雨开口，急忙跑过来的乐乐大声说："老师，不是小雨要骑我，是我们说好了，一人骑一次……我们在玩骑马的游戏。"小雨连忙用坚定的眼神看着园长，并使劲地点了点头……好像乐乐说出了他的心声。园长表现出恍然大悟的样子，说道："噢！我明白了，原来你们两个好朋友不是在打架，是在玩骑马的游戏呀，可要注意安全！"两个孩子互相看了看，咧开嘴笑了……

第二天，在户外活动时，园长又经过了他们班，小雨双手摇着跳绳快速地来到园长跟前，冲着园长笑笑，用他的方式向园长表示友好，园长也用肯定的眼神微笑着向他伸出大拇指回应了他，他高兴地蹦跳着，带着自信向前跑去。

资料来源：李爱军.用"心"观察，读"懂"孩子——通过案例探讨幼儿教育[J].中国校外教育，2018（10）.

💡 **思考**：幼儿的社会性主要是在日常生活和游戏中通过观察与模仿潜移默化地发展起来的。成人应注重自己言行的榜样作用，避免简单生硬的说教。李老师看到孩子们骑在一起，就认为他们是在打架，并采取拉着小雨手的方式，避免发生不安全事件。但她忘记了孩子喜欢玩游戏的天性，她的方式束缚了孩子交往的自由，限制了孩子交往能力的发展。如果园长不及时观察，不及时了解情况，不从尊重、理解孩子的角度出发，不从孩子内心深处读懂他们，那么这个本来就比较内向的小雨有可能从此收敛，甚至对与同伴交往产生胆怯心理，从而影响孩子的社会化发展进程。

子模块一　观察

一、观察的概念

什么是观察？"观"即看的意思；"察"是细看、评审之义。观察，是一种动用眼、鼻、耳、舌、肤五种感官对客观事物进行有计划的、有目的的自觉感受的过程。

观察是一种心智技能，观察不仅用到感官，还需勤于思考，让观察过程通过大脑的指挥，运用积极思维达到一定的技能水平。这包括两个方面的含义：其一，运用已有的知识和经验指导观察活动，使观察内容的选择更具主动性、计划性；其二，运用多种方法提升观察效果，掌握观察的基本技能。观察是一种有目的、有计划且有选择性的知觉活动，是一切真知灼见产生的基础。善于捕捉与观察信息，从而敏锐地感知外界事物，是一切工作成功的首要条件。

二、观察的作用

观察是认识客观事物的前提，人们认识客观事物都基于观察，也依赖于观察。一个人要善于发挥观察力，获取丰富的感知材料，并对这些材料进行分析和整理，得到理性的认识，以加深对事物的认识和理解。观察力是人们在认识事物和获取知识的过程中必须具备的本领。一个人观察力的强弱将决定他认识客观事物的准确程度和广泛程度。人们只有准确而广泛地了解了客观世界，才有可能进行正确的思考、想象和创造。

伽利略因观察比萨教堂的吊灯摆动而发现了单摆振动定律；奥斯特因细致观察而发现了电流的磁效应；弗莱明因对葡萄球菌的器皿培养和观察而发现了青霉素；大文豪鲁迅先生甚至把观察当作自己创作的必备条件，他在回复北斗杂志社关于"创作要怎样才会好"的提问时，就把"留心各样的事情，多看看，不看到一点就写"列为第一条。

三、观察的基本要素

观察包括观察者、观察对象和观察手段三个基本要素。

1. 观察者

观察活动的人是观察活动的主体。受到人的年龄、性格、知识储备和思维的影响，不同的观察主体观察同一事物会产生不同的印象和感受，表现为"仁者见仁，智者见智"。其中，人的思维渗透于观察活动中，没有思维就没有观察方向，就不能深入观察。观察活动是一种主动活动，当人没有主动参与到视听中时就表现为"视而不见""充耳不闻"。

2. 观察对象

被观察的客观对象是观察活动的客体，是由观察者主观决定的。客观事物是人们的观察对象。在具体的观察活动中，只能选择某个或某些有限的、具体的客观观察对象。

3. 观察手段

观察手段即观察工具，是观察者感知观察对象的媒介，是观察活动的物质手段，包括人的感官和用于观察的仪器、工具等。

上述要素之间是相互作用、相互依存的，观察者和观察对象是最基本的要素。不同的观察对象决定了不同的观察结果；观察什么，能观察到什么是由观察者决定的。完成观察活动，体现了被动性和主动性的统一。

四、观察的方法

观察的方法是指观察事物时遵循的一定的、具体的观察技巧，包括全面观察、重点观察、比较观察和追踪观察等方式。

全面观察的含义有四个方面：一是空间上要多角度、全方位观察；二是时间上要观察事物的发展阶段和全过程；三是要观察事物的内部和外部联系；四是观察时要注意正常的和意料之中的，以及异常的和意料之外的事物。

重点观察。人的精力和注意力是有限的，要有重点地详细观察事物的主要方面、主要过程、典型情况、细节行为等，以达到事半功倍之效。

比较观察。有比较才有鉴别，有鉴别才有认识。比较观察可使我们从比较的角度来认识观察对象的共性和个性。通过对同一事物的比较，得到该事物在不同条件、不同状态下的结论；通过对不同事物或同一事物不同部分的比较，得到相互之间相同和相异之处的结论。通过比较，可以观察到一些细微变化或差异，找出同类事物的共同本质特征。

追踪观察是指事物的发展变化有一个过程，观察活动不能一次完成，要遵循事物发展变化的过程和轨迹，一步一步地观察。

五、影响观察力的主要因素

观察力与观察是同一心理现象的两种表现形态。从动态来看是观察，可称为观察活动、观察过程；从静态来看是观察力，它表示观察活动的力度、能量、效果。我们应当在各种观察活动中，逐步提高观察力，养成良好的观察习惯。那么，观察力受到哪些因素的影响呢？

观察力受到观察者、观察对象和观察手段的影响，其中观察者的影响最大。比如，物理学家牛顿躺在树下偶然看到一颗熟透的苹果从苹果树上掉下来，他得到的信息是地球具有某种吸引力，把苹果从树上吸下来，由此研究发现了著名的万有引力定律。而假如躺在树下的是植物育种学家米丘林，他看到苹果落地的现象会提出疑问——这颗苹果为什么不够大而熟，接着考虑能不能进行远缘杂交，从而改良它的品种。而一位职业演员面对一颗苹果坠地的现象，也许会产生情感的反应和丰富的联想，甚至会与自己的某些经历联系起来，触景生情，感慨万千。观察者除受到年龄和性格的影响外，还受到下列诸多因素的影响。

1. 好奇心

好奇心是观察力培养的直接动因。具备好奇心的人一般都有良好的观察习惯，都能自觉地、持久地对事物进行仔细观察。因而，他们容易认识事物，揭示事物的内在规律。伽利略就是在好奇心的驱使之下，通过观察发现了自然的节奏原则——等时性原理。今天这个原理已经被广泛地应用于时钟计时、计算日食和推算星辰的运动等方面。可见，观察在一定程度上受好奇心的指引，观察效率因好奇心而提升。为了培养与提高自己的观察力，可以从发展自己的好奇心着手。

2. 注意力

注意力是观察力培养的前提。注意力对观察效果的影响很大，稳定、持久的注意力有助于观察。如果易被其他刺激所吸引，不能有效地控制自己的注意力，那么随着注意力的分散，观察也就呈现出间断、中止、转向等状态。注意力的经常性分散，观察目标的经常性转移，会导致无法获取有效信息，如同一个人在十字街头东张西望。这种对事物的感知方式实际上不是观察，而是一种无意注意。可见，注意力是否集中，对观察效果有直接影响，只有集中注意力才能进行良好的观察。因此，集中注意力也就成了良好观察的前提。世界上在浴池中洗澡的人无数，可只有阿基米德从中悟出了深奥的道理，发现了浮力定律。这是因为阿基米德接受了测量国王金冠的含金量的任务，洗澡前几天他一直在思考国王金冠的含金量问题。

3. 知识储备

知识储备是观察力培养的基础。宋徽宗赵佶为宋朝第八位皇帝，也是一位著名的书画家。有一天，徽宗去往宣和殿看荔枝，发现孔雀立于其下，便召画工描绘。画工各展技艺，妙趣纷呈，但在画孔雀飞往藤墩时，徽宗说："画得不对。"众画工愕然。数日后，徽宗询问，画工们仍然不知所以，此时徽宗才说："孔雀升高，必先举左足。"之后验之，果然如此，众画工叹服不已。这一典故表明宋徽宗赵佶平时对孔雀的飞落习性观察得很仔细并做到了然于胸。这说明观察必须以知识为基础，缺乏知识的观察，其水平是很低的。那么，为什么知识会对观察力起作用呢？因为知识与理解相关。一个基础知识扎实的人，观察时能调动自己头脑中的已有知识，进行多次联想，或者通过类比、比较、移植等方式把已有知识用于分析观察对象，这样就能加深对观察对象的理解，对观察对象做出的判断与评价就比较全面、准确和深入。所以，要想获得良好的观察力，就要努力掌握更多更深的知识，不断扩展自己的知识域。掌握的知识越丰富，知识域越宽广，观察对象落入自己知识域内的可能性就越大。只有这样，对事物的观察才能做到全面、深入、正确，才能迅速抓住事物的重要特征。

4. 观察习惯

观察习惯是观察力培养的导向。一个人对事物的观察效果，在很大程度上会受到自身长期养成的观察习惯的制约。只有在良好的观察习惯的指导下，始终遵循正确的观察规则，才能取得良好的观察效果，提高自己的观察力。所以，要养成良好的观察习惯，包括专注、全面、认真、观思结合、客观和坚持。

六、观察力的提高

良好的观察力是我们认识世界、改造世界不可或缺的基本能力。观察力的发展建立在感知觉的综合发展的基础上，与注意力、思维能力等密切相关。观察力不是天生的，是在学习过程中培养的，每个人都有必要也有可能提高自己的观察力，那究竟怎样提高观察力呢？

1. 确立科学的态度

观察需要有科学的态度，这种态度就是实事求是。观察必须客观公正，不能囿于固定的思路，不能先入为主。但是，观察者还必须发挥主观的能动作用。在观察中，要积极思考，把每一步观察活动都与思维活动紧密地结合起来，使主体与客体一致，以看清真相，找到联系，掌握规律。同时，还要带着感情观察或调查，要有满腔的热忱，要有求知的渴望。

2. 注意积累知识

知识、经验不仅能使人更深刻地思考，而且能使人更精准地感知事物。一位考古学家能在一片残缺不全的甲骨上获得不少重要而有趣的发现，而一个门外汉却一无所得。因此，为了更好地观察事物，还必须具备相关的知识。

3. 培养观察兴趣

有了观察兴趣，就能坚持对周围的环境、人物和事物进行有目的的观察。把观察和行动结合起来，就能逐步培养浓厚的兴趣，坚持并逐步养成时时观察、处处观察、事事观察的好习惯。

4. 集中注意力

要想培养、提高观察力，必须集中注意力。有经验的观察者不是消极地注视观察对象，而是既紧紧地盯住它，又积极地思索它，努力发现与之有关的情况。

5. 多种感官协同活动，增强观察效果

观察活动是能通过感知进行的，因此只要各种感官都积极参与观察并协同活动，就能提高观察的效力。我国古代学者提出"学习必须做到眼到、耳到、口到、手到和心到，开放五官，感知生活"，只有这样才能增强观察效果。

6. 学会多视角观察

多视角观察能够拓宽人的视野和视觉空间，进而扩大并丰富思维空间。多视角观察包括细节观察、整体观察、移位观察和立体观察。观察是思维的"窗口"，是大脑的"眼睛"。如果离开观察和想象来谈创造力的发展，就如同植物离开土壤，失去了根基。多视角观察与思考能更好地促进想象力的发挥。观察到的现象越丰富，想象力就越丰富，想象力越丰富，思路就会越开阔，越能刺激创造性思维的发展。在达·芬奇小时候，他的老师要求他画出鸡蛋的形状、颜色、内在结构，而多视角观察要求我们不仅要画出它的外形、结构，还要画出它的味道、质感、重量，画出自己对它的感悟。鸡蛋的本质没有改变，却提供给我们许多崭新的观察视角。

7. 强化思维活动，展开想象和联想

把观察和想象、联想等认知活动结合起来，能够更好地认识生活和反映生活。想象是

在表象的基础上通过联想而形成的。联想是由一事物（包括表象）想到另一事物（包括表象）的心理过程。创造性是智力的一种最重要的品质，而想象是智力活动富有创造性的条件，是智力活动的"翅膀"。爱因斯坦说："想象力比知识更重要，因为知识是有限的，而想象力概括着世界上的一切，推动着进步，并且是知识进化的源泉。严格地说，想象力是科学研究中的内在因素。"

子模块二 倾听

一、倾听的内涵

沟通是一个互动的过程，而倾听是沟通有效的前提。苏格拉底说："自然赋予人类一张嘴、两只耳朵，也就是要我们多听少说。"

但是在沟通实践中，人们常常忽视倾听能力的培养。如今社会上各种少儿补习班盛行，其中就有"口才训练班""小主持人训练班"等，却尚未见到有倾听能力训练班。如果说沟通能力从娃娃抓起，那么倾听能力从小就被忽视了。

为了理解倾听的重要性，首先需要明确倾听的内涵。那么，什么是倾听呢？倾听和听有什么区别呢？《现代汉语词典》（第7版）对于"听"的解释是"用耳朵接受声音"。倾听，简单来说就是"认真地听"。

接下来，请先完成以下练习，判断下面这些情形是不是倾听。写下你觉得对话结束后，说话者可能会有怎样的感受，并与同学讨论一下倾听的内涵。

同步练习 2-1

爸爸回到家，孩子兴高采烈地拿着新做的手工给他看。

孩子："爸爸，我做了一台超酷的小电扇！"
爸爸："嗯，不错。你的作业写完了吗？"
孩子："爸爸，你知道哪里是开关吗？"
爸爸："嗯，是这个吧。作业写完了没有？"
孩子："写完了。"
爸爸："那再去看半小时书吧。"
孩子："爸爸，你试试我做的电扇！"
爸爸："好的，等会儿。"

爸爸在倾听吗？	（是□、否□）
孩子的感受	

同步练习 2-2

张梅这一天过得很崩溃,自从辞去工作后,每天照顾两个孩子,让她觉得生活毫无意义。丈夫李强下班回来,二人展开了一段对话。

李强:"今天过得还好吗?"

张梅:"好什么好!每天都是重复的生活!"

李强:"哦,别烦躁。现在孩子小,但总会越来越好的。"

张梅:"你知道什么!孩子长大是一瞬间的事吗?"

李强:"好啦好啦,你总是这么唠唠叨叨。"

张梅:"你以为我喜欢唠叨吗?你不会说些好听的话吗?"

李强:"说了好听的你又不听,那我该说什么呢?"

李强在倾听吗?	(是□、否□)
张梅的感受	

同步练习 2-3

领导安排小李写一份年终总结报告,第二天早上交给他审核,但是小李忘记了,因此被领导批评,要求小李无论如何也要当天把材料写好。小李加班到很晚才完成,懊恼地回到和朋友小王合租的公寓。

小李:"今天真是又累又气!"

小王:"这么晚才回来,这是怎么了?"

小李:"气死了,被领导狠批了一顿!"

小王:"真可惜,是发生什么事了吗?"

小李:"天天这么忙,让我写年终总结报告,我给忘了。但是我太忙了啊!"

小王:"嗯,是啊,年底事情就是多。那你是加班补写材料了吗?"

小李:"对啊,刚刚才做好。"

小王:"那就好啦,明早还要上班,快去休息吧。"

小王在倾听吗?	(是□、否□)
小李的感受	

通过以上练习我们发现，如果仅以"用耳朵接受声音"来判断，"爸爸""丈夫""朋友"都在听，却并非都做到了倾听。

爸爸虽然听了，但是他的关注点和孩子不一样，他并没有对电扇表现出兴趣，只关注孩子的作业有没有完成，明显是在敷衍孩子。丈夫李强虽然听了，也试图针对张梅的话进行回应，并且没有岔开话题，可张梅还是觉得很气愤，因为李强并没有站在张梅的角度去感受，没有给出适当的反馈。朋友小王专心地听小李抱怨工作的不顺，以同理心去和小王对话，既没有一同骂领导，也没有对小王进行挖苦，顺利地平复了小李的怨气，这就是倾听。

为了更加明确倾听的内涵，请看表2-1，对比听与倾听。

表2-1 听与倾听的对比

比较项	听	倾听
性质	生理过程	生理+心理过程
参与器官	耳朵	耳朵、眼睛、嘴巴、大脑、心
对象	声音	声音、语调、表情、手势、体态等
主动性	被动接受	主动搜寻
反馈与否	不一定	有反馈与互动

由此，可以总结出倾听的内涵。倾听是倾听者积极主动地接收说话者传达的信息（包括声音、语调、表情、手势、体态等），以感兴趣的态度对信息进行分析与加工，并给予适当的反馈，以求达到认知的一致和感情的通畅的过程。

二、倾听的作用

倾听之所以重要，是因为它能在以下几个方面发挥重要作用。

1. 获得信息

沟通的过程就是相互交流信息的过程。要想接收对方传达的信息，就要"闭嘴，听"。要专心地听，不要制造杂音，只有这样才能听到对方传达的完整信息，包括对方说的每一个字、每一个特别的语调，说话时的每一个表情、手势及其他身体语言。要想判断说话者的真实意图，需要获得其传达的完整信息及传达方式，而倾听为此创造了可能。

2. 交流感情

沟通是为了获得感情上的共鸣，而倾听可以鼓励说话者放下戒备，更真实地传达其内心的感受，使说话者感受到自己说的话有价值、被认可。当说话者的某种感情特别强烈时，他就需要通过某种渠道将这种感情发泄出来，尤其当这种感情具有负面的性质时，他的耳朵近乎处于关闭的状态，对别人给的建议或正确的处理规范采取回避的态度。如同大禹治水，重在疏通而不在堵塞。这时，说话者就需要有个人能安静地倾听他表达感情，给予适当的回应，而不进行任何多余的评判。当"洪水"渐渐平息时，他也会逐渐恢复理智，采取合适的行为。倾听可以疏导说话者的感情，并将其传达给倾听者。

正如阿黛尔·法伯在《如何说孩子才会听 怎么听孩子才肯说》一书的第一章中所说："当我在难过或者受到伤害时，我最不想听到的就是建议、大道理、心理分析或者别人的看法，那样只能让我感觉更差。过分同情让我觉得自己太可怜；提问让我产生防范心理；最激怒我的是说我的感受毫无道理……如果有人能真正愿意倾听，认同我内心的伤痛，给我机会让我多说说我的困扰，我会感觉没那么郁闷和困惑，也更能处理好自己的情绪和面临的问题。"

3. 缓和冲突

当说话者与倾听者之间发生冲突时，沟通将受到阻碍，这时只要有一方愿意搁置争议，克制自己与对方争论的想法，暂停下来，倾听对方，双方就不会无休止地争吵下去。有句俗话说"一个巴掌拍不响"，你一言我一语的争论没有尽头，在争论中获胜也没有什么好夸耀的，适时地退一步，听听对方的意见，让对方意识到你们的目的不是争吵，让对方发现你在真诚地倾听，这样就可以缓和冲突，使沟通继续进行。

麦克·P.尼可斯在《好好说话第一步：学会倾听》一书的第六章中讨论了关于抱怨的情形。在别人批评你时，你可能想要打断他，不让他有机会说完，然而这么做剥夺了对方被倾听的机会。他建议："要专注地听完整个抱怨，最后就对方在说什么，说出你的理解。""在每个抱怨的背后，都是一个请求。听到那个请求，然后问问这是否正是对方所想的。"

下面是一个倾听测试（见表2-2），请根据实际情况，在最符合的选项处打钩，并计算总分。

表 2-2 倾听测试

当听别人说话时，我在……	选项				
	总是（1分）	通常（2分）	有时（3分）	很少（4分）	从不（5分）
分心					
只听事实					
打断对方					
假设对方已经知道					
预先判断					
没有反应					
忽略语言之外的线索					

三、倾听的策略

既然倾听如此重要，那么在沟通的过程中，我们就要尽力达到有效的倾听，可以从以下几个方面入手。

1. 搁置自我

麦克·P.尼可斯在《好好说话第一步：学会倾听》一书的第四章中指出："倾听最关键又最困难的是，真正的倾听者需要对说话的人本身以及他所说的话感兴趣。要想对某人感兴趣，我们就必须先搁置自己的兴趣。倾听不只是主动的过程，它通常需要刻意努力，以搁置我们自己的需求及反应。"倾听对方和表达自己不能同时做到，必须放弃一个，当你是倾听者时，就要做好倾听者的本分，认真听，不插话，不打断，不急于纠正，不急于反驳。在倾听的时候，先放下自己，融入说话者的世界，感受对方的感受。不过这种搁置自我并不是永久的，因为对话是需要双方轮流说话，所以倾听其实是一个双向的过程。你先倾听对方，然后在角色转换后你成为说话者，对方也能更好地倾听你。在倾听时一定要记住：说话者是主角。

2. 控制情绪

在沟通时，倾听者根据说话的内容可能会产生各种各样的情绪，如高兴、愤怒、悲伤、焦虑等。甚至有时情绪会在对方开口说话之前就已出现，因为倾听者对说话者的心理定式影响倾听者对对方所说话语的客观判断，要么因为讨厌这个人而拒绝接收他的所有信息，要么因为过于迷恋这个人而无法听清对方在传达什么信息。恰当的倾听需要克制过度的情绪化反应，保持冷静，否则沟通的目的将永远无法达到。

在倾听对方之前，要剔除对说话者个人的心理定式，不要让情绪冲昏头脑，影响你对他所说话语的客观判断。在倾听的过程中，无论对方的话是让你高兴、愤怒、悲伤还是让你焦虑，都请尽力控制情绪，冷静地分析说话者传达的信息。如果对方的话具有很强的攻击性，让你觉得忍无可忍，那么应在你的情绪爆发之前明白地告诉对方，他的话让你的心情受到了消极的影响。"忍无可忍，无须再忍"，并不是说当你控制不住情绪时，就直接和对方起争执，而是在你的情绪爆发之前，在你尚有理智之时，告诉对方你因为对方的话而不开心，希望彼此都可以调整沟通的方式，只有这样你才能更好地继续倾听。

3. 加工信息

加工信息是在倾听者成功接收说话者传达的信息之后消化信息的过程。跟上说话者的节奏，及时处理与加工信息，从而为判断何时反馈、怎么反馈做好准备。倾听对方，首先要做出认真倾听的姿态，然后要告诉对方你确实倾听了，而证实你确实倾听了并不是一句简单的"嗯""哦""知道了"就可以做到的。你必须切实地对说话者的信息进行加工，知道完整的信息是什么；理解信息表面说明了什么，信息里又隐含了什么；判断信息只是一次情绪表达，只需要你做一个安静的倾听者，还是需要你在结束后做出积极的回应。伪装的倾听缺少加工信息的过程，而有效的倾听必须包含这一步。

4. 适当反馈

适当反馈是完成倾听的关键。说话者判断倾听者是否在倾听，一方面要看在说的过程中有没有被打断，另一方面则要看说完之后倾听者的反应。适当反馈包括三个方面。

第一，反馈的时机要适当。在说话者尚未说完时，可以用简单的"嗯""是吗""真有趣""太遗憾了"之类的语言鼓励说话者，表示你正在专心倾听。在说话者说完后，根据说话的内容给予更有针对性的反馈。比如，对于说话者叙述的一次旅游经历，先简要提一下你对这个游乐园的感受，再进一步询问游乐园附近有没有其他推荐的景点或美食。这样说话者既知道你认真地听了他刚刚所说的内容，又可以继续分享你感兴趣的内容给你听，这样的对话让彼此都处于愉悦的状态。

第二，反馈的形式要适当。反馈的形式包括非语言反馈和语言反馈。非语言反馈主要是身体语言的反馈，如身体微微靠近说话者，保持适当的眼神接触，面露合适的表情（微笑或忧郁等，不要一直面带微笑，如果对方在叙述一件悲惨的事，那么你的微笑只会被理解为假笑）。语言反馈的前提是保持客观，尊重对方，真诚地表达你的心中所想。但是，语言反馈可以表现出不同的态度，毕竟不是所有人都持有完全相同的观点。正所谓"和而不同"，你可以认可说话者，也可以质疑他的话，无须为了达到所谓的"和谐"，盲目地认同说话者的所有话，否则就会陷入虚伪的倾听。还需注意的是，并非每一次反馈都要同时具备非语言反馈和语言反馈，而且二者在每一次反馈时的比例也没有固定的要求，需要因时而异、因人而异、因事而异。

为了保证反馈形式的适当，需要重点强调一下同理心。麦克·P.尼可斯指出："良好倾听的核心是同理心，我们需要接纳他人说的内容及方式；同理心是对他人的感情抱有一种开放的态度。"具备同理心的倾听，反映了倾听者对于说话者的一种开放的态度，他不会习惯性地否定听到的内容，而是愿意认可说话者的感受，并设身处地地分析对方产生这种感受的原因，进一步询问说话者，然后继续倾听来验证自己分析的原因是不是真实原因。同理心既可以帮助倾听者理解说话者，也可以帮助说话者理解倾听者，达到认知的一致和感情的通畅。具备同理心，并不是说具备同样的感情，而是能尊重和理解对方的感情，意识到这种感情在说话者处理问题时可能产生的影响。

第三，反馈的程度要适当。反馈既不能太冷漠，也不能太热情；不能说得太少，也不能说得太多；不能情绪太少，也不能情绪太多。

同步案例 2-1

有一本儿童绘本叫《生气汤》，说的是一个叫霍斯的小朋友，这一天经历了很多不如意的事，回到家发脾气，他的妈妈问他今天好不好，他只是吼叫，妈妈就跟他说："我们来煮汤吧！"妈妈在锅里烧上水，加了盐，然后对着锅尖叫，霍斯也一起对着锅尖叫、吐舌头，拿起汤勺敲锅。在这个过程中，霍斯发泄了怒气，最后开心地笑了。他问妈妈煮的是什么汤，妈妈回答是"生气汤"。就这样他们一起搅散了一天的不如意。

资料来源：贝西·艾芙瑞. 生气汤［M］. 柯倩华，译. 济南：明天出版社，2007.

面对霍斯生气时的吼叫，妈妈没有任其一直发脾气不理他（冷漠反馈），也没有生气地斥责他为什么乱发脾气（过度反馈），而是用转移注意力和合理发泄的方法，带着霍斯排解了怒气。面对情绪过于激动的说话者，不要强制叫停其激动的情绪，因为任何情绪都是真实的感受，强制叫停只是剥夺了感受的权利，并不能真正解决问题。对着锅大叫也是一种表达，这样的共同感受和释放，有利于说话者度过情绪危机期。试想，如果妈妈也大发脾气，责备孩子，孩子原有的情绪没有表达和释放完，又要去承受妈妈的怒气，那这样对一个孩子来说，既没有感受到被倾听，也无法表达自己的感受，结果就是要么触发更大的怒气，要么被迫压制自己的情绪，无论怎样都会引发更大的心理创伤。

为了避免过度反馈，需要谨记一点：在倾听时，说话者才是主角，倾听者只是配角。倾听者应该努力配合，让说话者顺畅地表达自己，而不是把焦点转移到自己身上。

> **拓展阅读 2-1**

母亲的情绪对孩子的影响有多严重?

情绪,是对一系列主观认知经验的通称,是多种感觉、思想和行为综合产生的心理与生理状态。情绪一般分为两种:一种是反射性的情绪,另一种是思考后的情绪。前者与压力有关,而后者需要经过一定的时间,在理性思考后形成。

我们常说的"情商",就是情绪商数,而不是情感商数。一个高情商的人,一定是一个可以控制自己情绪的人。

在六个月大之前,孩子虽然出生,脱离了母体,但他依然觉得自己和母亲是一体的,这个时候,母亲的情绪对孩子的影响很大。而孩子也会将自己的内在节律传达给母亲,这种互相匹配的状态会让母子间产生一种情感上的共鸣。孩子也正是通过这样一次次的共鸣,参考母亲对自己情绪的管理办法,从而形成自己的情绪管理模式的。比如,当孩子哭泣时,母亲会去安抚他,这样的事情发生很多次后,孩子会自己停止哭泣,这个时候,他就已经形成了对哭泣这种情绪的自我管理模式。此时,母亲的形象已经被孩子内化到自己身上,在此之后,他就不会过于依赖母亲,就算是独处也会感受到爱和安全。在孩子完全可以对情绪进行自我管理后,他的"自我"意识也就形成了。

可以认为,孩子的情绪管理模式正是母亲情绪的复制。尤其是在孩子出生后的两年里,母亲与孩子之间的互动、交流和情感的连接,也是在为孩子塑造大脑的神经连接。这一时期,大脑神经元会成倍增加,并且会形成能够影响孩子未来各种能力的基础结构。

资料来源:宁十一. 父亲的格局,母亲的情绪,决定孩子的未来[M]. 哈尔滨:北方文艺出版社,2018.

子模块三 语言

语言就广义而言,是指采用一套共同的处理规则来进行表达的沟通指令。尽管通过图片、动作、表情等可以传递人们的思想,但语言是其中最重要的,也是最方便的媒介。语言是人与人之间的一种交流方式,语言的作用是交流观念、意见、思想等。

一、书面语言

书面语言沟通在人际沟通和日常管理工作中占有十分重要的地位。有效的书面语言沟通有助于与客户建立良好的关系,有助于树立企业的良好形象和声誉,从而有利于企业实现其市场目标。无论是企业的内部部门之间还是企业与供应商、客户等外部部门之间,都需要用恰当的书面语言进行沟通。

1. 书面语言沟通的概念

书面语言沟通是公共关系的工作途径之一,是用书面媒介的形式与公众交流信息,运用文字、图片进行信息传递和交流沟通。其形式有内部报刊、信件、公告板、标语等。

2. 书面语言沟通的原则

(1) 书面语言沟通强调文本规范性

书面语言的规范性有效地保证了沟通的顺利进行。一些复杂的信息适合采用书面形式来表达,如合同、纪要、备忘录等各种书面文本。在商务活动中,合同的有效执行是以双方对合同的共同理解为前提的,如果双方的理解存在差异,则必然会导致合同纠纷。在商务沟通中,重要内容大多采用书面形式,即使采用口头形式,事后也会通过纪要、记录、备忘录等书面形式加以确认。

(2) 书面语言沟通可配合口头表达

在商务活动中,各种契约、合同和内部管理的材料大多采用书面形式。有时,书面语言沟通可配合口头表达使用,将书面形式作为口头表达的参考可减少口误,提高表达的流畅性。

(3) 书面语言沟通注重语言信息的准确性

书面语言沟通一般属于非同步沟通,信息的发送者和接收者使用信息的时间可以不同。书面语言沟通能较好地将非常复杂的材料进行删改、提炼,从而使接收者更容易理解。发送者必须在发送信息之前进行比较充分的准备,如核对和文字修改,从而最大限度地减少错误和不恰当的表达方式。

(4) 书面语言沟通具有长效性与稳定性

书面语言是人类创造文字以后的产物,是文明进步的伴随物。人类的经验主要靠书面语言记录并流传下来。书面语言的长效性是口头语言、体态语言等无法相比的,更是无法代替的。书面形式的信息可以长期保存,不受时间、地点的限制,适合存档、查阅和引用,并且信息在传递、解释过程中的失真情况也比较少。书面语言落笔为证,具有唯一性和稳定性,因此在表达上更准确。

二、口头语言

口头语言沟通是语言沟通中的一种常见形式,与书面语言沟通相对。口头语言沟通具有亲切感,可以借助表情、语调增强沟通的效果。在口头语言沟通的过程中,通过观察接收者的反应,可以实现双向沟通,有助于改善人际关系。

1. 口头语言沟通的概念

口头语言沟通是通过口头语言的形式进行信息交流,它是日常生活中最常采用的沟通形式之一。口头汇报、座谈讨论、大会发言、演讲辩论、电话会议、双方会谈等,都属于口头语言沟通的范畴。

2．口头语言沟通的原则

在口头语言沟通的过程中，为了提高发送者发送信息的质量，提高接收者聆听的理解力，应注意以下几点。

① 语言简练、准确，吐字清晰，用词得当。
② 进行眼神交流。
③ 集中精力，注重双向沟通。
④ 学会倾听，不要随意打断对方的讲话或过早地对对方的讲话做评价。
⑤ 态度诚恳，营造和谐的沟通气氛，耐心回答对方的提问，做出积极回应。

三、会议语言

在日常工作过程中，会议是一项经常性的事务。虽然举办会议会带来时间、人力、物力等资源耗费，但会议是一种很有效的沟通手段。因为会议交流可以传递更多的信息，尤其是需要各部门协作的工作，会议发挥了纽带的作用。

1．会议语言沟通的概念

会议语言沟通是在群体或组织中相互交流意见的一种形式。它是一种常见的群体活动，是管理沟通的重要形式，体现了团队沟通的能力。

2．会议语言沟通的原则

在开会的过程中，会议的主要组织者——主持人贯穿会议始终。作为会议的核心，主持人的作用至关重要。一位优秀的主持人可以点石成金，一位差劲的主持人会让座谈会变成聊天会。因此，会议语言沟通的素养主要体现在主持人身上。

（1）主持人要有亲和力

在会议语言沟通中，要求参会人员畅所欲言，有相当大的难度。因此，要建立参会人员之间的信任感，特别是要建立主持人与参会人员之间的信任感。这就要求主持人必须具有热情及亲和力，让大家感到信赖和亲切。主持人能够激发参会人员的合作意识，使大家共同合作，从而更好地达成会议目标。

（2）会议语言表达要把握分寸

主持人的作用是引导，而不是宣讲，千万不要把座谈会变成演讲会或发布会。在会议语言沟通中，要注意把握分寸，掌握基本的提问技巧，懂得借助专业知识挖掘问题的本质和核心，避免冗长的发言和照本宣科，从而占用大家交流意见的时间。

（3）主持人要掌握一定的会议控制技巧

首先是语速控制，不快不慢，既不让大家感到压抑，又不让大家听不清楚。

其次是能够控制参会人员的谈话脉络，保证会议按照正常的既定主题发展。

四、媒体语言

随着媒体的发展，媒体语言越来越丰富多样，对社会语言的影响也越来越大。在当前

"互联网+"时代，媒体正在以前人难以想象的力量改变着人们的生产方式、生活方式和思维方式。

1. 媒体语言沟通的概念

媒体语言是在媒体中使用的有声语言、副语言、体态语言、文字、相关图表、字母等。媒体语言可以分为报刊语言、广播语言、电视电影语言、网络语言、短信语言等。良好的媒体语言沟通，可以为组织营造良好的舆论环境，创造良好的口碑，提升组织的品牌形象，提高组织的核心竞争力。对个人来说，媒体语言沟通有助于建立良好的人际关系。

2. 媒体语言沟通的原则

① 媒体语言沟通的主体需要具备良好的政治素养和新闻素养。
② 在媒体语言沟通的过程中主客体要坦诚相待、合作共赢。
③ 媒体语言沟通的内容要讲究实效性和准确性。
④ 在媒体语言沟通的各环节要利用好互联网、新媒体和自媒体，做到核实信息、迅速处置并及时回应。

五、广告语言

语言是文化的载体，广告语言是广告的核心内容。作为一种创作活动，广告语言沟通实际上是一种文化的结晶。广告语言沟通要传承中华优秀传统文化，激发文化创新创造活力。

1. 广告语言沟通的概念

广告语言沟通是广告传播中运用语言和文字进行产品宣传的一种手段与方法。广告语言主要包括广告标题、广告正文等内容。广告的标题部分是广告文案中最重要的部分，起着画龙点睛的作用。广告的正文部分是说明性或报告性的文字，起着解释广告信息的作用。

2. 广告语言沟通的原则

广告语言的特点是简洁凝练、通俗易懂、主题突出、朗朗上口、充满情趣。先来看几则耳熟能详的广告语言。

一切皆有可能。（李宁）
我选择，我喜欢。（安踏）
百度一下，你就知道。（百度）
味道好极了。（雀巢咖啡）
怕上火，喝王老吉。（王老吉）
好空调，格力造。（格力电器）
万家乐，乐万家。（万家乐电器）
沟通从心开始。（中国移动）

由此可见，许多成功的广告都得益于绝妙的语言运用。广告是语言的艺术，一句绝妙的广告语言，不仅能使广告获得成功，还能给人带来美好的享受，令人难以忘怀。在拟写广告语言时，应注意以下几点。

（1）语言规范准确

在进行广告语言沟通时，运用严谨、规范和逻辑性强的书面语言可以使文案更具说服力。在运用书面语言时要注意以下几点。

①要严格按照书面语言的语法规范，避免出现病句或生造的词语。

②不能使用非规范化的简体字或繁体字，要保持现代汉语的准确性。

③不能盲目、无节制地运用方言和外来语。

（2）语言简洁明了

广告语言力求简洁，要以最少的词汇传递最多的信息，突出每条广告宣传的主题，在消费者心中留下深刻的印象。

（3）语言形象生动

恰当使用比喻、夸张、对偶、排比、双关等修辞手法是对广告语言进行修饰的良好手段。形象生动的广告语言能促使消费者产生浓厚的兴趣，激发联想，产生共鸣。

六、艺术语言

17世纪法国思想家布莱兹·帕斯卡尔曾说："人类像芦苇般脆弱，然而经历数千年，这样脆弱的人类却能创建文化，而异于其他动物，之所以如此，系因人类懂得相互合作的重要性。"而进行高效的相互合作，建立良好的人际关系则离不开说话的艺术。

1. 艺术与语言

语言是人们相处与交流的重要工具，也是人与人思维和情感沟通的桥梁、纽带。艺术语言是一个人的学识、才华、智慧和灵感在语言表达中的精彩表现。

2. 艺术语言运用的策略

（1）幽默法

幽默法是运用意味深长的诙谐语言传递信息的方法。当语言交际因某种原因陷入僵持或难堪的境地时，恰当地运用幽默的语言可以有效缓解紧张的气氛。这是一种语言润滑艺术。

（2）委婉法

委婉法是运用迂回曲折或含蓄的语言表达本意的方法。在日常交际中，总会有一些使人们不便、不忍或语境不允许直说的话题内容，需要隐遁言辞，使语意软化，便于接受。这是一种语言软化艺术。

例如，一位朋友带着孩子去拜访作家冯骥才。谈话间，朋友的孩子爬上床，站在上面又蹦又跳。如果直接喊孩子下来，势必会让朋友产生歉意，也显得自己不够热情。于是，冯老幽默地说道："请您的孩子回到地球上来吧。"朋友也立即心领神会："好，我和他商量商量。"就这样，冯骥才用委婉的请求，既达到了目的，又显得风趣，还顾及了朋友的面子。

（3）模糊法

模糊法是运用不确定的、含义宽泛的、富有弹性的语言传递信息的方法。在沟通交流中可以使用模糊法，按照某种场合的需要，巧妙地避开指定内容。这是一种语言回避艺术。

例如，某公司的前台秘书在接待来访的客户时，遇到新客户来电想与经理直接商定关于双方合作的条件的情况。秘书在还不清楚上司的实际意愿前，便说道："经理现在不在公司，请您放心，我们经理会在合适的时候请您过来商谈。"秘书通过这样的模糊语言表达，既给自己留有选择的余地，又表达了对对方的尊重和礼貌。

（4）暗示法

暗示法是通过语言、行为或其他符号把自己的意向传递给他人，并引起反应的方法。暗示法可以通过人（语言形式、手势、表情）实施，也可以通过情景（视觉符号、声音符号）实施。这是一种语言点化艺术。

例如，一位教师在全班同学面前介绍一位因犯错误逃学而刚来报到的同学时，巧妙地说："由于大家都知道的原因，某同学终于在今天回到了自己的班级……"这种说法既不伤这位同学的面子，也没有被全班同学误解为包庇行为，还包含着对这位同学"浪子回头"行为的欢迎之意。

子模块四　情绪管理

一、基本概念

情商是指人们理解和控制自己情绪的能力，以及对他人的感觉保持敏感的能力。

情商不仅与个人的自尊、生活满意度及自我接纳有着一定的联系，还对冲突管理和人际沟通有积极或消极的影响。情商有两个衡量因素：一是能否理解并管理自己的情绪，二是对别人的感受有多敏感。

情绪管理是指通过研究个体与群体对自身情绪及他人情绪的认识、协调、引导、互动和控制，充分挖掘和锻炼个体与群体的情商，培养驾驭情绪的能力，从而确保个体与群体保持良好的情绪状态，并由此产生良好的管理效果的过程。

其基本内涵是运用科学的方法有意识地调适、缓解、激发情绪，以保持适当的情绪体验与行为反应，避免或缓解不当情绪体验与行为反应的实践活动。它包括认知调适、合理宣泄、积极防御、理智控制、及时求助等方式。

要理解并管理自己的情绪，首先得对情绪的四个因素有所认识。

1. 生理因素

当情绪反应变得强烈时，身体内部会出现许多生理变化。比如，心跳加速、血压上升、胃痉挛、下巴紧张、嘴唇发干等，这些变化是我们识别自我情绪的重要线索，可以帮我们判断自己是否处于强烈的情绪中。

2. 非语言反应因素

情绪反应不仅本能地体现在身体内部，还会有意无意地体现在人的言行举止上，如浑身颤抖、抬头挺胸、手舞足蹈、声调提高、语速加快等。一般来说，情绪的非语言反应因素包括面部表情、声音、动作等身体语言，它可以帮我们判断某人是否处于强烈的情绪中，但有时却无法帮我们判定某人处于何种情绪中。比如，当我们看到拳击手面临强大的对手，浑身颤抖，咬牙切齿时，我们知道他处于强烈的情绪中，但很难分清他是因为害怕还是因为兴奋。

3. 认知的诠释因素

在大部分情境中，认知仍是决定情绪状态的最重要因素。当有外界事件发生时，人的认知系统会自动评估这件事的感情色彩，从而触发接下来的情绪反应。认知系统的运作过程与个人的文化背景、历史经验、过往经历等息息相关，是一个不自觉的过程。

4. 语言表达因素

情绪反应也可以直接用语言来表达。我们体验到的主观感情如果能用语言表达出来，就会有助于我们更有效地管理情绪。不把情绪说出口可能带来消极的心理和生理影响。

二、如何建设性地表达情绪

1. 影响人们表达情绪的因素

影响人们表达情绪的因素有很多，包括性格、文化、性别、社会环境等。

一般来说，外向的人比内向的人更容易在日常生活中表达正面情绪，而性格神经质的人往往比性格沉稳的人更容易在日常生活中表达负面情绪。崇尚集体主义文化的地方更重视群体内成员之间的和谐，不鼓励表达有可能扰乱群体内成员关系的负面情绪，而在个人主义文化影响下的成员觉得可以自在地向亲密的人透露自己的情绪。即使在同一种文化内，生理特征和性别角色通常也会影响男性与女性体验情绪的方式。许多研究指出，女性对情绪的理解力比男性高，反应也要比男性强烈。互联网的发展为沟通者提供了许多与外界接触的有效渠道，沟通者在网上表达的情绪要比在当面交流时表达的情绪更多一些。那些难以和他人面对面分享情绪的人在键盘或触摸屏提供的安全感背后，或许能自由地说出个人感受。

2. 建设性地表达情绪

虽然直接、清楚地表达自己的情绪并不是聪明的做法，但有许多研究表明，适当地表达情绪更有价值。除了生理上的好处，有效表达情绪的另一个好处是增进人际关系。而要想达到这个目的，关键在于学会如何建设性地表达情绪。以下建议将帮助你学会如何在恰当的时候适当表达你的情绪，提高情绪表达的有效性。

① 辨认你的感觉。能够区分和辨认情绪是情商至关重要的一部分。研究发现，那些能够准确辨认出自己所经历的负面情绪的人往往能够找到处理这些情绪的最佳策略。

② 了解隐藏感觉和把感觉发泄出来的差异，这样有助于你在困境中建设性地表达自己。

③ 扩充你的情绪词汇，分享多样的感觉。

④ 评估何时何地表达感觉。一阵强烈的情绪涌上心头的瞬间通常不是说出口的最佳时机，说话前先深思熟虑，然后用最有可能被接受的方式表达你的感觉，才是更为明智的做法。

⑤ 关注沟通渠道，对自己的感觉负责。沟通之前一定得记住：沟通不可逆，犹如覆水难收，一旦你按下发送键，就不可能撤回你已经爆发的情绪。

同步案例 2-2

群发邮件事件

某日晚，某公司总经理陆某回办公室取东西，发现没带钥匙，打电话联系秘书，始终没有打通。他难抑怒火，回家后通过内部电子邮件系统给秘书写了一封措辞严厉的谴责信。发送这封邮件时，陆某还同时抄送给公司的其他几位高管。

面对总经理的责备，两天后，秘书回了一封更加咄咄逼人的邮件。她在邮件中指责总经理干涉和控制她的私人时间，缺乏做人最基本的礼貌，并把回信的对象也选择了该公司的所有高管。几天后，这封邮件被数千名外企白领接收和转发，很多人还在邮件中留下诸如"真牛""解气""骂得好"之类的点评。

群发邮件的直接后果就是，秘书很快辞职，在事件的后续跟踪中，总经理陆某也很快被调离原岗位。

思考：从以上案例中我们可以看出，总经理陆某及其秘书在情绪管理方面做得很糟糕，两人把一件小事搞得沸沸扬扬，掀起轩然大波，结果两人都自食其果，这个故事带给我们什么样的深刻教训？你知道两人犯错的关键点在什么地方吗？在社交媒体中表达情绪和在日常生活中表达情绪有什么不同的后果？

三、减少无助益的情绪

虽然感知和表达情绪通常会拉近人际关系，但是并非所有的感觉都是有助益的，我们需要区分有助益的情绪与无助益的情绪。有助益的情绪有助于关系的有效运作，而无助益的情绪则有损于关系。这两种情绪之间的一个区别是情绪的强度，如在一场重要的运动竞赛或求职面试前感到一点恐惧或紧张，可能会成为提升表现的动力，但如果陷入极端恐惧就很难得到较好的结果了；另一个区别是时间的持续性，如果某个人过分沉溺于消极的思想中，就会增加悲伤、焦虑、嫉妒和沮丧的感觉，而且会让这些感觉持续更长时间，还有可能转移其攻击对象，进而波及无辜的旁观者。

同步案例 2-3

当我第一次步入大学校园的时候，我不得不选择离开家人，和三个女孩同住。第一学期的大半时间，我是如此孤单和不快乐，我成了一个很糟糕的室友。数年之后，我对我那过于吹毛求疵的老板感到灰心，所以某天我发飙不干了，我在怒斥了他是一个多么令人厌恶的管理者之后，当即转身走人。现在，我不敢在工作经验栏上把前任老板列为推荐人，也担心我好发脾气的个性让我难以找到一份新工作。目前我和家人之间存在一些问题，这有时候让我很心烦，以至于不能专心工作和学习，甚至晚上也睡不好。

资料来源：罗纳德·B.阿德勒，拉塞尔·F.普罗科特. 沟通的艺术：看入人里，看出人外［M］. 黄素菲，李恩，译. 北京：北京联合出版公司，2018.

思考：这种情绪属于有助益的情绪还是无助益的情绪？你有过类似的情绪吗？你是如何处理类似情绪的？

如何把无助益的情绪减到最少？社会科学家和理论学家提出了一套简单有效的方法。

① 监控你的情绪反应。当你处于无助益的情绪时，第一步是学会辨认它们。辨认情绪的一种方法是监控生理上的反应，也可以辨别那些暗示你情绪的特定行为。

② 注意情绪的激发事件。在你知道自己的感觉之后，下一步是弄清楚什么事件激发了你的反应。激发事件有时候是明显的，有时不会显而易见；有时候不是单一的，而是一连串小事件持续累积到一个临界点，才激发了无助益的情绪。

③ 记录你的自我内言。这一步是将激发情绪的事件和你的感觉联系起来，把你的思考写在纸上，这样做有助于发现它们是否真的有意义。

④ 重新评估你的非理性信念。首先，判断你所记录的每一个信念是理性的还是非理性的。其次，解释这个信念为什么是理性的或非理性的。最后，假如这个信念是非理性的，则应该写下一个较为合理的替代者，这样可以让你在未来面对相同的激发事件时，能够应对自如。

四、调节情绪的方法

① 自我调节。首先可以进行自我认知调节，不同的人对同一事情有不同的情绪反应，同一个人在不同阶段对同一事情也会有不同的情绪反应，这充分说明认知的改变可以促进情绪的变化。其次可以进行心理暗示，如用阿Q精神胜利法来缓解焦虑、恐惧的情绪，用必胜的信念缓解紧张的情绪。最后还可以通过运动，转移注意力，宣泄无助益的情绪。

② 环境调节。美丽的风景使人心情愉悦，而肮脏的环境使人烦躁不安。当情绪不好时，可以选择一个环境优美的地方，在完美的大自然中，心情自然而然会得到放松；还可以去听听优美宁静的音乐，舒缓的音乐能提高大脑皮层的兴奋度，改善人们的情绪，激发人们的感情，振奋人们的精神，消除心理和社会因素所造成的紧张、焦虑、忧郁、恐怖等不良心理状态，提高自身的应激能力。

③ 人际调节。人与动物的区别在于人的社会属性。当情绪不好时，可以将自己的心理状态告知他人，这样可以减少很多不必要的误会和冲突；还可以向周围的人求助，与朋友聊天可以使你暂时忘记烦恼，对方的倾听和开解也能减轻无助益情绪的干扰。

同步案例 2-4

曾国藩的超越自我

在历史上，曾国藩是一个通过苦修来超越自我、追求"圣人"境界的超级自律牛人。

他曾经也是一个愤怒中年。太平天国起事后，他在长沙奉旨办团练，因看不惯当时绿营腐化堕落，计划以霹雳手段来重构政治生态，廓清官场和军界。他乱世重典，法令如山，还没跟太平军交手呢，就先杀掉了一堆，获赠外号"曾剃头"，得罪了整个长沙城。面对绿营那帮痞子兵寻衅滋事、以下犯上、不守规矩，他本能的反应就是暴跳如雷、火冒三丈，但长沙城都在等着看他笑话呢，等着他情绪失控呢。曾国藩毕竟还是有头脑的，他把情绪平息下来后，下了决心：不跟这帮人渣纠缠，惹不起，咱躲得起。于是他离开长沙去了衡阳，专门操练湘军，衡阳成了曾国藩辉煌事业的起点。

这是曾国藩对自己情绪控制的一次胜利，他完全可以选择继续与长沙官场硬怼，继续向皇帝上奏折控诉这帮坏蛋，但是在当时的环境下，不一定能把对方扳倒，反而给自己四面树敌。人，不能被自己的情绪控制。

曾国藩真正驾驭自己的情绪，是在从江西返回家乡之后。率湘军出湖南入江西作战，是他人生中极其郁闷的一段时间：一方面是"江西长毛气焰仍旧嚣张，军事毫无进展，银钱陷于困境"，另一方面江西官场百般不配合，京城政敌百般掣肘，曾国藩孤立无援，心力交瘁。偏偏此时，又传来父亲去世的噩耗，曾国藩不待朝廷批准，就负气回到湘乡老家。

随后，咸丰皇帝开了他兵部侍郎的缺，命他在籍守制。曾国藩的情绪彻底失控了，他感觉自己已被抛弃，过往功绩悉数归零，因此狂躁不安，彻夜失眠，染上重病。一位名叫曹镜初的名医，给曾国藩开方子："岐黄可医身病，黄老可医心病。"曾国藩小时候就读过《道德经》，但此时再细读，心境完全不一样了，他悟出了"以柔克刚"的真谛，意识到此前的自己锋芒毕露、过于刚烈之缺点，也因此由儒入道，学会了宁静谦退："知天之长而吾所历者短，则遇忧患横逆之来，当少忍以待其定；知地之大而吾所居者小，则遇荣利争夺之境，当退让以守其雌。"

曾国藩再度出山时，"心病"已经医好，走出了人生的黑暗阶段，像变了一个人。他学会跟小人妥协了，以前是势不两立，如今学会柔道行事，一时在身边聚拢了大量人才，而小人对他的攻击也少了许多。

他明白了现实就是如此：小人不是你想躲就能躲得过的，与其硬碰硬，不如打太极，控制情绪，为自己营造良好的人际关系。毕竟，我在世间的使命，不是干掉小人，而是干成大事！

资料来源：关山远. 苏东坡、范仲淹、曾国藩，谁更能控制情绪？[N]. 新华每日电讯，2018-11-23.

思考：从以上案例中我们可以看出，即使天生的坏脾气，也是可以通过后天努力控制的。你想知道曾国藩是如何学会调节与控制自己的不良情绪的吗？课后可以找来曾国藩的日记与家书读一读，或者读一读著名作家唐浩明的长篇小说《曾国藩》，学一学曾国藩的修身养性之法。

思考与练习

1. 观察的三大要素是什么?
2. 影响观察力的主要因素有哪些?如何提高观察力?
3. 结合实际生活谈谈面对形形色色的人和事,你是如何做到有效观察的,请分别列举一到两例。
4. 语言的类型有哪些?
5. 如何提高不同类型语言环境下的沟通能力?
6. 回想三个最近使你感到情绪强烈的时刻,针对每一个情境,回忆当时的事件、你的诠释及你的情绪反应。

技 能 训 练

1. 请将个人近五年比较有代表意义的生活照片按时间和类别进行排序、归类,制作一组照片墙,仔细观察自身身材、装束和神态的变化,然后进行记录、比较,找出随着时间的推移,个人发生了哪些变化,背后又有哪些成长故事。
2. 辨认自己的情绪。记录你的情绪在三天里的变化,确保你在每天晚上都花一些时间回忆自己一天的情绪感受、牵涉的人,以及情绪发生时的具体场景等。为了帮助自己更简单地回顾和考虑自己的情绪,可以就你的观察结果创建一个简单的表格。

日期	场景	情绪	牵涉的人	感觉	对话主题

在三天时间快结束的时候,你可以通过回答下列问题,了解情绪在你的沟通中起到的作用。

(1)你是如何辨认你所感受到的情绪的,是通过生理上的刺激、非语言行为,还是通过其他的认知过程?
(2)你在辨认自己的情绪时有什么困难吗?
(3)你最常有的情绪是什么?是基本情绪还是复合情绪?强度是温和的还是强烈的?
(4)你在什么样的情境下会表现或隐藏自己的感觉?什么样的因素会影响你的决定?表现或隐藏的又是哪种类型的感觉?牵涉的人有哪些?当时的场景是怎样的?影响你情绪的话题是什么?

（5）结合上一个问题，选择一个你决定表现和表达出自己感觉的场景。在你表现和表达出自己的感觉后，结果如何？你对这个结果满意吗？如果不满意，未来你能做些什么使结果变得更满意？

能力自评

一、专业能力自评：观察的时间和效果

目标：强调从不同角度对以下四幅图片进行观察，说出每幅图片中的内容。

时间要求：10分钟。

素材：

图片一：

图片二：

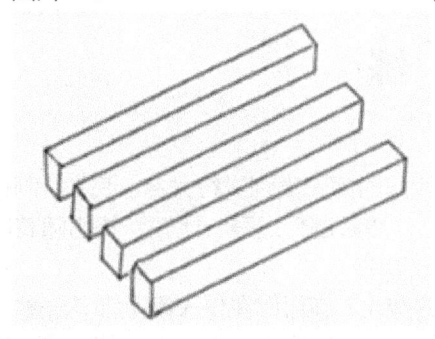

图片三：

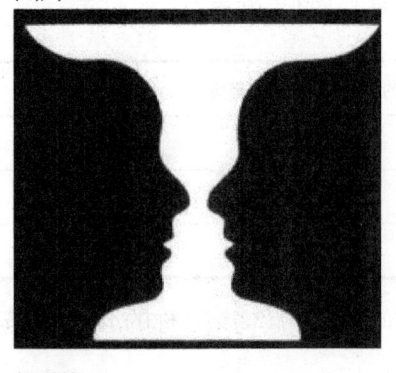

图片四：

问题：

1. 图片一中的小木条有几根？
2. 图片二中的女士大概处于哪个年龄段？
3. 图片三是什么？
4. 图片四的两位女子中，哪位是孩子的母亲，为什么？

二、核心能力自评

核心能力	是否提高
观察能力	
倾听能力	
语言表达能力	
控制情绪能力	
自察意识	
情绪管理意识	
言语规范意识	
自评人（签名）： 　　　　　　年　月　日	教师（签名）： 　　　　　　年　月　日

注："是否提高"一列可填写"明显提高""有所提高""没有提高"。

模块三 礼仪沟通

- ☑ 学习目标
- ☑ 内容结构
- ☑ 引例　面试中的礼仪沟通
- ☑ 子模块一　非语言沟通与礼仪语言
- ☑ 子模块二　现代礼仪的内涵
- ☑ 子模块三　现代社交礼仪要领
- ☑ 子模块四　现代商务礼仪要领
- ☑ 思考与练习
- ☑ 技能训练
- ☑ 能力自评

学习目标

通过本模块的学习，应该达到以下目标

知识目标：理解现代礼仪、社交礼仪、商务礼仪的基本概念，理解礼仪语言的使用原则及日常礼貌用语、现代礼仪的原则和作用。

技能目标：熟悉见面的基本礼仪，掌握商务礼仪中的仪表礼仪和仪态礼仪。

素养目标：在礼仪沟通的学习过程中，培养礼仪意识并塑造良好的个人形象。

模块三 礼仪沟通

> 内容结构

模块三的内容结构如图 3-1 所示。

```
礼仪沟通
├── 非语言沟通与礼仪语言
│   ├── 非语言沟通的含义及类型
│   ├── 非语言沟通的作用
│   └── 礼仪语言的使用原则及日常礼貌用语
├── 现代礼仪的内涵
│   ├── 现代礼仪的含义及原则
│   └── 现代礼仪的作用
├── 现代社交礼仪要领
│   ├── 社交礼仪的含义及原则
│   └── 见面的基本礼仪
└── 现代商务礼仪要领
    ├── 商务礼仪的含义
    ├── 仪表礼仪
    └── 仪态礼仪
```

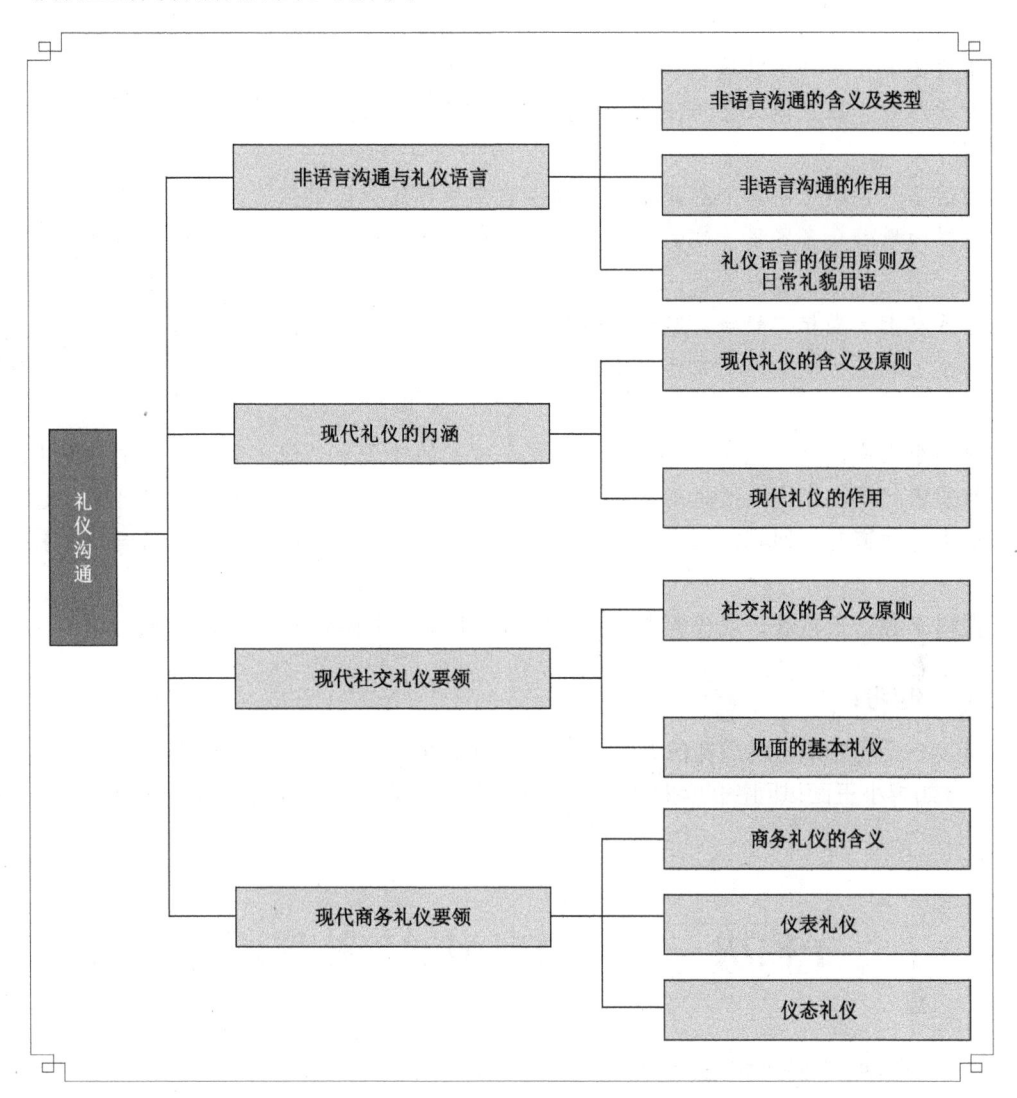

图 3-1 模块三的内容结构

> 引 例

面试中的礼仪沟通

某集团要招聘一位管理销售的副总,小王对此信心百倍,因为这一岗位与他在大学所学的专业对口,并且他又在相应的岗位上磨砺了多年。果然,他以优异的笔试成绩跻身面试行列。

面试当天,小王早早来到集团公司的会议室外等候。因笔试成绩优异,他胸有成竹,悠然自得地看着众多紧张待试的同伴,心想:只要笔试成绩位于前列,面试不过是走个过场而已。因此,他全身心放松,松垮地站在门口等了一会儿,回头看见一排沙发,便惬意地坐在沙发上,跷起二郎腿,悠闲地嚼起口香糖。过了一会儿,一位衣着朴素的老者走过来,问小王能否帮他拿一下东西。小王白了他一眼,挥挥手说:"没空!"然后低头翻看报纸。

轮到小王面试了,他发现那位老者坐在主考官的椅子上,这才意识到刚才的失礼,不禁开始紧张起来。在问完面试的题目后,老者介绍自己是公司的董事,并提出了一道新题目。小王不知道怎么回答,心中一急,禁不住挠头抓耳、坐立不安。面试完毕,结果可想而知。

资料来源:张再欣.现代商务礼仪[M].北京:中国人民大学出版社,2012.

思考:
(1)小王在非语言沟通礼仪方面有哪些失败之处?
(2)如果小王面试回答的问题很出色,而你是主考官,你是否同意小王成为销售副总?

子模块一 非语言沟通与礼仪语言

一、非语言沟通的含义及类型

1. 非语言沟通的含义

非语言沟通是相对语言沟通而言的,是指通过身体动作、面部表情、语气语调、空间距离等方式交流信息、进行沟通的过程。在沟通中,信息的内容部分往往通过语言来表达,而非语言则作为提供解释内容的媒介,来表达信息的其他相关部分。

2. 非语言沟通的类型

(1)形体语(或人体语)

形体语是指人们用肢体发出的信息符号。它是非语言沟通中最主要的形式,是非语言中内容最丰富的一种,如眉来眼去、暗送秋波、点头示意等。形体语又细分为表情语、眼神语、手势语、体态语、身体接触语、副语言、气味语、相貌服饰语。副语言主要研究的是声音的高低、强弱、快慢、停顿等。

(2)时间语与空间语

用时间表达的信息符号称为时间语,它研究的是人们对准时、及时、延时,时间的早晚、长短,以及过去、现在、将来等的理解。用空间表达的信息符号称为空间语,它研究的是沟通者之间的距离、位置等方面的内容。

(3)颜色语与图画语

用颜色表达的信息符号称为颜色语,用图画表达的信息符号称为图画语。

(4)艺术语

艺术语是指用音乐、舞蹈、雕塑、建筑等艺术形式表达的信息符号。音乐可以沟通人们的思想与感情。作为一种高度抽象化的复杂的听觉符号系统,音乐的表达手段主要是由一系列要素(如节拍、节奏、速度、力度、音区、音色、调性等)组合而成的旋律。在长期的有序化发展过程中,音乐符号的表意功能日益严格、系统,因而被人们称为"音乐语言"。

(5)环境语

用环境表达的信息符号称为环境语,如用室内装饰、温度、光线等表达的信息。

(6)其他自然语

在自然界,很多动物都会沟通。动物发出的信号和声音没有人类语言复杂,但也是一种非语言。一些动物学家为了解这些动物的群体行为,会研究动物的沟通方式。

二、非语言沟通的作用

非语言沟通有表达情感、传递信息的作用,它能使语言表达得更生动、更形象,也能更真实地体现心理活动状态,使互动中的双方能有效地分享信息。

1. 情感表达作用

非语言沟通的首要功能是情感的表达作用,它可以表现个人很多情感,如愤怒或快乐、振奋或压抑等。

2. 调节互动作用

与情感表达一样,调节互动作用常体现于面部表情及头部动作。例如,谈话时向对方点头表示希望对方继续说下去。又如,眼睛一直看着说话者意味着示意对方继续说话,而看向别处则意味着谈话该结束了。简言之,调节动作可帮助说话者控制沟通的进度。

3. 替代语言作用

有些通过声音不能传递的信息,通过身体语言却可以有效地传递。另外,身体语言作为一种特定的形象语言,可以产生有声语言不能达到的交际效果。采取适当的身体语言,能够达到"无声胜有声"的效果。

4. 强化作用

身体语言不仅可以在特定情况下替代有声语言，发挥信息载体的作用，而且在许多场合，还能强化有声语言信息的传递效果。

5. 辅助和添意作用

人们运用语言行为来沟通思想、表达情感，往往有词不达意或词难尽意的感觉，因此需要同时使用非语言行为来弥补语言行为的缺陷，或者对言辞加以补充，使自己的意图得到更充分、更完善的表达。

6. 表露或验证真意作用

身体语言大多是人们的非自觉行为，其所承载的信息往往都是交际主体在不知不觉中显现出来的。身体语言一般是交际主体内心情感的自然流露，与经过人的思想精心组织的有声语言相比，身体语言更具显现性。

三、礼仪语言的使用原则及日常礼貌用语

1. 礼仪语言的使用原则

① 正确把握谈话的对象、场合、事由与时间。
② 避免涉及他人的隐私。
③ 措辞尽量委婉含蓄。
④ 态度要谦虚诚恳，自然大方。

2. 日常礼貌用语

（1）称呼
对他人要用尊称，对自己要用谦称。
① 场合：医院、学校、市场、机关等。
② 职业：大夫、教师、师傅、领导等。
③ 年龄：小刘、同学、小朋友等。
注意：要尽快记住别人的名字。不可给人起绰号，也不可称呼其恋人、友人之间的昵称，要坚决避免对他人的贬称。
（2）问候语
常用的问候语有"您好""早晨好""晚安"等。
注意：寒暄语一般用于初次见面或不相熟识的人，可以问一些常规性的或与环境有关的问题，如"你是哪里人""天气不错"，不可问对方隐私问题，如年龄、婚姻、收入等。
（3）答谢语
常用的答谢语有"谢谢""感谢"等。

注意：中国人向来是重感情的，但又不善于表达出来。"行胜于言"，善于表达感激之情也是沟通礼仪中的重要学问。

（4）道歉语

中国人注重礼仪，以维系人与人之间的秩序与和谐。礼仪要求人们相互尊重，以和善的方式表达自己的意见和情绪，强调个人与家庭、社会、国家之间的关系。在表达歉意时要发自内心，一旦产生过失，无论大小，都要立刻道歉。而在接受他人的道歉时，要尽量表现出宽容和理解。常用的道歉语有"对不起""请原谅""很遗憾"等，回复语有"没关系""您别太在意了""这算不了什么"等。

拓展阅读 3-1

非语言沟通的禁忌

头部：

（1）盲目地摇头晃脑。

（2）经常性地挤眉弄眼。

（3）两眼死盯住别人或闭眼听人讲话。

（4）用眼睛四处扫描别人的房间。

（5）板着面孔斜着眼看人。

（6）擤鼻涕、吧嗒嘴、流口水。

（7）冲着别人打哈欠、打喷嚏。

手足：

（1）情绪一激动就手舞足蹈，忘乎所以。

（2）把手放在嘴里咬指甲。

（3）把手指掰得咔咔响。

（4）随便用手剔牙。

（5）说话时用手指向对方。

（6）把腿放在桌子上或伸到前边座位上去。

（7）跟上级或长辈说话时双手叉腰。

（8）走路时东倒西歪，摇摇晃晃。

其他：

（1）随地吐痰。

（2）进屋不敲门，用脚踹门。

（3）几个人在马路上并排骑自行车。

（4）随地扔废纸和果皮等。

（5）在公共场所大声喧哗和嬉闹。

（6）在公共场所使用电子设备外放声音。

（7）与人交谈时，摆弄手机等电子产品。

（8）与人商务聚餐时，不使用公筷。

资料来源： 张再欣. 现代商务礼仪［M］. 北京：中国人民大学出版社，2012.

子模块二　现代礼仪的内涵

一、现代礼仪的含义及原则

1. 现代礼仪的含义

我国素有礼仪之邦的美誉，礼仪文化源远流长。随着对外交往的日益频繁，礼仪更成为社交中不可或缺的内容。因此，学习礼仪，弘扬中华优秀传统文化就成为社会主义精神文明建设的一项重要内容。礼仪中传递的价值观包括诚信、尊重、忠诚、孝顺、恭敬、谦虚、自制、和平等。这些价值观在中华传统文化中被视作优良品质的代表，是中国社会十分重视的美德。

礼是表示敬意的通称，它是人们在社会生活中处理人际关系并约束自己的一种行为，是表示尊重他人的行为准则和道德规范。

现代礼仪是人类社会为维系正常生活而必须遵循的社交规范，是人们在相互交往过程中逐渐形成的，以风俗习惯、传统风尚、社交礼节等形式固定下来的，表达人与人之间友好尊重并赋予事物价值的礼节和仪式。其精神内涵旨在让我们更好地理解和关注社会中个体之间的相互关系，建立更加和谐、友好的社会环境。现代礼仪是人类文明和道德修养的重要组成部分，有助于塑造优秀的品格和行为习惯。

2. 现代礼仪的原则

（1）真诚尊重原则

真诚待人是为人之根本。孟子云："诚者，天之道也；思诚者，人之道也。"以诚待人者，能得到他人的信任，因而可广结良缘，拥有众多的朋友。

礼仪的本质是尊重他人。在人际交往过程中，交往对象对尊重自己的人会有一种天然的亲切感与认同感。尊重他人表现为尊重对方的人格、感情和喜好，不强求他人按自己的爱好和兴趣处事。

（2）宽容自律原则

宽容是指在人际交往过程中，能容许交往对象与自己持有不同的观点，接纳对方不同的观点及行为。由于人们所处的生活环境及接受教育的程度各不相同，因此在交往中，不能因为对方没按规范的标准礼仪对待自己，便斤斤计较、咄咄逼人、苛求责备，而应宽以待人、体谅他人、理解他人，求同存异，尊重他人的选择。

自律是指在商务交往过程中要按礼仪规范严格要求自己，礼待对方。商务人员要将商务礼仪规则内化为自觉的行为，不能因为对方没有按规范做到位，自己也就放任自流、随心所欲，而应时时处处自我要求、自我约束、自我对照、自我反省、自我检点。

（3）平等适度原则

平等是现代商务礼仪与传统礼仪的根本区别所在。平等是指尊重交往对象，对任何交往对象都一视同仁，给予同等的礼遇，不因为交往对象在地位、财富，以及与自己的关系亲疏远近等方面有所不同，就厚此薄彼、区别对待。平等原则还表现为在交际活动中"礼尚往来"，即对交往对象给予自己的礼数及时给予对等的回应。

所谓适度，是指在商务活动中使用礼仪要恰到好处、适可而止。虽说"礼多人不怪"，但在交往中礼仪过繁，交往对象不得不疲于应对，容易产生厌烦之感。使用礼仪适度，主要表现为四个方面：一是接待规格要适度，既显热情，又不铺张浪费；二是感情表达要适度，要真诚自然、热情大方，不能轻浮谄谀；三是语言谈吐要适度，要坦率真诚，不能言过其实；四是动作举止要适度，要优雅得体、尊重习俗，不能粗俗无礼。

（4）遵时守约原则

遵守时间约定，是现代社会衡量与评价一个人信义的基本标准。遵守时间约定主要表现为三个方面：一是要有约在先，不做不速之客，约定后应该按时履约；二是要如约而行，确有特殊情况不能赴约，应提前告知对方，不得让对方等待；三是要适时告辞，即在约定的时间里把事情办完，准时或提前告辞。

守约，就是信守承诺。言必信，行必果，是商务交往的根本准则。一个人不信守承诺，是不会有人愿意与其交往和合作的，他也将无法立足于社会。

（5）入乡随俗原则

世界各民族、各地区的人们由于所处的自然环境、文化传统及宗教信仰不同，因此礼仪规范也有所差异。承认差异，尊重对方特有的习俗，不触犯对方的禁忌，有助于表达亲善友好之意，易于相互理解和沟通。在与不同民族和地区的人交往时，应入国问禁、入门问讳，对交往对象的礼仪禁忌不妄加非议，且做到入乡随俗，只有这样才能与他人和谐相处、愉快合作。

二、现代礼仪的作用

1. 体现文明修养

礼仪是文明修养的体现，是人们为了维系正常的生活秩序所共同遵循的一种行为规范，有净化社会风气，推进社会主义精神文明建设的重要作用。中华传统礼仪文化是中国人民的精神财富，具有强烈的人文关怀色彩，是中华文化长久以来传承下来的瑰宝。《论语·为政篇》中说："道之以政，齐之以刑，民免而无耻。道之以德，齐之以礼，有耻且格。"就是说，管理国家政权，用刑律惩处不遵守者，他们想的是如何逃避惩处而不管行为对错和荣辱；管理国家使之有序，以礼化人，老百姓就懂得对错和荣辱并会自觉遵守。这说明"礼"在社会管理中的重要作用。现代礼仪以对人的尊重为基础，以人与人之间的平等相处为原则，要求社会成员在与人交往时选择符合时代风尚的言行，唾弃违背社会和民族文明的陋习，要求人们努力做到内在美与外在语言美、仪表美的和谐统一。礼仪的行为是文明的行为，而文明的行为能使人与人之间和谐相处。讲究礼仪能使社会运行文明有序，体现整个社会的文明修养。

2. 协调人际关系

礼仪是人际交往的"润滑剂"。商务活动是竞争活动,在商务活动中,遇到各种难缠的甚至有敌意的交往对象是常有的事。处理稍有不慎,就有可能使计划充满矛盾,使合作成为泡影。礼仪所表达的意义主要是尊重。尊重可以使对方在心理上得到满足、感到愉悦,进而产生好感和信任,从而使合作成为可能。在商务活动中,向交往对象施之以礼,是一种以不变应万变的良方,即用尊重、礼貌、友好、信任、宽容去获得对方的理解,缓解矛盾,消除误会,进而增进彼此的了解与信任,构建和谐、协作的商务活动关系。

3. 塑造良好形象

以礼待人的最终目的是塑造个人和组织的良好形象。所谓个人形象,是一个人容貌、表情、举止、服饰、谈吐、教养的集合。在现代社会,礼仪可以有效地展现施礼者和受礼者的教养、风度及魅力,是一个人学识和教养的外在表现。得体的穿着、整洁的仪表、文雅的举止,是一个人高贵气质与良好形象的外在表现,礼仪就是在这些方面严谨的规范。通过学习礼仪,能够更好地设计、维护个人形象,充分展示个人的良好教养与优雅风度。

子模块三 现代社交礼仪要领

一、社交礼仪的含义及原则

1. 社交礼仪的含义

社交礼仪是指人们在交际活动中约定俗成的各种行为规范及其实施程序。

社交礼仪无论是内容还是形式都纷繁复杂。从见面时的握手礼、鞠躬礼、拥抱礼、亲吻礼、合十礼、脱帽礼、介绍礼、称呼礼,到交谈时的礼貌用语;从仪容仪表到举止谈吐;从成年仪式、结婚仪式到丧葬仪式;从家庭礼仪到社会礼仪;从官方规定的礼宾程序到形形色色的风俗礼仪,都可以称为社交礼仪。讲究礼仪既是尊重别人,也是尊重自己,有利于形成良好的社会道德观、伦理观和社会风气,对社会的物质文明建设和精神文明建设,尤其是对提高人的素养起着积极的作用。

2. 社交礼仪的原则

人们的各种交际活动自始至终都有一些普遍性、共同性、指导性的规律可循,这就是社交礼仪的原则。探讨这些原则,有助于社交基本礼仪的规范化,增强人们对礼仪的认识,进而加强礼仪在社会活动中的指导作用。

(1)遵守原则

礼仪规范是为维护社会生活的稳定而形成和存在的,实际上反映了人们的共同利益要求。社会上的每个成员不论身份高低、职位大小、财富多寡,都有自觉遵守、运用礼仪的义务，都要以礼仪去规范自己的一言一行、一举一动。如果违背了礼仪规范，就会受到社会舆论的谴责，交际自然难以成功。元代一个叫胡石塘的人应聘入京，在受元世祖忽必烈召见时，没有发现自己所戴的帽子歪斜着。忽必烈问他都学些什么，胡石塘答道："治国平天下之学。"忽必烈笑着说："自己的一顶帽子都戴不端正，还能平天下吗？"就这样，胡石塘没有被起用。

（2）敬人原则

"礼者，敬人也。"敬人是礼仪的一个基本原则，它要求人们在交际活动中互尊互敬，友好相待，对交往对象要重视、恭敬。尊敬是"礼"的本义，是礼仪的重点和核心。在对待他人的诸多做法中最重要的一条，就是要敬心长存，处处不可失敬于人，不可伤害他人的尊严，更不能侮辱对方的人格。"曾子避席"出自《孝经》，是一则著名的敬人故事。曾子是孔子的弟子，有一次他在孔子身边侍坐，孔子就问他："以前的圣贤之王有至高无上的德行，懂得精要奥妙的理论，用来教导天下之人，人们就能和睦相处，君王和臣下之间也没有不满，你知道它们是什么吗？"曾子听了，明白孔子是要指点他深刻的道理，于是立刻从坐着的席子上站起来，走到席子外面，恭恭敬敬地回答道："我不够聪明，哪里能知道，还请老师把这些道理教给我。"在这里，"避席"是一种非常礼貌的行为，当曾子听到老师要向他传授道理时，他站起身来，走到席子外向老师请教，是为了表示他对老师的尊重。曾子懂礼貌的故事被后人传诵，很多人都向他学习。

（3）真诚原则

社交礼仪的运用基于交际主体对他人的态度，只有抱着诚意与对方交往，才能使你的行为举止自然得体。与此相反，倘若仅把运用礼仪作为一种道具和伪装，在具体操作时口是心非、言行不一、弄虚作假、投机取巧，当面一个样，背后一个样，有求于人时一个样，被人所求时又一个样，将礼仪等同于"厚黑学"，就违背了社交礼仪的基本原则。

（4）适度原则

俗话说："礼多人不怪。"人们讲究礼仪是基于对对方的尊重，但是凡事过犹不及，人际交往要因人而异，要考虑时间、地点、环境等条件，做到化妆适度、服饰适度、语言适度、举止适度、态度适度、距离适度等。在社交中，施礼过度或不足都是失礼的表现。语言适度要求在与他人进行语言交流时：语言表达适当，不说过头话，不用过激的语言；语言沟通适当，既不抢对方的话头，又不少言寡语；语速适当，既不太快、太急，含糊不清，又不太慢、太缓，拿腔拿调。举止适度要求举手投足都显得分寸得当、恰到好处。

二、见面的基本礼仪

1. 握手

与人初次见面时，大家都习惯用握手来表示欢迎或问候，并借握手表达情感的交流——由"接触"而打破彼此的私有空间，穿越对方的领域，达成心灵的交互感应。握手时，能把自己的思想及内心的感情，在无形中传递给对方。对握手这个动作的运用，是高难度的艺术。

（1）正确的握手方式

① 专心致志。一般情况下，握手时应当面带笑意，起身站立，在右手与对方右手完全相握后，上下晃动两三下，用力不轻不重，时间持续3~5秒。最重要的是，握手时务必正视对方的双眼，并与对方稍事寒暄。

② 留意次序。基本规则：应由握手双方之中身份为尊的一方首先伸出手来。职务高者与职务低者握手时，应由职务高者先伸手；女士与男士握手时，应由女士先伸手；长辈与晚辈握手时，应由长辈先伸手。当来宾抵达时，应由主人先伸手；而当来宾告辞时，应由来宾先伸手。

③ 回避禁忌。一是不要戴着手套握手，二是不要戴着墨镜握手，三是不要用左手握手，四是尽量不要用双手与初次相识的异性握手，五是不要在多人握手时交叉握手。

（2）不正确的握手方式

① 钓鱼式握手。这种握手方式只抓着对方的手指，是对交际应酬缺乏信心，也有对他人鄙夷不屑的意思，是很不礼貌的举动。

② 紧扣式握手。这种握手方式会因为手握得太紧而使对方反感，显示握手者的粗鲁且不礼貌。

③ 豆腐式握手。握手时无精打采，仿佛只是伸手，让对方完全无视自己的存在。

④ 粘胶式握手。握手时把别人的手握得紧紧的，久久不放，像用胶粘住似的，令对方不耐烦。

⑤ 闪电式握手。握手时只是急急一握，马上甩开，应付了事，好像对身处的场合和人都没有兴趣。这种握手方式完全不尊重对方，实在是无礼之至。

⑥ 抖动式握手。握手时上下不停地抖动、摇晃，虽然显得热情有劲，但是过度用力抖动，会使对方站立不稳，招致对方反感。

2. 介绍

介绍主要有两种，一是自我介绍，二是介绍他人。介绍他人的主要特点是双向性和对称性，指的是由某人为彼此素不相识的双方相互介绍、引见。

自我介绍要注意以下四点。

① 先递名片再介绍，这样可以节省时间。

② 时间要短，越短越好。一般自我介绍在半分钟以内就可以结束了。

③ 自我介绍的内容要具备四要素：单位、部门、职务、姓名。

④ 如果单位和部门的头衔较长，则一定要注意第一次介绍的时候使用全称，第二次才可以用简称。

介绍他人要注意以下四点。

① 了解介绍者的身份。在社交活动中，介绍者通常应当是女主人。在多方参与的正式活动中，可由各方负责人将己方人员一一介绍给其他各方人士。

② 询问被介绍者的意愿。介绍者在为他人相互引见时，最好先征求一下被介绍者双方的个人意愿。如果贸然行事，则可能会好心办坏事。

③ 遵守介绍时的先后次序。正规的做法是，把男士介绍给女士，把年幼者介绍给年长者，把地位低者介绍给地位高者，把客人介绍给主人，把晚到者介绍给早到者，把未婚者

介绍给已婚者。

④ 用好介绍时的表达方式。介绍双方时的主要内容应基本对称，大体相似，切勿只介绍一方而忘记另一方，或者在介绍一方时不厌其详，而在介绍另一方时则过于简单。

3. 名片

名片是我国古代文明的产物。清代学者赵翼在其著作《陔馀丛考》中记载："古人通名，本用削木书字，汉时谓之谒，汉末谓之刺，汉以后则虽用纸，而仍相沿曰刺。"可见，名片的前身即我国古代所用的"谒""刺"。

名片发展至今，已是现代人交往中一种必不可少的联络工具，成为具有一定社会性、广泛性，便于携带、使用、保存和查阅的信息载体之一。职场人士在任何场合与他人进行交际应酬时，都离不开名片的使用。而名片的使用是否正确，已成为影响人际交往成败的一个因素。

在使用名片时，应注意以下事项。

① 名片不能随意涂改，并且一般不提供两个以上的头衔。

② 接过名片后要注意回敬对方，"来而不往非礼也"，拿到别人名片后一定要用自己的交换。

③ 接过名片后一定要看，通读一遍，这是最重要的。这是对对方表示重视，要了解对方的确切身份。

④ 次序问题。一般由地位低的人先把名片递给地位高的人，即位低者先行。如果向很多人递名片，则一般要先女后男，先长后幼，按照地位由高到低。如果不方便，则可以由近而远。如果在圆桌上面，则可以按照顺时针方向前进。在把名片递给别人时，不仅要讲顺序，而且要寒暄一下，说句"请你多指教""请你多关照""希望保持联络"等。

子模块四　现代商务礼仪要领

一、商务礼仪的含义

商务礼仪是公司或企业的商务人员在商务活动中，为了塑造良好的个人和组织形象而应遵循的对交往对象表示尊敬与友好的规范或程序。它是一般的礼仪在礼仪活动中的运用和体现，并且比一般的人际交往礼仪的内容更丰富。它不仅以交往对象之间的尊重为基础，而且以提供符合消费者需求的商品和优质的服务来体现这种尊重。同一般的礼仪相比，商务礼仪有很强的规范性和可操作性，并且与商务组织的经济效益密切联系。

商务礼仪越来越受到商务人员的重视，它包括以下四点。

① 个人行为的商务礼仪，如个人的素质、行为、仪表、服饰、举止、教养等。

② 日常交往礼仪，如见面、邀请与应邀、做客、宴请、馈赠的礼仪等。

③ 日常工作礼仪，如接待客户、推销工作、商务服务的礼仪等。

④ 专题商务活动的礼仪，如开业、庆典、发布会、展销会、洽谈会、签字仪式的礼仪等。

二、仪表礼仪

在仪表礼仪中，应重点把握自己的仪容与服饰。

1. 仪容

现代文明的发展，使人们对仪容更加重视。个人仪容修饰的基本要求主要有如下几个方面。

（1）头发要梳洗干净

发型要朴素大方。男士的头发应前不遮额，侧不掩耳，后不及领；女士的头发不应遮住脸部，刘海儿不要过低。

（2）面部要清洁

男士要剃净胡须、刮齐鬓角、剪短鼻毛，不留小胡子。女士可适当化妆，但以淡妆为宜，不可浓妆艳抹，避免使用气味浓烈的化妆品。

（3）注意眼神

眼神语也称目光语，是在交际中通过视线接触所传递的信息。在与人交际、谈话时，应注视对方的眼睛，这样在将自己的心情袒露给对方的同时，也可获知对方的真实感受，从而达到心灵的交流。

（4）保持微笑

微笑是人类最富魅力、最有价值的体态语言。微笑既是一种交往的技巧，也是一种礼节。微笑是善良、友好、赞美的象征。

微笑的礼仪规范如下。

① 微笑要真诚。发自内心的微笑既是一个人自信、真诚、友善、愉快的心态表露，也能温暖人心，消除冷漠，获得理解和支持。

② 微笑要适度。微笑的美在于文雅、适度。微笑时不出声、不露齿，嘴角两端略提起。

③ 微笑要适宜。不能走到哪里笑到哪里，特别严肃的场合不宜笑，当别人做错事、说错话时不宜笑。

2. 服饰

（1）着装应掌握的原则

在考虑着装时，为了达到得体、和谐的效果，需要掌握着装的三个原则，即时间原则、地点原则和场合原则。

① 时间原则。穿着打扮必须考虑是什么季节，以及特定的时间。比如，上班时间的穿着不能太过休闲，休闲时间的穿着则可以不那么正式。

② 地点原则。特定的环境应配以与之相适应、相协调的服饰，以获得视觉与心理上的和谐感。

③ 场合原则。不同的场合需要不同的着装。一般来说，在商务场合，要求穿着正统、

端庄、规范；在社交场合，即聚会、宴会、舞会或音乐会等，要求穿着时尚、典雅、有个性，着装以时装、礼服、民族服装及个人制作的服装为主要选择；在休闲场合，如居家、健身、旅游等，要求穿着舒适、自然、方便。

（2）着装应注意的礼仪

① 文明大方。着装要符合本国的道德传统和常规做法。在正式场合，忌穿过露、过透、过短和过紧的服装。

② 搭配得体。着装的各个部分要相互映衬、自然协调，特别是要恪守服装本身及与鞋帽之间约定俗成的搭配，在整体上尽可能做到完美、和谐，展现着装的整体之美。

③ 个性特征。着装要适应自身形体、年龄、职业的特点，扬长避短。

（3）西服的穿着规范

西服是一种国际性的商务服装。一套合体的西服，可以使着装者显得潇洒、精神、风度翩翩。那么，怎样穿西服才算得体呢？

① 讲究规格。西服有两件套、三件套之分，在正式场合应穿同质、同色的深色毛料套装。若穿两件套西服，那在正式场合不能脱下外衣。按习俗，西服里面不能加毛背心或毛衣。在我国，至多也只能加一件"V"字领羊毛衣，否则显得十分臃肿，以致破坏西服的线条美。

② 穿好衬衫。与西服配套的衬衫，领子要硬实、挺阔，不要翻在西服外，不能有污垢、油渍。衬衫下摆要放在裤腰里，系好领扣和袖扣。衬衫衣袖要稍长于西服衣袖，通常要伸出0.5~1cm，领子要高出西服领子1~1.5cm，以显示衣着的层次。

③ 系好领带。西服脖领间的"V"字区最为显眼，领带应处在这个部位的中心。领带的领结要饱满，与衬衫的领口吻合要紧凑，领带的长度以系好后下端正好触及腰上皮带扣上端处为最标准。领带夹在衬衫第三粒与第四粒扣子间为宜。系好西服纽扣后，不能使领带夹外露。

④ 用好口袋。西服上衣两侧的口袋只作装饰用，一般不放物品，否则会使西服上衣变形。西服上衣左胸部的口袋只可放装饰手帕。有些物品，如票夹、名片盒可放在上衣内侧的口袋里，裤带也不可装物品，以求臀位合适，裤形美观。

⑤ 扣好纽扣。西服的纽扣有单排和双排之分。双排扣的西服要把纽扣全部扣上，以示庄重。单排两粒扣，只扣上面一粒；三粒扣则扣中间一粒，坐下时可解开；单排扣的西服也可以全部不扣。西方人认为，衣服上纽扣的数目必须保持单数。

⑥ 穿好皮鞋。穿西服一定要穿皮鞋，而且裤子宜盖住半个皮鞋鞋面。不能穿旅游鞋、轻便鞋、布鞋或露脚趾的凉鞋，而且皮鞋应配上合适的袜子。男士宜穿深色袜，切忌穿半透明的尼龙或涤纶丝袜。

（4）职业装的穿着要求

穿着职业装不仅是对服务对象的尊重，也能使着装者有一种职业的自豪感、责任感，是敬业、乐业在服饰上的具体表现。规范穿着职业装的要求是整齐、清洁、挺阔、大方。

① 整齐。服装必须合身，袖长至手腕，裤长至脚面，裙长过膝盖，尤其是内衣不能外露；衬衫的领围以插入一指大小为宜；裤、裙的腰围以插入五指为宜；不挽袖，不卷裤腿，不漏扣，不掉扣；领带、领结、飘带与衬衫领口的吻合要紧凑且不系歪；如有号牌或标志牌，要佩戴在左胸正上方，有的岗位还要戴好帽子与手套。

② 清洁。衣裤无污垢、无油渍、无异味，领口与袖口处尤其要保持干净。
③ 挺阔。衣裤不起皱，穿前要烫平，穿后要挂好，做到上衣平整，裤线笔挺。
④ 大方。款式简单、高雅，线条自然流畅，便于岗位接待服务。

三、仪态礼仪

1. 挺拔的站姿

站姿是一种静态的姿势，是其他动态美的起点和基础。正确、完美的站姿给人以挺拔笔直、舒展俊美、精力充沛、积极进取、充满自信的感觉。

（1）基本站姿

两脚脚跟并拢、脚尖并拢，双脚脚尖在一条直线上；双腿夹紧，膝关节并拢，身体重心落在两脚正中；收腹、收胃、立腰、紧臀；双肩平正，向后打开自然下沉；两臂自然下垂放于体侧，脖子的中轴线与地面垂直，与背部在同一平面上；头正、颈直、下颌微收、目光平视、面带微笑。

职场人士根据场合的不同，在基本站姿的基础上可以变化出其他站姿。比如，女士的手位有基本式、腹式、脐式、自然式，脚位有并步、V字步、小丁字步、大丁字步；男士的手位有基本式、腹式、自然式、后搭式，脚位有并步、V字步、平行步。女士脐式手位+小丁字步脚位站姿如图3-2所示。

（2）不良站姿

站立时切忌身体歪斜，两腿分开过大，或者倚墙靠柱、弯腰驼背、左摇右晃、歪头斜脖，也不可双臂交叉，更不能双手叉腰或将手插在裤袋里或下意识地做小动作。

图 3-2 女士脐式手位+小丁字步脚位站姿

2. 文雅的坐姿

坐姿从根本上看，也应当算是一种静态的姿势。文雅的坐姿，不仅给人以沉着、稳重的感觉，而且是展现自己气质和风度的重要形式。在职场中，无论是伏案学习、参加会议，还是会客交谈、娱乐休息，都离不开坐。

（1）基本坐姿

上身正直，头正目平，面带微笑，坐椅子三分之二；两腿自然弯曲，小腿与地面基本垂直，两脚平落地面；女士双膝并拢，两手叠放于腿上按压裙摆；男士双膝可以打开，不超过肩宽，双手可各放于双腿上，也可两手叠放。

（2）女士坐姿

女士入座后，双脚可根据场合的不同变化出不同的脚位，但无论哪种坐姿，都要注意双膝并拢，如图3-3所示。正式严肃的场合可以选择正襟危坐式。双腿叠放式是比较舒适、造型也比较优美的坐姿，但是这种坐姿会给人比较悠闲的感觉。因此，是否选择这种坐姿应该遵循两个原则：一是在正式场合尽量不要选择双腿叠放式坐姿；二是别人没有选择此坐姿时，自己也不要选择。

（3）男士坐姿

在男士坐姿中，标准式是最基本的坐姿，适用于正规的场合，如图 3-4 所示。双腿叠放式坐姿同样要根据场合来选择。

（4）不良坐姿

在座椅上，切忌双腿大幅度叉开，或者将双腿直伸出去，更不能将腿放上桌椅；不前仰后靠，不左摇右晃，不趴在工作台上休息；切忌双腿习惯性抖动，这不仅会令他人心烦意乱，也会给人以极不安稳的印象；切忌将手夹在腿间，这一动作显得胆怯或害羞；脱鞋脱袜或以手触摸脚部，以及脚尖指向他人的做法都是非常失礼的。

图 3-3　女士坐姿 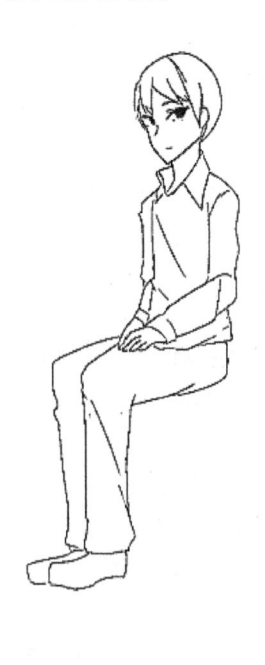　　　　　　　图 3-4　男士坐姿

3．轻盈的走姿

走姿是一种动态的姿势，它能展现对身体的自如控制，在感观上表现出一种律动的美，从而在人际交往中加分。

（1）基本走姿

以端正的站姿为基础，挺胸、抬头、颈直、收腹、立腰，双目平视，下颌微收，表情自然；双手的摆动应以肩关节为轴，上臂带动前臂，前后自然摆动，摆幅以 30°～35° 为宜；先迈脚尖，然后脚跟落地；两脚交替前进时，步幅的大小通常因性别、身高、着装等不同而有所差异，如图 3-5 所示。

女士：行走速度是每分钟 118～120 步，两脚走在一条直线上，步履轻盈，展现温柔优雅的阴柔之美。

男士：行走速度是每分钟 108～110 步，两脚跟交替行进在一条直线上，两脚尖稍向外展，步履雄健有力，展现英武刚健的阳刚之美。

（2）其他行走方法

① 后退步。与人告别时，不能扭头就走，要先向后退两三步，再转身离去。

② 引导步。引导宾客时，走在宾客的左前方，保持两三步的距离。

③ 前行转身步。在前行中要转弯时，距所转方向远侧的一脚落地后，以脚掌为轴，转过全身，然后迈出另一脚。向左转时，要右脚在前时转身；向右转时，要左脚在前时转身。

④ 上、下楼梯步。上楼梯时身体自然向上挺直，头平正，前脚掌着地，身体重心一起移动；下楼梯时身体略向前倾。

（3）不良走姿

图 3-5　基本走姿

走路时驼背哈腰、晃臂扫腰、晃肩摇头、左顾右盼、东张西望、死板僵硬、呈明显的内八字或外八字都为不良走姿。这些不雅的走姿会破坏走路的韵律感、平衡感，使走姿变得不协调、不对称、不一致。

4．得体的蹲姿

一般认为蹲这个动作是不雅观的，只有在必要的时候才会蹲下来做某件事情。因此在职场中，蹲下时一定要注意自己的姿势，尽量做到迅速、美观、大方。

（1）基本蹲姿

身体保持直线，双腿靠拢，一脚在前，一脚在后，两腿向下蹲，前脚全着地，小腿基本垂直于地面，后脚跟提起，脚掌着地，臀部向下。若用右手捡东西，可以45°方向对着物品，右脚后撤半步后蹲下捡拾。

（2）女士蹲姿

① 高低式。高低式蹲姿的基本特征是双膝一高一低。要求在下蹲时，左脚在前，右脚稍后；左脚应完全着地，右脚脚掌着地，脚跟提起；这时右膝低于左膝，右膝内侧可以靠在左小腿内侧，形成左膝高右膝低的姿势。女士应靠紧两腿，臀部向下，基本上以右腿支撑身体。

② 交叉式。通常适用于女士，特别是穿短裙的女士，优点在于造型优美典雅。要求在下蹲时，右脚在前，左脚在后，右小腿垂直于地面，全脚着地；右腿在上，左腿在下，两腿交叉重叠；左膝由后下方伸向右侧，左脚跟抬起，并且脚掌着地；两脚前后靠近，合力支撑身体；上身略向前倾，而臀部向下。

（3）男士蹲姿

男士基本采用高低式蹲姿，双腿可以适度分开，左脚应完全着地，右脚脚掌着地，脚跟提起；上身挺直，臀部向下，基本上以右腿支撑身体。

（4）下蹲的禁忌

① 突然下蹲。蹲下来时不要速度过快，在行进中需要下蹲时，要特别注意这一点。

② 离人太近。下蹲时应该和身边的人保持一定距离。如果和他人同时下蹲，最不能忽略的就是双方的距离，否则就会和对方"迎头相撞"或发生其他误会。

③ 方位失当。在他人身边下蹲时，最好和他人侧身相向。正对他人或背对他人下蹲，既不雅观也不礼貌。

④ 蹲在座椅上。这种生活习惯在职场中是不允许的。

⑤ 毫无遮掩。特别是女士下蹲时双腿叉开、臀部撅起、两腿平行下蹲、内衣外露等都很不雅观。

思考与练习

1. 握手的礼仪要求有哪些？
2. 使用名片时有哪些忌讳？
3. 男士西服如何穿？
4. 介绍他人时应注意哪些问题？
5. 结合实际谈谈大学生如何塑造良好的个人形象。

技 能 训 练

1. 站姿训练。

（1）顶书训练：把书放在头顶中心，为使书不掉落，头、躯体自然保持平稳。这种训练方法可以纠正低头、仰脸、晃头等毛病。

（2）背靠墙训练：靠墙站立，要求后脚跟、小腿、臀部、双肩、后脑勺都贴紧墙面，每次应坚持15～20分钟，训练时最好配有轻松愉快的音乐。

2. 坐姿训练。

可在寝室或教室里进行，每次应坚持10～15分钟，并配上舒缓的音乐，以减轻疲劳。

能 力 自 评

一、专业能力测评：握手与交换名片

目标：熟练掌握握手和交换名片的顺序，并注意使用正确的握手姿势和递接名片的姿势。

时间要求：10分钟。

说明：先温习本模块所学知识，再按照教师的指示完成指定任务。

二、核心能力自评

核心能力	是否提高
礼仪基本规范	
礼仪用语能力	
社交礼仪规范	
商务礼仪规范	
衣着装扮意识	
礼貌用语意识	
社交常用礼仪	
自评人（签名）：　　　　　　年　月　日	教师（签名）：　　　　　　年　月　日

注："是否提高"一列可填写"明显提高""有所提高""没有提高"。

模块四 管理沟通

- ☑ 学习目标
- ☑ 内容结构
- ☑ 引例 领导的问题
- ☑ 子模块一 管理沟通设计
- ☑ 子模块二 上级沟通
- ☑ 子模块三 平级沟通
- ☑ 子模块四 下级沟通
- ☑ 思考与练习
- ☑ 技能训练
- ☑ 能力自评

学习目标

通过本模块的学习，应该达到以下目标

知识目标：理解管理沟通的含义、要素及过程设计，掌握上级沟通、平级沟通、下级沟通的内涵。

技能目标：分析管理沟通过程中出现的障碍，掌握管理沟通中所需的策略。

素养目标：在管理沟通的学习过程中，培养团队意识、诚信意识、责任意识和职业操守。

沟通艺术（第2版）

内容结构

模块四的内容结构如图 4-1 所示。

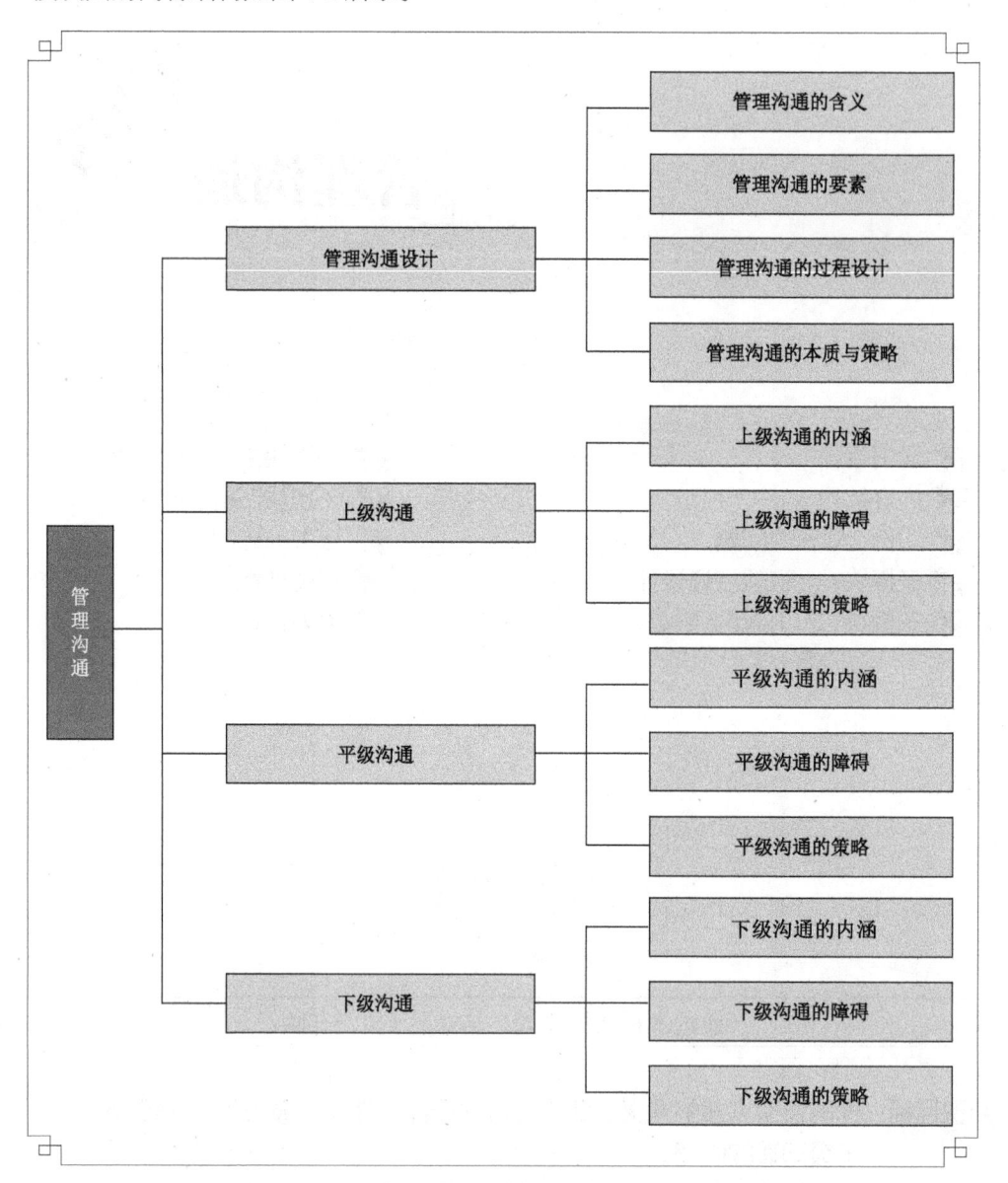

```
管理沟通
├── 管理沟通设计
│   ├── 管理沟通的含义
│   ├── 管理沟通的要素
│   ├── 管理沟通的过程设计
│   └── 管理沟通的本质与策略
├── 上级沟通
│   ├── 上级沟通的内涵
│   ├── 上级沟通的障碍
│   └── 上级沟通的策略
├── 平级沟通
│   ├── 平级沟通的内涵
│   ├── 平级沟通的障碍
│   └── 平级沟通的策略
└── 下级沟通
    ├── 下级沟通的内涵
    ├── 下级沟通的障碍
    └── 下级沟通的策略
```

图 4-1　模块四的内容结构

模块四 管理沟通

> **引 例**
>
> **领导的问题**
>
> 在一家大型民营企业中，有两个部门同时和海外客户保持着紧密的联系，它们是国际部和客户服务部。
>
> 国际部主要负责国外网站的建设工作。当海外客户在网页上获取相关产品信息，查阅资金转换过程时，会在这个界面上进行操作。而客户服务部除了负责国内市场上的客户回馈信息，当然也对海外客户的信息反馈进行处理。所以在业务上，这两个部门之间是存在共同服务对象的。最近，客户服务部总是收到海外客户的投诉，说在网站上看到新的优惠项目却无法网上支付，有的客户还投诉，说网站上的客户意见一栏根本没法进入等问题。客户服务部的负责人心里明白，国际部的网站建设工作直接影响到客户服务部的任务量，于是多次向上级领导反映此问题。可是，见效似乎不大。这样，国际部和客户服务部之间的矛盾越来越深。
>
> 资料来源：张昊民，李倩倩．管理沟通［M］．2版．上海：格致出版社，2015．
>
> 💡 思考：如果你是客户服务部的领导，你会怎样解决这两个部门间的沟通问题呢？

子模块一 管理沟通设计

一、管理沟通的含义

管理沟通是指为实现组织目标而进行的组织内部与组织外部的知识、信息传递和交流活动。要理解这个概念，需要把握以下三点。

第一，管理沟通是一种有目的的活动。管理沟通的目的是实现组织目标，因此在管理沟通过程中必须依照目标进行沟通，不能为了沟通而沟通。

第二，管理沟通是一个互动过程。多数情况下，管理沟通不是单向或单方面的，而是涉及思想、信息、情感、态度或印象交流的互动过程。

第三，管理沟通需要有效的中介渠道。无"沟"不"通"，这个"沟"就是中介渠道。管理者为了达成信息的互通，必须建设好流程通道，还需要设计好信息传递的载体，如是正式沟通还是非正式沟通，是口头沟通还是书面沟通等。

二、管理沟通的要素

根据管理沟通的内涵分析可以发现，成功的管理沟通要先界定沟通的目标。为了达到这个目标，需要根据不同的对象提供不同的信息，采取相应的策略与恰当的手段把信息传递给对象。在把信息传递给对象后，要及时辨别对象的反应，修正与完善沟通的方式和路径。由此，可以总结出有效的管理沟通应考虑的六个方面的基本要素：目标、发起者、对象、环境、内容、渠道。

① 目标：分析整个沟通过程所要解决的问题。

② 发起者：分析谁发起了此次沟通行为。

③ 对象：分析对象的态度是积极的、中性的还是消极的；分析是核心对象还是非核心对象；分析对象是潜在的还是显性的；分析对象是直接的还是间接的。

④ 环境：包括外部环境和内部环境。外部环境包括具体环境（如政府部门、行业协会、顾客等）和一般环境（如政治、经济、文化、法律等）；内部环境包括企业文化、企业组织架构等。

⑤ 内容：具体沟通的信息。

⑥ 渠道：面对面沟通、电话沟通、书面沟通、会议沟通、网络沟通。

三、管理沟通的过程设计

管理沟通的过程是沟通主体向受众传递信息并获得对方反馈的过程。整个沟通过程包括发送者、信息、编码、渠道、解码、接收者、反馈等，如图4-2所示。

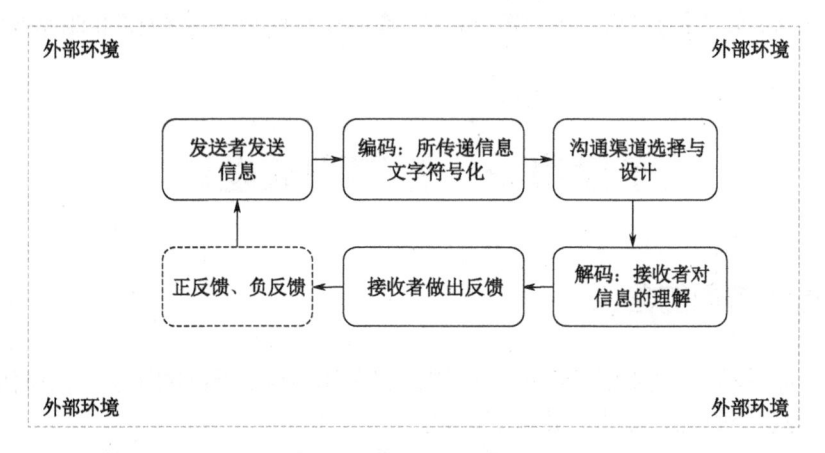

图4-2 管理沟通的过程

我们对上述管理沟通的过程进行分析。

① 沟通主体（发送者）分析：自我认知的过程，告知自己和对方我是谁，如个人的身份地位、外表形象、专业知识等都能增强沟通主体在客体心中的可信度和认知度；自我定位的过程，对自我地位、能力、个性特点、价值观等有客观的定位，以便了解我能给接收者传递什么信息。

② 沟通客体（接收者）分析：沟通客体可以分为上级、平级和下级。

③ 沟通信息分析：目标清晰，信息表达全面、生动、连贯、简明。

④ 沟通渠道分析：对信息传播媒介的选择是书面沟通还是口头沟通，是面对面沟通还是电话、网络沟通，是正式沟通还是非正式沟通，是个体沟通还是群体沟通。

⑤ 沟通反馈分析：对一次完整、有效的沟通过程来说，反馈是不可或缺的一部分。反馈即信息的接收者在接收信息后，及时地回应发送者，发送者通过信息的反馈了解接

收者对信息的反应。正反馈是反馈的一种，是指系统的输出影响到输入，使输出变动后会影响到输入，造成输出变动持续加大的情形；同理，如果输出变动持续减少，就称为负反馈。

⑥ 噪声控制分析：噪声是致使信息扭曲的沟通障碍，存在于沟通的各个环节。文化差异、信息超载等都会影响沟通的效果，需要沟通双方加以辨别、控制。

四、管理沟通的本质与策略

1. 学会赞美

戴尔·卡耐基说过："要改变人而不触犯或引起反感，那么，请称赞他们最微小的进步，并称赞每个进步。"赞美的力量是无穷的，但人们很少重视它，甚至会误解它，把赞美当作阿谀奉承。因此，要改变这种错误的认识，学会主动赞美别人，通过赞美来肯定和认可别人。

赞美的三原则：要真诚莫虚伪，要真实莫虚假，要适度莫夸张。

赞美的技巧：赞美要具体化，越翔实具体越好；赞美要差异化，发现每个人的亮点与特点，突出个性的赞美效果更好；进行对比赞美，指出他们的变化；也可以选择当事人不在场，在其他人面前进行赞美；赞美对方比较感兴趣的人与事。

练一练：赞美小游戏

选取你身边一个熟悉的对象，观察他们一分钟，发现他们最为显著的特点并进行赞美。

2. 学会倾听

倾听在管理沟通中非常重要，通过有效倾听，可以从上级、平级和下级那里获取很多有效信息，对这些信息进行思考和分析后，可以做出更加正确的判断和决策，因此倾听属于有效沟通的必要部分。

有效的倾听方法：专注地看着对方，不要随意打断别人的话。在沟通的时候要点头并微笑回应，适当地提问并复述对方的意思。在倾听的时候学会控制自己，不要与对方争论，注意听对方言语中的关键词。

3. 具备同理心，学会换位思考

国外有句谚语："要想知道别人的鞋子合不合脚，穿上别人的鞋子走一英里。"如果与周围人沟通不畅，那多半是因为所处的立场和环境不同，这个时候如果我们能用同理心进行换位思考，问题可能就会迎刃而解。中国儒家思想所强调的"己所不欲，勿施于人"，就是一种设身处地为他人考虑的沟通方法。

4. 求同存异，化解矛盾与争执

就如哲学上所说的"世界上没有完全相同的两片树叶"一样，在工作、学习和生活中，我们也会经常遇到性格各异、观点相左的人，这时我们就要抱着求同存异的心态，避免无谓的争执。如果因观点不同而与对方发生矛盾与争执，则要站在对方的角度全面了解对方的观点,先肯定对方,再表达不同的意见和看法,学会适当妥协和退让。

同步案例 4-1

刘备"巧说"黄忠

电视剧《三国演义》第 50 集,关羽收复了长沙,刘备进驻长沙后对韩玄的原有兵将进行安抚。当刘备问到黄忠将军在哪里的时候,关羽说黄忠将军身体不适没来迎接(事实是托病不来)。诸葛亮主张刘备立即前去探望黄忠。

刘备见到黄忠的时候,黄忠正在练习射箭(也是发泄心中的不满)。刘备一上来先赞美黄忠的箭法,接着行作揖礼,然后说:"在下刘备,拜见黄老将军。"黄忠看刘备已经来了,不接待也不好,干脆说:"此地无茶,屋里请吧。"此时刘备说:"无妨,何不席地而坐,开诚相谈。"于是就地和黄忠开始了交谈。刘备直言自己是来请将军出山相助的,黄忠则以"自己已老,厌倦了这样的生活"来婉拒,刘备回应道:"非也,将军名为忠,人如其名,视忠贞如姓名,字汉升,可见是为大汉而生,期盼大汉太平繁荣,仅从将军名字中就足见将军的雄心壮志了。将军虽老,但武艺双全,忠勇无双,一口金背大刀,竟让关羽敬佩不已,时常赞叹(此时黄忠已面带自豪的微笑)。还有所持宝雕弓,百步穿杨,剑无虚发,连张飞和子龙都自叹不如(这时黄忠已频频点头)。将军啊,你不仅是长沙威望所在,更是天下之柱啊!"黄忠道:"皇叔过誉了。"

刘备看黄忠的态度已发生明显变化,时机成熟,又进一步说道:"黄将军,大汉将危,只有你这样的英雄豪杰,才可以擎天立地。今日刘备是想请你相助一臂之力(说完又行作揖礼,表情恳切),在下对将军仰慕已久,但实在不敢勉强,希望将军三思而后行,我会一直等候将军(说完又行作揖礼,后故意慢慢离开)。"黄忠这时说:"我有一个愿望。"刘备说:"请讲。"黄忠说:"韩玄虽然无道,可他是我的旧主,我想乞回他的尸体,厚葬南山。"刘备说:"如将军不弃,下葬之日,我愿与将军共同祭奠。"等他说完,黄忠作揖感谢。

就这样,刘备又获得了一员大将。

资料来源:张振刚,李云健. 管理沟通理念、方法与技能[M]. 北京:机械工业出版社,2014.

💡 思考:刘备的游说过程体现了哪些学问?

子模块二 上级沟通

一、上级沟通的内涵

1. 上级沟通的概念

上级沟通(上行沟通)是指组织成员通过一定的渠道将信息从组织的低层结构向高层

结构传递，进行信息交流的过程，即自下而上的沟通。上级沟通分为两种：一种是层层传递，即依据一定的组织原则与组织程序逐级向上反映；另一种是越级传递，即减少中间层次，让决策者与组织成员直接对话。在日常的组织管理中，常表现为下级对上级的请示、汇报、申诉、建议等。积极的上级沟通可以给组织成员提供参与管理的机会，减少组织成员因不能理解下达的信息而造成的失误，营造开放式氛围，提高组织的创新能力，缓解组织成员的工作压力。

2．上级沟通的形式

上级沟通的形式包括建立意见反馈系统、举行员工座谈会、建立领导接待日制度、设立巡视员制度。

（1）建立意见反馈系统

通过设立意见箱、电子邮箱来建立意见反馈系统，开辟收集员工各种反馈的渠道，这是上级沟通最常见的途径之一。为了鼓励那些敢于提出创新见解的人不断开动脑筋，让组织分享群众无穷的智慧，还可设立相应的鼓励机制。当然，真正奖励员工的其实不仅有奖金，还有员工得到的心理上的回馈——获得参与感、成就感、价值感。

（2）举行员工座谈会

定期（一月一次或一季度一次）召开由每个部门选派的若干代表与各部门领导、高层领导一起参加的员工座谈会，也是一种效果较好的上级沟通途径。在座谈会上，员工可以就自己部门存在的某些问题畅所欲言，提出意见和建议。同时，为了确保座谈会达到预期效果，要注意以下几点。

① 应在工作时间之余、非正式的场合举行会议，并辅以茶点、饮料。

② 由一个能说会道、会活跃气氛的人主持会议，以起到调节气氛的作用。

③ 在畅所欲言的同时，要注意引导员工就某些话题展开讨论，以鼓舞士气，避免偏离主题。

（3）建立领导接待日制度

以企业董事长或总经理为主的定期领导接待日制度，是企业领导与员工进行沟通的一种重要途径。这一制度可以拓宽企业领导与员工联系及沟通的渠道，及时了解员工的意见、建议和要求，调动员工参与企业生产、经营和管理的工作积极性，充分发挥员工的聪明才智，促进企业各项决策进一步民主化和科学化。领导接待日主要听取：员工对企业的各种合理化建议；员工对企业生产、经营和管理上存在问题的反映；员工对工作岗位安排和生活福利问题的意见；员工请求企业帮助解决的个人特殊性困难；员工对其主管领导的意见或要求有关管理部门改进的意见；员工认为应直接向企业领导反映或表达的其他意见和建议等。

（4）设立巡视员制度

巡视员的概念源于瑞典，在那里，公民可以向国家公务员提出申诉，调查有关政府部门的官僚主义问题。当今，许多国家的组织也设置了类似的岗位，专职调查员工所关心的问题，再向上级汇报。

3. 上级沟通的原则

上级沟通的五原则：充分理解上级希望你做什么；确保指示具体、明确；在一定范围内（职权内）勇于提出不同意见；以目的为中心，在资源方面与上级获得一致意见；确定上级希望完成的期限和回报形式。

4. 上级沟通的优缺点

上级沟通具有很多优点：第一，下级可以把自己的意见向上级反映，激发自身的参与热情，获得一定程度的心理满足；第二，管理者也可以通过这种方式了解企业的经营情况，与下级形成良好的关系，提高自身的管理水平。其缺点表现为，在沟通的过程中，上下级因级别不同而造成心理上的距离，形成一定的心理障碍，可能抑制或歪曲反映情况的真实性与客观性，最终导致信息失真。

二、上级沟通的障碍

在一次对美国和加拿大75家公司的研究中发现，上级沟通令人失望，越是大型的组织，上级沟通的障碍越是常见。导致上级沟通障碍的原因是多方面的，主要表现为以下五点。

1. 封闭式企业文化

尽管管理界一直以来积极倡导参与式和民主式管理，但一家管理咨询公司的调查结果显示，企业中的一般员工是没有多少机会传递大量信息和表达自己观点的。

2. 管理者不鼓励上级沟通

管理者认为自己了解员工的需求，也坚信自己的决策正确。因此，他们既不设置上级沟通的渠道，又不重视上级沟通的信息。

3. 内部沟通机制不健全，存在沟通瓶颈

员工发出的信息要么耗费很大的周折才能到达管理者手中，要么石沉大海、无声无息。

4. 各级管理者过滤上级沟通信息，导致信息失真

管理者会片面地相信一些经过精心设计、不符合实际情况的信息。企业内上级沟通的每一个环节几乎都会有信息过滤和扭曲的情况发生，尤其当信息对自己不利时，对信息的过滤就更严重。

5. 上下级关系不良，下级缺乏上级沟通的动机

上下级缺乏信任，双方不愿意花时间相互了解和真诚沟通，会导致下级不愿意与上级沟通。上级沟通中存在的种种障碍也会使下级认为上级沟通是无意义的行为，使其缺乏上级沟通的动机。

除此之外，下级沟通中经常出现的障碍也会出现在上级沟通中。

三、上级沟通的策略

同步案例 4-2

"沟通",对苏宁人来说是一个熟悉的词,沟通在苏宁的日常工作中起着至关重要的作用。体系与体系之间需要沟通,部门与部门之间需要沟通,领导与下属之间需要沟通,平级同事之间需要沟通。下面我们通过苏宁的一个案例来重点讨论上下级之间的沟通。

A 部门每天早上召开晨会,每位员工汇报前日的工作进度及本日的工作计划,部门负责人再对重点工作进行强调和布置。X 员工是一位工作积极性高、计划性强、工作效率高的员工,汇报工作时条理清晰,且能将工作中遇到的困难及时反馈给领导,寻求解决的方案。Y 员工相对内向,工作认真负责,属于埋头苦干型的员工。汇报工作时非常简洁,只是对简单的工作项目进行罗列,因为他认为自己的事情应该自己做,不应该麻烦领导或同事,工作中遇到难题也不敢提出来,导致某些工作进展缓慢。A 部门在有晋升机会时,部门负责人会毫不犹豫地推荐 X 员工。

晨会是苏宁的传统会议之一,也是工作中沟通的一个重要时机。一方面部门负责人需要了解部门员工的工作进度,另一方面是部门员工与部门负责人、部门其他同事进行工作沟通的机会。案例中的 X 员工懂得与领导沟通,及时反馈和解决问题,得到部门负责人的重用;而 Y 员工虽然付出努力,但是不了解沟通的重要性和沟通的技巧,丧失了晋升的机会。

资料来源:曾仕强.中国式管理(袖珍典藏版)[M].北京:北京联合出版有限公司,2021.

思考:如果你是苏宁的 Y 员工,作为下级应如何与上级进行有效沟通?

1. 上级沟通的方法

(1)建立信任

从组织的角度来看,连接管理者和员工的是权利与责任;而从沟通的角度来看,维系管理者和员工的是信任。信任是主体对客体未来采取行动的能力的正面预期。上级对下级充满信任,表现为上级对下级下一步将采取的行动很有把握。然而信任是双向的,管理者必须投入时间、资源建立员工对自身的信任。

(2)建立适当的上级沟通渠道和制度

企业可以设立正式的上级沟通途径,如建立意见反馈系统、举行员工座谈会、建立领导接待日制度、设立巡视员制度;定期实施员工调查,了解员工对组织和工作的感受;设立员工意见箱,允许员工提出问题和看法;在企业内部刊物设立有关栏目对员工的疑问予以解答;开发申诉程序,使员工的不满得到及时处理。为了鼓励员工提出有意义的沟通意见,让组织分享员工的智慧,企业还可以设立相应的鼓励机制。

(3)培育组织沟通文化

有效的上级沟通与组织环境、氛围直接相关。良好的组织沟通氛围,有利于打开员工的心扉,促进上下级之间建立信任关系,提高上级沟通的效率。

（4）采用走动管理，鼓励非正式的上级沟通

仅依赖正式沟通渠道的管理者得到的信息可能是失真的，因此管理者还需要采取非正式沟通方式以弥补正式沟通方式的不足。走动管理相比正式沟通方式更加有利于企业文化的建设，有利于传达企业的价值观。各层级的管理者积极行动，经常出现在员工的工作场所，自然会建立起比较融洽的氛围，提高员工对管理者的信任度，最终帮助员工更好地完成工作任务。走动管理鼓励企业根据经营管理的特点采用任何时间、任何形式的非正式沟通方式。经常采用的非正式沟通方式有以下四种。

① 共同进餐。很多企业有自己的食堂或餐厅，这就为管理者接近员工提供了沟通的空间。许多国际知名企业的总裁或执行官，总是定期去企业餐厅用餐，随意与员工坐在一起，进行聊天式谈话。这种方式对提高企业的整体沟通效果有着积极的作用。

② 四下走动。管理者增加与员工接触的另一种方式是自己将备忘录或文件交给员工，员工可以借此机会与管理者谈及一些潜在问题或想法。比如，许多公司的管理者会选择乘坐公司的普通电梯，而不是专用电梯，这样员工就有机会在电梯里与他交谈了。

③ 深入工作现场。真正与员工打成一片的方法是深入工作现场。管理者可以经常随机地出现在工作现场，有时甚至在晚班或周末时间去工作现场看看。一方面，可以在工作现场解决一些问题；另一方面，通过深入工作现场这种形式，管理者还可以获得员工临时想起的好建议和好想法。因为管理者的出现可能正赶上员工遇到难题，不能通过正式渠道解决；也可能正赶上员工有一个好主意，但苦于不知道该向谁汇报这个想法。

④ 参加员工的娱乐活动。在管理者与员工平等的前提下，管理者可以多参加一些为员工开展的娱乐活动，如篮球赛、排球赛、乒乓球赛、歌唱比赛等，此时的沟通交流是轻松愉悦的，可以增进沟通双方的感情，改善工作中紧绷的上下级关系。

另外，对于员工提出的意见或建议，不论有多尖锐、敏感，都应及时给予回应。所谓"士为知己者死"，只有让员工真正感受到企业及管理者对自己的尊重，才能激发员工积极进行上级沟通、参与企业建设的热情。

2. 上级沟通的技巧

每个员工都明白，如果没有上级的帮助和支持，自己根本无法完成工作任务，更不能处理好各种工作关系。因此，在组织创建积极的上级沟通制度的同时，作为下级要掌握良好的沟通技巧，促进与上级沟通的高效率。

（1）正确处理与上级的关系

理解并在适当范围内尊重上级的习惯；了解自己的长处和不足；设法保持良好关系；处理好与上级的私人感情和工作之间的关系；多说多做，争取得到上级的认可；正确对待上级的批评。

（2）上级沟通的四种态度

尊重而不吹捧；请示而不依赖；主动而不越权；自信而不自负。

（3）上级沟通的九个法则

适当时机法则；适合地点法则；48小时法则；选择题法则；事实数据法则；充分准备法则；留有余地法则；简明扼要法则；尊重领导决策法则。

子模块三　平级沟通

一、平级沟通的内涵

1．平级沟通的概念

平级沟通（平行沟通、横向沟通）是指发生在同一工作群体的成员之间、同一等级的工作群体之间、不存在任何直线权力关系的人员之间的沟通。平级沟通分为两种：一种是同一部门内的平级沟通，另一种是不同部门间没有隶属关系的平级沟通。平级沟通的目的是促进组织有机地结合成一个整体，使员工、部门为了组织的共同目标而合作，减少摩擦。

2．平级沟通的形式

平级沟通的方式有部门会议、协调会议、员工面谈、例行培训等。作为发起方，应该首先明确沟通目的，了解沟通对象，选择合适的时间和地点；其次重视沟通重点和结构，选择合适的语言，能根据具体情况选择最佳的沟通形式（面对面、电话、书面、会议和网络）；最后要进行反馈，了解对方是否理解信息。聆听者要保持平和开放的心态，在聆听的过程中要记录、提问、反馈及回应。

（1）面对面沟通

面对面沟通可以进行身体语言和感官的交流，使沟通更加清晰、准确，能产生积极的激励作用和影响力。

（2）电话沟通

电话沟通节约时间、效率高。首先，打电话的一方在打电话前，要提前想好谈话要点，通话时间不宜过长，控制在3分钟以内；其次，安排好打电话的时间，重要的电话上午打，非上班时间不要打；最后，打电话时，保持端正的姿态和清晰洪亮的声音，开头要做自我介绍，最后礼貌挂断电话。接电话的一方在接电话时要做到迅速接听，态度友好，确认对方身份，了解对方的来电目的，适当给予反馈和回应，不要随意打断对方。短信沟通注意发送时间。初次沟通时，若对方不知晓你的电话号码，那在短信的结尾处一定要署名。

（3）书面沟通

书面沟通的信息表达较为准确，书面信息易保存，更有效力，更让人信服。但书面沟通成本高、效率低、时间长。在进行书面沟通之前，要明确目的，注意使用书面语，写好前言和结尾，使用主动语态，突出重要信息。

（4）会议沟通

在进行会议沟通之前，要明确会议议题，确定会议时间、地点、与会者，布置好会场。工作会议或同系统会议，与会者的席位以职务高低为序，职务越高者离主席席位越近，两边入席，左高右低，前高后低；研讨会、座谈会之类的会议，与会者可随到随坐，不指定席位；重要的大中型会议，应事先按部门划分席位。

(5) 网络沟通

网络沟通的方式灵活多样，成本低，不受地域限制。使用电子邮件进行沟通时，邮件标题要明确，内容要简明扼要。如果是公文邮件，则一定要按照规范的信函格式写，使用易于辨认的字体，字号大小适当，使用显示完整联系人信息的电子邮件签名或电子名片（包括企业名称和电话号码）。若邮件里需要使用附件功能，则请在标题上注明。使用即时通信软件进行沟通时，要保证在线，最好使用实名制，"企业名+姓名"的方式最好。在线状态接收信息应第一时间回复，如果不能当即做出回复，则可调整为忙碌状态或离开状态。

3. 平级沟通的原则

平级沟通的四原则：权责明确，互不越权；积极主动，开诚布公；尊重理解，相互支持；宽容大度，求同存异。

4. 平级沟通的优缺点

平级沟通具有很多优点：第一，它可以使办事程序、手续得以简化，节省时间，提高工作效率；第二，它可以使企业各个部门之间相互了解，有助于培养整体观念和合作精神，克服本位主义倾向；第三，它可以增强员工之间的互谅互让，培养员工之间的友谊，满足员工的社会需要，使员工提高工作兴趣，改善工作态度。

平级沟通的缺点：头绪过多、信息量大，容易造成混乱。此外，平级沟通尤其是个体之间的沟通也可能成为员工发牢骚、传播小道消息的一条途径，造成团队士气涣散。

二、平级沟通的障碍

1. 本位主义，从自己部门的利益要求出发，无视整体协调的存在

在上级沟通、下级沟通及平级沟通中，平级沟通是最为困难的。部门之间的不协调是令管理者最为心痛的一件事。部门之间相互不配合，把精力用在相互扯皮、相互推诿上，都从自己部门的利益出发，无视整体协调的存在。

2. 员工短视现象的存在

很多员工缺乏远见，太过小心，斤斤计较，只用数字来衡量事情，眼睛只盯着自己，不主动关心别人，在工作上缺乏大局观。在各自强调"小我"的重要性时，妨害了组织"大我"的利益。

3. 对组织结构认识中存在等级偏见

有些部门对其他部门存在偏见。比如，生产部门认为如果没有产品，营销部门就无法工作；而营销部门则认为失去市场和销售，生产再多产品也没用。各个部门成员都认为自己的部门最重要，因而过于看重本部门，忽视或轻视其他部门。

4. 员工性格差异，知识水平差异，文化、价值观差异

每个人都有其不同的成长背景、生活环境，从而会形成不同的性格、思维习惯和沟通方式。如果不考虑这些因素，就会导致部门内或部门间的沟通低效或无效。

5. 对某些政策的认识存在猜疑、恐惧，感觉到威胁存在

引发猜疑、恐惧和感觉到威胁的原因是缺乏信任。以前沟通不畅的经历，会使人产生猜疑心理。

三、平级沟通的策略

同步案例 4-3

一家外国投资公司在中国有好几个投资项目，其首席投资顾问的经验很丰富，和工作伙伴组成了项目团队。但他在工作中发现，有些工作伙伴的工作流程有问题，于是他告诉他们那样做是不对的，另一种方法比较可行。但是，工作伙伴并未采纳他的建议，结果工作寸步难行，不仅毫无效率可言，双方也都感到很受挫。在随后的日子里，工作伙伴一见到他就刻意与他保持距离。这位首席投资顾问感到很迷茫，不知道他们为什么不接受自己的观点。

资料来源：赵卜成. 沟通零误解 [M]. 北京：中信出版社，2012.

思考：如果你是这位首席投资顾问，你会怎样与团队成员进行有效的沟通？

1. 责任分配明确

人与人之间的合作不是简单的力气相加，"三个和尚没水喝"的故事充分说明，合作过程中如果责任分配不明确，则人多只会起到相反的作用。一个人敷衍了事，两个人相互推诿，三个人则永无成事之日。大家相互推诿的主要原因便是责任分配不明确，因此要想组成一支团队，首先要进行的就是明确分工。

2. 使用"行动获益"的激励方法

首先，在"动之以情，晓之以理"前，我们要保证有充沛的热情和自信的内心。缺乏自信的人，在平时的工作中往往喜欢逃避责任，其背后的动机是保护自己，避免任务完不成时承担责任。自信心十足的人，愿意发挥主观能动性，在平时的工作中也能主动帮助他人，宽容大度地对待同事。这样长久相处下去，就能建立良好的人际关系，当需要和他人合作时，就能赢得他人的支持。其次，要有方法。趋吉避凶是人之常情，我们可以使用"行动获益"这种方法，告诉团队成员采取行动后会产生效益。效益越大，团队成员接受的意愿就越强烈。

再来分析上述同步案例 4-3，这位首席投资顾问想纠正团队成员的想法，如果他这样说："我们的方法有问题，容易出错，会造成用户投诉，对公司产生不利影响，因此需要

改进。"那团队成员听后,反馈和改进的动力肯定不明显。但如果使用"行动获益"的方法,对团队成员分析说:"如果我们的系统更简化,我们的工程师就无须和自己的系统较劲,就有更多机会开发业务。另外,如果我们的系统容易操作,客户的工程师就可以自己配置系统,等于他们为我们打工,我们既节约了人力成本,用户体验也更好。"这样的沟通会让团队成员看到改变给他们带来的好处,如此一来,他们就会以正向的态度,更有力量地接受新任务。

3. 欣赏同事,培养默契,留足面子

要想获得同事的支持,首先要了解对方的性格。了解同事并不难,因为大家共处一室,有很多交往的机会,只要善于观察细节,就能知道对方的兴趣爱好。在了解的过程中,要发掘别人的优点,学会欣赏和赞美,在平时的言谈交往中少用一些"绝对""肯定"等感情色彩强烈的语言,给对方和自己留有回旋的空间与余地。同时,培养工作上的默契,合作中有了成绩,不能把功绩都包揽到自己身上,对于合作过程中的失误和差错,也要勇于承担,始终记得:只有赢得同事的心,才能赢得更多成功的机会,那种心胸狭隘、只顾眼前利益的人,势必会成为众矢之的。

4. 端正竞争态度,竞争不忘合作

在工作中,平级之间的竞争是不可避免的,但是怎样与同事处理好竞争与合作的关系呢?首先,我们要端正竞争态度,要以事业为重,把集体利益放在首位,不能因为竞争失败而对胜出者抱有偏见。其次,要讲究竞争方法,不能采用卑鄙、不道德的手段,违背竞争原则。不择手段排挤对方,最终被其他同事知晓,反而会身败名裂,遭到大家的唾弃。

同时,同事之间应该互补,当自己的工作涉及其他同事时,要考虑同事的意见,不能只强调自己,不管别人,当同事的工作存在一些疏忽时,要及时提醒或帮助其弥补。

5. 加强内部沟通,化解平级矛盾

组织内部的钩心斗角很大程度上由缺乏沟通、不站在对方立场所致,相反沟通顺畅会带来效率的提高、士气的高涨。很多沟通问题都是由误解或表述不准确造成的,所以平级之间的交流,要时时进行反馈,最好让信息的接收者再复述一下信息。另外,多站在对方的立场解决问题,有效的换位思考会帮助我们理解对方看待事物的角度,从中找出双方的共同点。不妨先从这些共同点出发,让对方快速接纳与认同。

平级之间也会有矛盾和冲突,出现矛盾后,不能将同事当成"对头",而是要积极想办法化解矛盾。首先要做到冷处理,进行自我反省,分析矛盾出现的原因;其次要主动道歉,勇于承认错误,避免将矛盾推到上级那里。如果不方便直接沟通,那也可以找中间人为自己带话,起到澄清事实真相、消除误会的作用。

拓展阅读 4-1

随着移动互联网信息技术及社会经济的发展,微信已成为连接广大用户,带来生活的便捷与乐趣的最成功的即时通信软件之一。微信自 2011 年推出以来,因其本身所具有的即

时性、互动性、信息传递方式多样化、低成本等特点，不断满足了当今社会对信息传递的需求，逐步应用于信息传播、交流互动、宣传推广、开拓市场、联系公众等活动中，并深刻影响着个人和组织的沟通方式。

在个人的沟通方式上，人与人之间的沟通媒介不断地发生着变化，微信越来越多地将交流互动、互相分享等人性化的元素融入其中，满足了人们在现实生活中的多样化需求。在组织的沟通方式上，由于微信在沟通低成本、及时性与安全性方面比传统的沟通方式具有明显的优势，因此微信在组织内部逐渐成为正式沟通方式的一种补充，并在信息知识共享方面显示出极大的潜力。微信在组织内部沟通中的优点是：促进信息知识在组织内部的分享；营造良好的沟通氛围，提高沟通满意度；满足当今组织扁平化信息传递的需求；降低组织中沟通和决策的成本。然而，微信在组织内部沟通中也存在一些缺点，具体表现为：使信息过于碎片化；易造成信息过载；信息传播具有较大的不可控性；存在信息安全隐患。

资料来源：丁广勋. 微信在组织内部沟通中应用的研究 [D]. 北京：首都经济贸易大学，2015.

思考：请结合一个商业组织，思考微信在商业组织内部沟通中应用的利与弊，并提出相应的意见与建议。

同步案例 4-4

《左传》记载："太上有立德，其次有立功，其次有立言，虽久不废，此之谓不朽。"意思是，最上等的是树立高尚的品德，次一等的是建功立业，较次一等的是著书立说，虽然逝去但业绩长存，这就叫作不朽。此处所说的"立德"，便是指会做人，拥有好人品。好人品是人生的桂冠和荣耀，是一个人最宝贵的财富。它是一个人信誉方面的全部财产。

资料来源：根据《左传·襄公二十四年》整理。

思考：在人际沟通的过程中，道德修养对团队有何重要影响？

分析提示：可以从理论学习、文化视野、专业经验等方面思考。

子模块四 下级沟通

一、下级沟通的内涵

1. 下级沟通的概念

下级沟通（下行沟通）是指沿着组织结构中的直线等级进行自上而下的沟通，即组织的高层结构向低层结构传递信息的过程。在传统中，下级沟通一直是组织沟通的主体，是组织中最重要和最常见的沟通流程。组织管理涉及的种种职能的运行，如计划的实施、控制、授权和激励等，基本上都通过下级沟通来实现。下级沟通是组织中各层级使下级了解意图、统一思想与行动的一种重要手段。在下级沟通的过程中，信息发送者是上级，下级是信息接收者。下级沟通的内容通常是管理决策、规章制度、工作目标和要求、工作评价和工作绩效反馈等。

2. 下级沟通的形式

按照沟通的载体进行分类，下级沟通主要有三种形式。

① 书面沟通，如指南、声明、企业政策、公告、报告、信函、备忘录等。

② 面对面沟通，如口头指示、谈话、电话指示、广播、各种会议（评估会、咨询会、批评会）、小组演示乃至口口相传的小道消息等。

③ 电子沟通，如新闻广播、电视电话会议、网络会议、传真、电子邮件、QQ工作群、微信工作群等。

这是一种简单的传统分类方式。另外，根据时间序列对下级沟通进行分类，可以得到三种形式（见图4-3）。即按照传递的信息所覆盖的时间跨度来划分，可以得到组织中传递的三类信息，对这三类信息的沟通则形成三种不同的下级沟通形式。这种分类便于我们理解沟通技巧与沟通形式的关系。一般来说，对于长期类信息的传递，因为其具有稳定的特性，所以对沟通技巧的要求较低；对于短期类信息的传递，因为其具有不可预测性，所以对沟通技巧的要求较高。从管理理论上讲，短期类信息的沟通表现为管理者与员工进行一对一、面对面的沟通，这也正是管理者使用沟通技巧最多的地方。时间序列的三种下级沟通形式对比如表4-1所示。

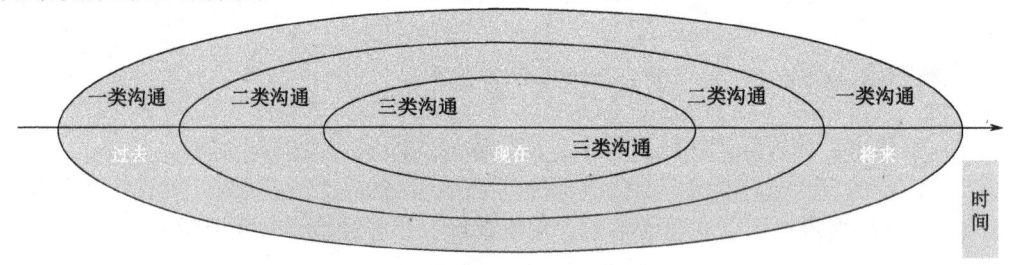

图4-3 时间序列的三种下级沟通形式

表4-1 时间序列的三种下级沟通形式对比

沟通类型	沟通内容	信息时间跨度	沟通媒介及举例	技巧要求
一类沟通	反映长期（包括过去和将来）的事实、意见、想法和打算，如公司简介、公司中长期计划等信息，被视为第一类信息，传达此类信息的沟通称为一类沟通	$T \geqslant 1$ 年	书面、会议；员工手册、公司白皮书、公司年报等	低

续表

沟通类型	沟通内容	信息时间跨度	沟通媒介及举例	技巧要求
二类沟通	传递的信息时间跨度为几周至几个月（不超过一年），时间概念上包括过去和将来的信息，如公司内部近期发生的重大事件、公司每个季度的销售业绩、公司未来半年实施的计划等，被视为第二类信息，传达此类信息的沟通称为二类沟通	$1\ \text{周} \leq T < 1\ \text{年}$	书面、会议；公司内部期刊、公司内部通信、公司全体员工会议、公司中层干部周会或月会等	中低
三类沟通	信息的时间跨度最小，基本上涵盖每日例行工作的信息，如每日工作任务的布置、每日工作情况的反馈、临时出现问题的解决、刚收到的顾客请求、现场服务的任务等。这类信息包括组织运作中碰到的由不确定因素带来的突变和紧急情况，此类信息的一大特点是更新快，具有很大的不确定性，传达此类信息的沟通称为三类沟通	$T < 1\ \text{周}$	口头、书面；口头沟通、E-mail和备忘录等	高

3．下级沟通的原则

总原则：以工作为中心，以人为导向。

具体的七原则：沟通是双向的；专心聆听下级谈话；积极换位思考；维护对方的尊严；有"沟"主动通；大胆授权和信任；调节自己的影响力。

4．下级沟通的优缺点

下级沟通具有很多优点：第一，上级可以把组织的路线、方针、政策及意图传递给下级，从而给下级指明工作目标，明确其职责和权利；第二，上级可以把工作中存在的问题与要求传达给下级，与下级协商解决，增强下级的归属感；第三，下级沟通可以协调组织中各层级的活动，增进各层级、各职能部门之间的联系和了解。

下级沟通的缺点：因为信息是逐级传递的，所以在传递过程中会发生信息的搁置、误解、歪曲，从而影响沟通的效果。而且长期使用下级沟通，一方面容易形成一种"权力气氛"，影响士气，另一方面会养成下级依赖上级，一切听从上级裁决的权威型人格，从而使下级缺乏工作的积极性和创造性。

二、下级沟通的障碍

同步案例 4-5

本学期，某职业技术学院管理系的组织内部做了一些人员调整。该系的原系主任A因为个人的原因辞去了系主任的职务，只保留了一个"专家顾问"的头衔，由一位来自企业的技术专家B接替。该系的党总支书记休假，学生工作由总支副书记C代管。原来的A主任性格随和,平易近人,现在虽然不担任主任一职了,但是每隔一段时间总回学校看看大家,深受大家敬爱。B 主任技术出身,在系部建设中有所成就,但由于工作原因,B 主任平时与专业教师接触较多,而与管理学生工作的辅导员接触较少,对学生工作的情况也了解不多。B 主任忽视与辅导员的交流,这增加了辅导员群体的不满。系里准备发展新党员,发展对象里有教师也有辅导员,其中女辅导员小张的工作表现十分优异。但因为她有一次请假回家探望母亲没到人事处备案,在全体教职工大会上被点名批评了,支部在讨论她的入党资格的时候被总支副书记 C 否决了。后来经 A 主任做 C 副书记的工作,小张才作为五位候选人之一上报学校。学校派人到系里调查五位候选人的表现时,B 主任对两位教师候选人连声夸赞,对三位辅导员却讲不出什么。结果小张落选,辅导员们开始愤愤不平,B 主任表示不满。还有一次 B 主任找到小张谈话,问她班上有没有学生请客送礼的事情,小张情绪爆发,认为这是一种侮辱。B 主任立刻反驳了她。从此,小张对 B 主任敬而远之,不久调离该校。辅导员们对 B 主任的不满更深了,又有几个辅导员相继调走。

资料来源:谢玉华,李亚伯.管理沟通:理念·技能·案例[M].2版.大连:东北财经大学出版社,2011.

  下级沟通在组织沟通中扮演着举足轻重的角色,是组织沟通的主体。但组织中下级沟通的现状又是怎样的?管理学家彼得·德鲁克曾尖锐地指出:"数百年来,管理者只注重向下发号施令,尽管他们表现得十分出色,但这种沟通常常无济于事。"由此可见,有时候下级沟通的结果是不尽如人意的。下级沟通中存在以下障碍。

  ① 管理者的沟通风格与情境不一致。管理者的沟通风格多种多样,通常分为四类:命令式、指导式、支持式、授权式。

  ② 信息接收者沟通技能方面的差异。同步案例 4-5 中的小张显然没有理解 B 主任的本意,其实 B 主任只是恪守原则,挨个询问,然而在小张眼里却成了一种侮辱,当然这也是平时缺少沟通造成的。

  ③ 沟通各方心理活动的制约。研究表明,下级沟通中容易出现信息膨胀或扭曲。B 主任找小张谈话时,小张已经有心结了,B 主任的一句小小的问话,把她所有的不满情绪都带动出来了,气氛一下子变得剑拔弩张。

  ④ 不善倾听。小张没有做一个好的倾听者,其实她应该先克制自己的情绪,然后告诉 B 主任自己的想法,而不应该情绪失控,导致冲突。

  ⑤ 草率评判。很多时候,信息接收者在与对方交谈时,不是试图理解对方的意思,而是企图进行评判或推论,在没有充分理解信息的情况下就妄下结论,在内心表示赞同或否定,这样的沟通结果可想而知。小张草率地认为 B 主任在侮辱她,这是有失偏颇的,毕竟 B 主任也需要有一个了解的过程。

  ⑥ 传递信息的遗漏和扭曲。组织结构层级越多,信息传递中的遗漏和扭曲就越多。一项关于美国公司中层管理者沟通状况的调查显示,信息在下级沟通中运行,如同经过一个漏斗层层过滤,100%的原始信息,经过五个层次最后只剩下 20%,80%的信息因为各种原因而被筛掉或丢失了。信息理解漏斗图如图 4-4 所示。

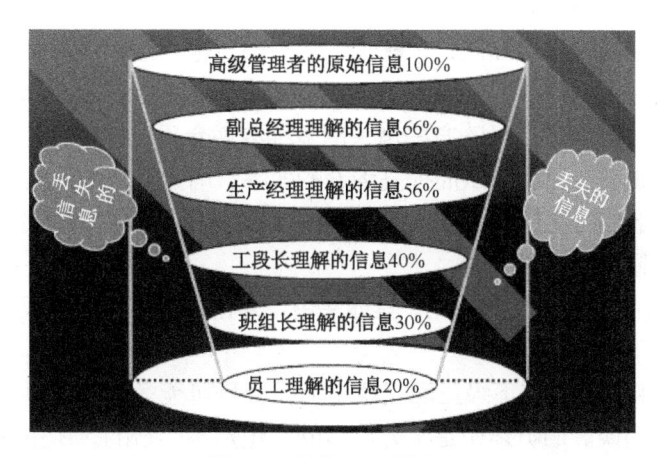

图 4-4　信息理解漏斗图

三、下级沟通的策略

为了确保下级沟通畅通无阻，管理者有必要掌握一定的沟通策略。下级沟通的策略包括以下九个方面的内容。

① 制定沟通政策。为了保证管理者及时有效地传递信息，必须制定相应的沟通政策，明确沟通目标。

这些政策包括：必须将相关事宜及时通知有关方；必须将组织计划、指令和目标告知下级；必须培育和建立一条稳定的双向沟通渠道；必须就有关重大事件的信息及时与下级沟通；留出足够的资金和工作时间用于实施组织沟通政策。以同步案例 4-5 为例，B 主任没有获得辅导员的敬重，很大程度上是因为没有实现良好的沟通，没有做到了解和关怀对方。辅导员也无从知道 B 主任的想法，双方的沟通出现了很大的问题。

② "精兵简政"，减少沟通环节。复杂的系统和庞大的机构是组织为了应对规模的扩大做出的自然反应，然而优秀的组织却力求用简单的机构和系统来应对组织的扩张和发展。许多组织通过分权来防止管理队伍的臃肿，减少整个管理的中间层。如果管理系统的组织结构更加精简，那么沟通也会更加便捷。

③ "去繁从简"，减轻沟通任务。管理者需要有效地控制信息流。对信息流加以有效管理或控制能够极大地提高沟通的效率，具体原则：例外原则、排队原则、关键时间原则。在 B 主任对待小张的问题上，如果他充分调查小张的工作原则和工作态度，就可以采用例外原则，这对小张也会是一种鼓励。

④ 引入授权。下级沟通的一个致命缺点是具有单向性，是自上而下的，而授权为下级沟通带来了双向交流的可能。

⑤ 言简意赅，提倡进行简约的沟通，在沟通中力求避免含糊其词。

⑥ 启用反馈。可以肯定的是，让下级沟通真正发挥作用的办法不是关闭这条渠道，而是开发上级沟通的渠道——鼓励接收者对信息进行评价，也就是反馈。另外，管理者应该尽可能采用面对面沟通的方式。面对面沟通相比书面沟通，在很多方面都表现出优势，尤其在获得反馈方面。B 主任与辅导员缺乏沟通，没有获得反馈，因此也不知道大家的不满

情绪。他应该更多地找辅导员面谈，了解他们的想法，也让他们了解自己。

⑦ 多介质组合。减少下级沟通的信息在接收和理解时的丢失或错误情况，提高下级沟通的效率，最主要、最简单易行的方法是采用多种沟通介质。换言之，通过采用多种沟通介质，达到重复和强调的目的，从而提高沟通的效率，增强沟通的效果。

⑧ 头脑风暴式会议。召开头脑风暴式会议的目的是集思广益，激发大家的脑力，迸射智慧的火花，寻求最佳的解决之道。

⑨ 减少抵触、怨恨的沟通五法则。具体来讲，为在减少抵触和怨恨的同时准确地传递信息，不妨采取以下策略。

A. 提前掌握事实。在与下级正面交谈之前，要尽可能多地了解事实情况，越具体、越准确，越有利于面谈。道听途说是十分危险的，也是不明智的。B 主任缺乏与小张及其他辅导员的沟通，因而失去了人心。

B. 了解当事人的想法。让下级有时间和机会仔细说明事情的经过，不仅可以缓和气氛，还能了解当事人对问题的看法，以及他对问题的自我认识。只要了解一下小张这学期的想法，B 主任就会了解很多自己没有做好的地方。

C. 私下处罚员工。当众批评、指正或训斥下级是让人难以接受的，此类沟通选择在私下场合比较好。小张被领导点名批评后心里肯定会不舒服，不应反复提及。

D. 对事不对人。在对下级进行批评时，应尽量就事论事，不要涉及个性问题，而要说明你对他的行为改变的具体期待。如果不注意措辞而因此伤及下级的自尊心，就为以后的有效沟通设置了障碍，埋下了隐患。

E. 不要意气用事。人们在怒不可遏时很少能保持理智、公正和客观，因此在正面接触下级之前，一定要头脑冷静、心平气和。当然，如果下级处于发怒状态，那么马上进行批评与训斥也是不合适的。当小张生气的时候，B 主任立刻反驳了她，事后也没有进行有效沟通，这无疑让彼此的不满进一步加深。

在下级沟通中，总是存在很多障碍，管理者没有正确传达，员工没有合理倾听，因此造成人际冲突也是难免的。人际沟通的核心是换位思考，而换位思考的核心是站在对方的角度看问题，尊重对方，为对方考虑。B 主任应该试想小张对之前几件事的心结，小张应该试想 B 主任为了系部建设的繁忙工作。如果他们没有相互指责，而是平心静气地谈一谈工作状况，倾听一下彼此的想法，矛盾也就不会升级，或许他们还会成为相互信赖的工作伙伴。

思考与练习

1. 怎样才能进行有效的管理沟通？
2. 管理沟通的要素有哪些？怎样进行过程设计？
3. 平级沟通存在哪些障碍？如何克服？
4. 在与下级沟通时，有哪些方法与技巧？

5. 结合实际谈谈在大学生活中,学生社团活动或班级管理过程中有无遇到沟通障碍,你是怎么解决的?

技 能 训 练

小王由于工作出色被提拔到一个新部门担任部门经理,新官上任三把火,他信心十足,想带领大家做出一番成绩来。在他的带领下,部门工作有了整体的改进,部门成员相处和谐。但唯一令他不满的是,他的副手经常背着他向自己的上级进行越权汇报,小王也多次与副手进行沟通,但似乎无济于事,副手依然我行我素。小王很是无奈,他很想知道他的上级是如何看待这个问题的。

假设你是小王的上级,你将如何处理?

步骤一:四个人进行情景模拟,一个人扮演上级,一个人扮演小王,一个人扮演小王的副手,还有一个人扮演观察者。

步骤二:进行上级与小王之间、小王与副手之间的对话模拟,观察者在一边进行观察、记录。

步骤三:观察者对记录进行分析和评价,并在班级中与同学交流。

能 力 自 评

一、专业能力自评:听从指示

目标:听从指示。

时间要求:25分钟。

说明:给学生提供学习表,并让他们按照主持人的详细指示来完成指定的任务。

内容:

1. 将学习表发给学生(见下表),让他们完全按照教师的指示去做,检查他们的倾听技巧和执行能力。
2. 让学生在第一个框里的字母"I"上加一个点。
3. 让学生在第二个框里的横线上写出单词"XEROX"。
4. 让学生在第三个框里的"MB"左上角画个方框,在"MB"上面画个圈圈。
5. 在第四个框里,让学生用"OODRWWTS"里的字母拼写出两个单词。
6. 在学生完成学习表之后,告知其如果按照准确的指示去做会得到的正确结果。
7. 提问及总结,问问学生是如何按照指示完成练习的,大部分学生很可能不会全部准确完成。在这次练习中需要指出,在实际生活中我们需要非常仔细地倾听别人要求我们做的事情,而不是主观臆测别人的需求。

1. I	2. —————
3. MB	4. OODRWWTS

二、核心能力自评

核心能力	是否提高
信息获取的能力	
服从指挥的能力	
倾听能力	
克服障碍的能力	
凝聚团队的能力	
团队合作精神	
责任意识	
诚信意识	
自评人（签名）：　　　　　年　月　日	教师（签名）：　　　　　年　月　日

注："是否提高"一列可填写"明显提高""有所提高""没有提高"。

模块五 商务沟通

- ☑ 学习目标
- ☑ 内容结构
- ☑ 引例 杭州东部医药港小镇
- ☑ 子模块一 商务沟通概述
- ☑ 子模块二 企业与顾客的沟通
- ☑ 子模块三 企业与上下游企业的沟通
- ☑ 子模块四 企业与同行的沟通
- ☑ 思考与练习
- ☑ 技能训练
- ☑ 能力自评

学习目标

通过本模块的学习,应该达到以下目标

知识目标:理解商务沟通的内涵、形式、作用和影响因素,掌握与顾客沟通、与上下游企业沟通、与同行沟通的技巧。

技能目标:分析商务沟通过程中不同对象的沟通内容,掌握所需要的商务沟通技巧。

素养目标:对外沟通代表的是企业形象和态度,在商务沟通的学习过程中,培养换位思考意识、责任意识和职业操守。

沟通艺术（第2版）

内容结构

模块五的内容结构如图 5-1 所示。

```
商务沟通
├── 商务沟通概述
│   ├── 商务沟通的内涵
│   ├── 商务沟通的形式
│   ├── 商务沟通的作用
│   └── 影响商务沟通效果的因素
├── 企业与顾客的沟通
│   ├── 企业与顾客沟通的途径
│   └── 企业与顾客沟通的技巧
├── 企业与上下游企业的沟通
│   ├── 企业与上下游企业沟通的途径
│   └── 企业与上下游企业沟通的技巧
└── 企业与同行的沟通
    ├── 企业与同行沟通的途径
    └── 企业与同行沟通的技巧
```

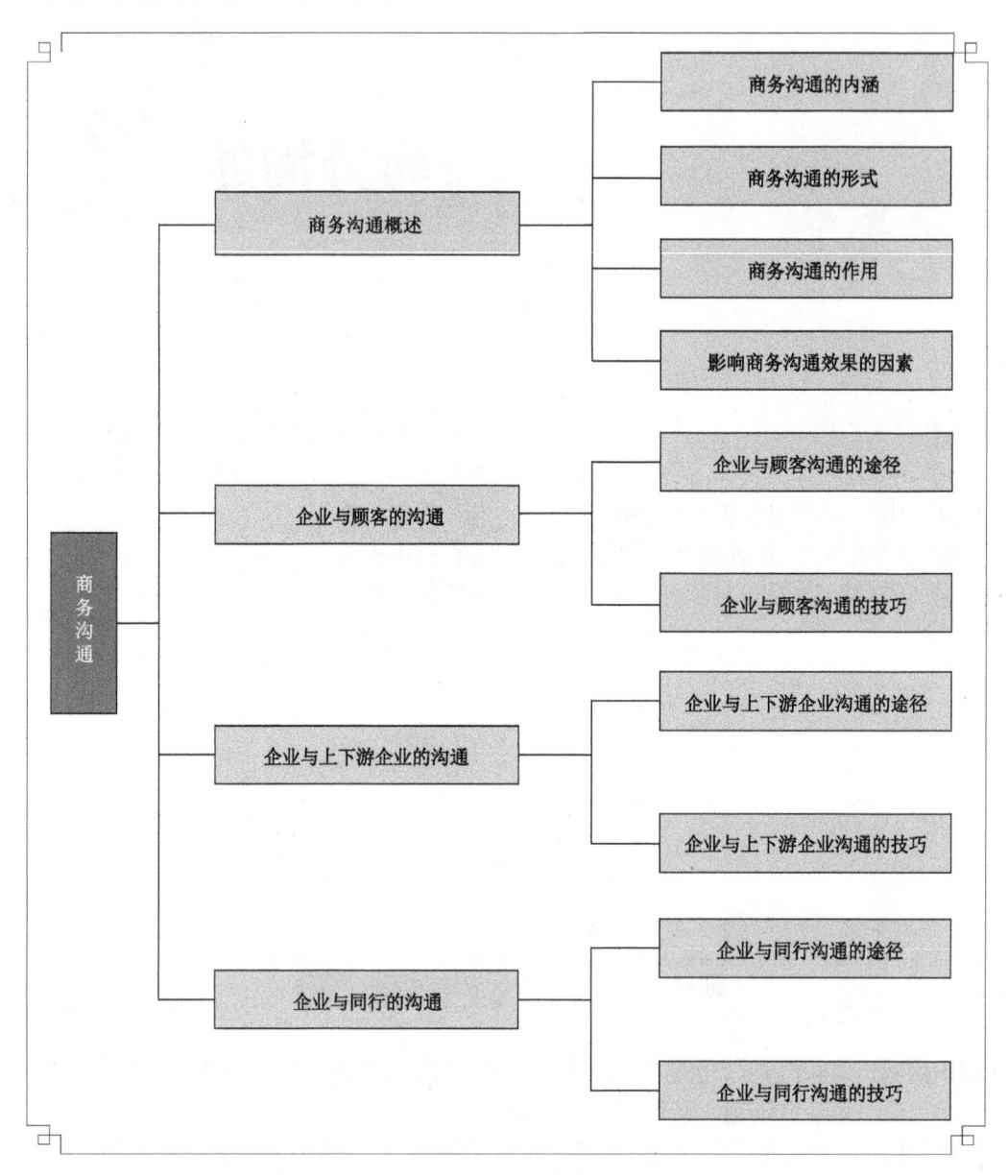

图 5-1　模块五的内容结构

> 引 例

杭州东部医药港小镇

一、项目概况

杭州东部医药港小镇位于杭州经济技术开发区的核心位置（下沙），东至文渊北路，北至新建河，西南至规划之路六、围垦街、海达北路、德胜路之间的合围区域。杭州东部医药港小镇规划面积3.4平方千米，作为杭州市生物医药产业的门户重地，正打造全市要素最齐全、环节最完备、发展速度最快的生物医药高端产品研发集聚区，打造具有全球影响力的生物医药特色小镇。

二、项目背景

生物医药是国家战略性新兴产业之一。2018年4月12日，时任国务院总理李克强主持召开国务院常务会议，确定发展"互联网+医疗健康"措施，缓解看病就医难题，提升人民健康水平；决定对进口抗癌药实施零关税并鼓励创新药进口，顺应民生期盼使患者更多受益。以生物医药为优势主导产业之一的杭州经济技术开发区，积极引聚全球生物医药创新资源，发挥核心区主战场的重要作用，开启杭州医药港发展"新时代"。

三、发展定位

杭州东部医药港小镇的发展"三中心"定位：生物医药高端制造中心（引进全球知名的生物医药产业领域企业战略投资，培育一批品牌生物医药企业；承接国际医药业CRO及CMO，加快规划建设专业园区，完善生物医药产业链）、生物医药创新创业中心（围绕高端制造部署创新服务，搭建面向生物医药企业的公共服务平台；集聚各类检测分析、科技中介等服务机构，集聚高端人才、创新资本和创新要素，构建新型创业孵化载体）、配套产业和博览中心（配套专业康复产业，发展工业旅游和观光；融合生物医药的专业博览功能，开展专业会议及高端论坛学术会议，举办科普实践等活动）。

四、发展现状

截至2022年年底，已集聚生物医药企业1500余家，默沙东、雅培、强生等全球十大医药企业有7家落户，上市及重点拟上市企业19家，杭州市"准独角兽"企业17家；近三年，主营业务收入年均增速15%以上，2021年达到450亿元；集聚高层次人才500余名，海外领军型人才171名，落地中国科学院医学所、浙大智能创新药物研究院、省药监局生物医药创新公共服务平台等29个高能级平台，着力构建"链式+集群"发展新模式。

五、发展目标

杭州东部医药港小镇的目标是打造集生产制造、研发创新、创业孵化、专业康复为一体的医药健康全产业链，塑造产业、生态、旅游、居住生态链，形成具有区域影响力的"创新集聚、产业集群、资源集约、人才集聚"特色小镇。

六、小镇空间结构

立足高起点谋划，小镇以创新创业高端人才集聚区、技术领先的产业引领区、全球先进医药技术的首要承载区为指引，聚焦生物技术制药、生物医学工程及高端医疗器械三大领域，构建"一心两轴三廊五区"的空间结构。"一心"：依托小镇客厅打造综合服务中心；"两轴"：海达北路与围垦街两条融合景观和功能的综合服务轴；"三廊"：新建河、幸福河与德胜河流三条景观廊道;"五区":公共服务、宜居生活、高新研发、科创孵化、商务智造五个片区。

七、发展思路

杭州东部医药港小镇依托本区域发展优势,坚持科技驱动、高端发展,以辉瑞全球生物医药中心、中国科学院理化所杭州分所等龙头项目为引领,以生物医药为主导,以健康保健食品、智慧医疗和康复为支撑,作为杭州东部区域生物医药产业的拓展新区,建成集科研创新、产业制造、旅游博览,功能完善、"三生"融合的医药特色小镇。

资料来源:梁伟光. 杭州下沙"新药港"崛起 [J]. 决策,2017(04):53-55.

思考:结合案例理解产业链的含义,分析产业链成员之间的沟通、合作有何作用。

子模块一 商务沟通概述

一、商务沟通的内涵

管理沟通是指为实现组织目标而进行的组织内部与组织外部的知识、信息传递和交流活动。商务沟通属于管理沟通中组织外部沟通的一部分,本模块所讲的商务沟通侧重于作为产业链中的一员,与产业链上其他各环节之间的沟通。同时,这种沟通是建立在各方地位平等基础之上的。组织主要指经营性企业,而不是非营利性机构。

要理解这个概念,需要把握以下几个相关概念。

沟通,是指人与人之间思想及感情的传递和反馈,以求思想达成一致,感情得以通畅。

组织外部沟通,是指组织为了在环境中更好地生存与发展,必须与周围的其他组织或成员发生业务往来和合作所进行的有效沟通。

产业链是产业经济学中的一个概念,是指各个产业部门之间基于一定的技术经济关联,并依据特定的逻辑关系和时空布局关系客观形成的链条式关联关系形态。产业链是一个包含价值链、企业链、供需链和空间链四个维度的概念。这四个维度在相互对接的均衡过程中形成了产业链,这种"对接机制"是产业链形成的内模式,作为一种客观规律,它像一只"无形之手"调控着产业链的形成。产业链的本质是用于描述一个具有某种内在联系的企业群结构。它是一个相对宏观的概念,存在两维属性:结构属性和价值属性。产业链中存在着大量上下游关系和相互价值的交换,上游环节向下游环节输送产品和服务,下游环节向上游环节反馈信息。

二、商务沟通的形式

商务沟通的形式可分为正式商务沟通和非正式商务沟通。

正式商务沟通是指遵循一定的规则而进行的商务信息传递与交流。例如，组织之间的公函来往、商务谈判、新闻发布会等。正式商务沟通一般用于重要信息的传达和沟通，其优点有沟通效果好、比较严肃、约束力强、易于保密、信息权威等。但运用该种形式也有其缺点，因为依靠组织系统层层传递，所以难免显得刻板，沟通效率低，此外也存在信息失真或扭曲的可能。

非正式商务沟通是指不遵循一定的规则而进行的商务信息传递与交流。例如，电话沟通、邮件沟通、非正式会面。非正式商务沟通是未经计划的，其优点是：形式多样、灵活，不需要刻意准备；沟通及时，问题发生后可很快得到解决；信息一般使用口头方式传递，不留证据、不负责任，许多不愿通过正式商务沟通传递的信息，却可能在非正式商务沟通中透露。但是，过分依赖这种非正式的途径也有很大的风险，因为这种信息遭受扭曲或发生错误的可能性较大，而且无从查证，甚至一些被有意流露的信息会误导商务决策。

三、商务沟通的作用

商务沟通的作用主要表现在以下五个方面。[①]

1. 为组织目标的达成创造良好的外部环境

组织的目标是通过组织不断地进行内外部沟通来达成的。随着社会的不断发展和进步，组织目标的达成已经越来越依赖组织所建立的沟通网络。例如，组织的生产要依赖原材料供应网络，组织的产品销售要依赖外部销售网络，等等。这一切网络的建立和维护，都要依赖组织的商务沟通来完成。从某种意义上说，组织的商务沟通活动效果如何，直接关系到组织的发展前景。因此，有效地进行商务沟通，为组织目标的达成创造良好的外部环境，是商务沟通的重要作用。

2. 为组织传递有效的发展信息

组织的发展离不开组织内外有效的信息传递，这些有效信息的传递也是靠组织的外部沟通来完成的。组织战略计划的制订、产品的研究与发展、产品的定位及销售的方向、发展的重心等，这些因素在很大程度上都是依据组织外部的市场环境与市场变化而形成的，因此及时了解市场环境和市场各种变化成为组织发展至关重要的内容。组织如何了解这些内容，就要靠组织的外部沟通。组织通过不断地与外部进行沟通，获取市场上各种各样的信息，将有效的信息传递回组织内部，构成组织战略计划制订、产品研究与发展、产品定位及销售方向、发展重心的重要参考。

3. 构筑发展网络，拓展组织的发展空间

从外部环境来看，组织的发展是通过不断地优化已有的网络和拓展新的网络来实现的。不论是优化已有的网络还是拓展新的网络，都必须通过不断地进行外部沟通来完成。例如，建立新的进货和销售渠道、获取新信息、与新顾客建立关联等，完成这些工作的基础，离

---

① 盖勇，王怀明. 管理沟通［M］. 济南：山东人民出版社，2003.

不开组织不断地进行外部沟通。

4. 维护组织形象

塑造积极有益的组织形象，对于改善其与供应商、合作企业、顾客等的关系有积极作用。组织通过不断地进行外部沟通，把自身的组织理念、目标、文化形象传递出去，有助于外界全方位了解组织，减少组织自身形象与外界形象不对称的情况发生。

5. 为顾客提供服务

在顾客决定企业生存状况的情况下，企业最普遍也是最重要的外部沟通功能是为顾客提供服务，与顾客进行有效交流。只有与顾客不断地进行沟通，企业的产品才会被认可，企业形象才能得到维护并在顾客心中升值。

四、影响商务沟通效果的因素

沟通障碍是指组织受某些干扰因素的影响，无法正常进行沟通，或者虽然能够进行沟通，但沟通结果与沟通设计相去甚远。沟通障碍是组织沟通中经常出现的情况。因此，预测沟通中会出现什么样的障碍，针对沟通中的障碍优化组织沟通，是商务沟通必不可少的内容。

经常出现的障碍有如下几个方面。[1]

1. 语言障碍

组织沟通中的语言障碍主要有语言差异障碍和语言表达障碍。由于不同的历史渊源、地域分布、种族传统等复杂因素，人类的语言可划分为不同的语系。同一语系内部按照各门语言之间的亲属关系的远近，又可划分为若干语族。不同语系和语族的语言存在不同程度上的差异，因此不同国家、不同民族之间的交流往往存在沟通的困难和障碍，这时候就需要通过翻译进行沟通。属于不同方言地区的人们由于方言的差异，也会沟通困难。

语言表达障碍主要是沟通技能的问题。沟通者语言表达能力的欠缺会导致其与沟通对象之间不能达到沟通的目的。绝大部分的沟通都借助语言起到传播信息和交流信息的作用，因此语言表达能力是人的综合沟通技能中最为重要和基础的组成部分。一份逻辑混乱、语无伦次的通知或情况介绍很难迅速、准确地传达所包括的信息，同样，一段模棱两可、含糊不清的话也很难明确、清晰地表达说话者的本意。在沟通的过程中，沟通者在传递信息之前要先对信息进行编码，即用组织语言来传递自己所要表达的内容。如果沟通者组织语言的能力太差，则会词不达意、令人费解甚至造成误解，导致不必要的冲突。

2. 心理障碍

心理障碍是指代表组织进行沟通的人的行为会受其态度、个性、情绪等心理因素的影响，有时这些心理因素会成为沟通中的障碍。

---

[1] 冯光明. 管理沟通 [M]. 北京：经济管理出版社，2012.

① 态度。态度是人对某一事物的看法和相对稳定的心理倾向，是人的行为的指向。以恰当的认知、健康的情感支配行为的心理倾向，就是科学的态度，反之则是非科学的、不端正的态度。

② 个性。个性由个性倾向性和个性心理特征组成。个性倾向性包括人的需求动机、兴趣和信念，它决定人对现实的态度、趋向和选择。个性心理特征表现为人的差异性，它往往成为沟通中的重要因素。

③ 情绪。人总是带着某种情绪状态参加沟通活动。在某些情绪状态下，人们容易接收外界信息，而在另一些情绪状态下，外界信息就很难被接收。

3. 组织或组织成员的信誉障碍

组织或组织成员的信誉不好将严重影响沟通的效果。在信息传递中，接收者对信息不重视常常是因为管理者，即信息发送者的能力、人品、经验等不被接收者信任，甚至被接收者猜疑。管理者不被信任的原因之一是爱说空话、假话，欺骗别人，原因之二是不能履行自己的诺言。管理者的个人信誉不佳还表现为管理者对接收者的个人情感变化，管理者对接收者的情感在若干次的沟通中所表现出的由深到浅的变化，会使接收者不再信任管理者，不再把自己的内心和盘托出，代之以逃避和拒绝，这势必也会影响沟通的效果。

4. 文化障碍

文化因素也深刻地影响人们的商务沟通行为。很多跨文化因素显然提高了沟通困难的潜在可能性，这些因素包括语义不同、非语言性沟通手段不同、认知差异、不同文化的思维方式和风俗传统方面的差异等。

子模块二　企业与顾客的沟通

一、企业与顾客沟通的途径

顾客是企业最重要的外部公众，是企业提供优质产品和服务的对象，满足顾客的需要是企业生存与发展的基础和保证。在企业满足顾客需要的过程中，沟通起着十分重要的作用。

企业与顾客沟通是一个相互作用的过程：企业通过产品和服务向顾客提供信息，通过调查了解顾客的需求和意见，在交易过程中与顾客相互传递信息。一般来说，企业与顾客沟通的途径包括向顾客提供产品和服务、与顾客面对面沟通、给顾客打电话、与顾客保持信函往来、开展顾客调查、进行广告宣传、维护公共关系、开展 CIS 设计、利用新媒体等。

1. 向顾客提供产品和服务

对顾客而言，企业所提供的产品和服务是企业向其传递信息的最直接的工具与载体，顾客对产品和服务的满意度决定了他们对企业的基本评价。因此，企业要十分重视产品和服务，这不仅是企业利润的来源，也是企业与顾客之间沟通的主要方式。如果企业所提供的产品和服务质量满足了顾客的要求，那么必然会获得顾客对企业满意的评价，顾客还会主动将这种评价传递给其他人，从而形成积极正面的宣传效果，提升企业形象。

2. 与顾客面对面沟通

与顾客面对面沟通，就要不拘泥于形式，通过各种可能的渠道和方式与顾客直接地、不断地保持沟通和联系。这不仅是维护顾客的最佳方法，也是企业不断创新、改进老产品、推出新产品的源泉。

3. 给顾客打电话

给顾客打电话已经被越来越多的企业和顾客所接受。在越来越商品化的社会，打电话这种平常而富有人情味的沟通方式，有助于巩固与顾客的关系。例如，海尔集团会定期给购买空调的顾客打电话，提醒顾客对空调进行除尘、试机等，这一举动就拉近了海尔集团与顾客之间的距离。

4. 与顾客保持信函往来

许多企业的顾客覆盖面较广，企业与顾客之间的距离较远，企业与顾客的沟通往往通过信函往来进行。企业应重视每一位顾客的来信，同时慎重地予以回复，这是企业与顾客沟通并建立长期稳定关系的绝佳机会。

5. 开展顾客调查

顾客调查是企业了解顾客信息的最主要方式。通过顾客调查，可以了解顾客对产品和服务的需求，掌握顾客对企业所提供的产品和服务是否满意，对企业有什么建议和意见等。在顾客调查中，最常见的是顾客满意度调查，最常用的调查方法包括问卷调查、抽样调查、典型调查、顾客试用、设立专门咨询台等。

6. 进行广告宣传

广告宣传是企业通过报纸、广播、电视等媒体有计划地发布信息的方法。在媒体发达的今天，广告宣传正在被企业广泛采用。

7. 维护公共关系

维护公共关系作为企业对外沟通的一种重要方式，是企业处理好与顾客、供应商、经销商、社区、政府和新闻媒体等关系的基本方式。主要通过开展一些诸如公关事件策划、社会调查、舆论控制、新闻制造、公关广告等活动，塑造企业的完美形象，促进企业与公众及社会环境的相互适应。

8. 开展 CIS 设计

CIS（Corporate Identity System），即企业形象识别系统，CIS 设计可以改变企业形象，为企业注入新鲜感。CIS 具有简洁明了、便于识别和便于记忆等特点，是塑造企业文化的有力工具，目前已经被各类组织普遍接受并广泛应用。

9．利用新媒体

如今新媒体发展迅速，正在极大地影响着我们的生活。大数据时代使沟通和数据收集更加便捷高效。新媒体的主要形式有手机 App、微信公众号等。

二、企业与顾客沟通的技巧

随着中国经济的发展及企业竞争的加剧，有效的顾客沟通对促进企业的发展有非常重要的作用。顾客是企业赖以生存和发展的根本，如何了解顾客需求，提高产品和服务质量，与顾客进行高效的沟通，是当今企业谋发展的重中之重。现阶段虽然有很多企业都已认识到这一点，并纷纷设置了专门的客服机构，但在与顾客沟通的过程中还是会经常出现一些问题，这些问题不仅阻碍了双方的互动进程，还会让顾客产生厌恶感。与顾客沟通不是盲目的形式化过程，进行高质量的沟通需要企业遵循一定的规律、把握一定的技巧。

1．正确地认识顾客

在日常生活中，我们随处可见某些客服人员（与顾客直接沟通或间接沟通的企业员工）那冷漠的脸，甚至常听到他们对顾客的怨言。他们常针对顾客，同时也认为顾客总是针对他们。这种行为无疑是在终结企业的生命。顾客是企业存在的理由，是企业的根本资源和工作的目标。顾客的选择是自由的，无论满意与否，他们都没有必要对任何企业保持忠诚，而忠诚的顾客最能给企业带来利润，也是最值得企业管理者关注的。忠诚的顾客不需要企业多付出经营成本，却能购买更多的产品和服务，并且经常引荐新的顾客。因此，与顾客直接接触的客服人员必须对顾客有正确的认识，只有这样才能以正确的态度与顾客进行沟通。

2．注重培养客服人员的素质

（1）树立客服人员的职业形象

客服人员要具备标准的职业形象、服务用语、礼仪形态及专业的服务技巧。从见面的第一刻起，顾客就开始打量客服人员，判断客服人员是否值得信任、业务专业与否。此时，最重要的是，顾客有没有兴趣进行下一步的沟通。因此，树立一种正面的服务形象非常重要。

（2）培养客服人员的品格素质

良好的品格素质能够更好地指导客服人员的日常工作，也能够让顾客感受到企业的文化和形象。一般来说，专业的客服人员应具备的基本素质包括为人乐观、积极热情、勇于承担责任，要有较强的应变能力、挫折承受能力、情绪控制能力和服务导向能力。

（3）掌握扎实的专业知识和工作素质

客服人员对企业的产品、服务项目、业务规则等都要有深入的理解和认识，只有这样，在与顾客沟通时才会更有自信。专业、标准的服务用语和服务技巧，一定会让顾客的信任感增强，从而更好地进行交流与沟通。

3. 努力挖掘顾客的真实需要

（1）多方面了解顾客

了解顾客的基本信息是客服人员与顾客沟通的前提。只有多方面了解顾客，掌握必要的信息，才能减少沟通中的阻力，确保沟通的顺利进行。只有对顾客的姓名、联系方式、具体地址、潜在需求，特别是个人好恶等信息有了详细的了解，在沟通中才会有更多的共同话题。

（2）细心观察顾客的反应

人的心理情绪通常会通过身体语言表现出来。因此，在与顾客的沟通中，客服人员要想了解顾客的心理动态，掌握主动性，可以通过观察顾客的身体动作及表情的变化来实现。当顾客不断地提出问题时，表示顾客对你的沟通感兴趣；当顾客突然向上用力挥舞手臂时，很可能是对某种观点或事物表示强烈的不满；当顾客轻敲桌子、摆弄手指或摆动手臂时，很可能是对沟通内容不满或厌烦。但是客服人员必须注意，观察顾客的动作不可太明显，以免让顾客发现，引起对方的不快。

（3）弄清顾客的真实需要

许多客服人员在与顾客沟通时非常盲目，因为他们不了解顾客想知道什么、喜欢什么。沟通成功的要诀在于对顾客需求、期望和态度的充分了解，把对顾客的关怀纳入自己的工作和生活当中。

4. 把握沟通时机

把握沟通时机，不要在顾客忙碌时进行沟通。比如，教师在周末、寒暑假或每天下午放学以后会有空闲时间；银行工作人员在月初、月末及大多数企业发放工资时都比较忙，通常上午10点前和下午4点后相对轻松。不要在顾客情绪不佳时进行沟通，如果认为有请顾客吃饭的必要，则最好选择午饭或晚饭前的一小时之内；不要打扰顾客与亲人相处的时间，晚饭之后最好不要打扰顾客。作为一位专业的客服人员，必须懂得寻找容易与顾客沟通的时间、地点，而不是自己认为方便的时间和地点，如果可以的话，最好事先与顾客商量。在顾客心情不好时，应该懂得把握对方的心境，巧用一定的沟通技巧。

同步案例 5-1

战国时期，秦国出兵急攻赵国，当时正值赵太后执政，赵太后向齐国求救。齐国要求必须让长安君到齐国做人质，齐国才出兵。赵太后不愿意，大臣强行劝谏。赵太后公开告诉左右近臣："谁要再说让长安君为人质，老妇我一定唾在他的脸上。"

左师触龙想见赵太后，赵太后满脸怒气地等着他。进门后，触龙做出疾走的样子，脚步却慢慢向前走，到赵太后面前，触龙自我谢罪说："老臣脚有毛病，不能快走，与您好久不见面了。虽然私下自我原谅，却担心太后身体不适，所以想看看太后。"赵太后说："老妇依靠车辇出行。"触龙问："每天饮食还行吗？"赵太后说："能喝些粥。"触龙说："老臣如今特别不想吃东西，所以强迫自己散步，每天走三四里路。稍微能增加点食欲，身体舒服些了。"赵太后说："我做不到像你那样。"赵太后的脸色缓和了些。

触龙说："老臣的儿子舒祺，年龄最小，没什么出息。可我已经老了，私下很疼爱他，想让他补个黑衣名额，以便在宫廷中做个卫士。冒死说给您听。"赵太后说："可以答应你，他多大年龄了？"触龙回答："十五岁了，虽然年少，可我想在自己入土之前托付给您。"赵太后说："男人也疼爱小儿子吗？"触龙回答："胜过妇人。"赵太后笑着说："妇人更厉害。"触龙说："老臣私下以为您爱燕后胜过长安君。"赵太后说："你错了，没有爱长安君厉害。"触龙说："父母爱惜自己的孩子，应该为他从长计议。您送燕后时，握着她的脚，为她哭泣，惦念她远嫁，也心疼啊。燕后走后，您不是不想念她，可每到祭祀，总为她祷告：'不要让她回来。'难道不是为她的长远考虑吗？希望她的子孙世世代代相继为燕王吗？"赵太后说："是的。"

触龙说："如今三代以前，以至赵立国的时候，赵国历代国君的子孙凡被封侯的，他们的后代还有能继承爵位的吗？"赵太后说："没有。"触龙说："不只是赵国，其他诸侯国君受封爵位的子孙有在的吗？"赵太后说："老妇没听说过。"触龙说："他们当中祸患来得早的就会降临到自己头上，祸患来得晚的就会降临到子孙头上。难道国君的子孙就一定好吗？地位高贵而没有功劳，俸禄丰厚而没有贡献，而且拥有的贵重礼器、宝物太多。如今您赐长安君尊位，封给他肥沃的土地，赏给他宝物。还不如趁早让他为国家立功，否则您百年之后，长安君凭什么在赵国立足呢？老臣以为您为长安君考虑得太短浅，所以给他的爱不如给燕后的多。"赵太后说："行，任凭您派遣他吧。"

于是，赵太后为长安君备了一百辆车，派长安君到齐国做了人质，齐国立刻出兵帮助赵国。

资料来源：根据《战国策》整理。

思考：左师触龙在说服赵太后的过程中主要运用了哪些沟通技巧？

分析提示：根据沟通技巧逐一比对。

5．掌握服务对象的多样性

不同性别、年龄、收入、性格、价值观等的顾客，各有各的特点。比如，老年顾客怕寂寞，喜欢有人和他们聊天；男性顾客果断、自尊心强、怕麻烦，力求方便，追求货真价实；女性顾客爱美、跟风，追求时尚，冲动性强。还有沉默型顾客、喋喋不休型顾客、畏生型顾客、骄傲型顾客、重视舆论型顾客、挖苦型顾客、冰山型顾客等，他们都有各自的特点。只有扬长避短，采用针对性的策略才能与各类顾客有效沟通。

拓展阅读 5-1

希波克拉底是古希腊著名的医生，他认为体液是人体的物质基础。他将"四根说"发展为"四液说"，并进一步加以系统化。希波克拉底认为人体中有四种性质不同的液体，它们来自不同的器官。其中，黏液生于脑，是水根，有冷的性质；黄胆汁生于肝，是气根，有热的性质；黑胆汁生于胃，是土根，有渐温的性质；血液生于心脏，是火根，有干燥的性质。人的体质不同，是由四种体液的不同比例所致的。克劳迪亚斯·盖伦是欧洲古代医学的集大成者，也是罗马帝国时期著名的生物学家和心理学家。他从希波克拉底的"四液说"出发，创立了"气质学说"，他认为气质是物质（或汁液）的不同性质的组合。人的气质可分为四种类型：多血质（活泼型）、黏液质（安静型）、胆汁质（兴奋型）、抑郁质（抑制型）。

多血质：灵活性高，适应环境变化的能力强，善于交际，在工作、学习中精力充沛而且效率高；对什么都感兴趣，但兴趣易于变化；有些投机取巧，易骄傲，受不了一成不变的生活。代表人物：韦小宝、孙悟空、王熙凤。

黏液质：反应比较慢，工作坚持而稳健；动作缓慢而沉着，能克制冲动，恪守既定的工作制度和生活秩序；情绪不易激动，也不易流露感情；自制力强，不爱显露自己的才能；固定性有余而灵活性不足。代表人物：鲁迅、薛宝钗。

胆汁质：情绪易激动，反应迅速，行动敏捷，暴躁而有力；性急，有一种强烈而迅速燃烧的热情，不能自制；在克服困难上有坚韧不拔的劲头，但不善于考虑能否做到；工作有明显的周期性，能以极大的热情投身于事业，能克服通向目标的重重困难和障碍；但当精力消耗殆尽时，便失去信心，情绪转为沮丧，从而一事无成。代表人物：张飞、李逵、晴雯。

抑郁质：高度的情绪易感性，主观上把很弱的刺激当作强作用来感受，常为微不足道的原因而动感情，且有力持久；行动表现上迟缓，有些孤僻；遇到困难时优柔寡断，面临危险时极度恐惧。代表人物：林黛玉。

资料来源：刘清云．消费者心理学［M］．北京：中国人民大学出版社，2021．

思考：分析各种气质类型的人的性格特点，讨论与各种气质类型的人沟通的策略和注意事项。

6．进行积极有效的语言沟通

（1）确保双向交流，寻找共同话题

沟通是一个相互交流的过程，在与顾客进行沟通时，要尽量掌握交谈的主动性，创造适宜的话题。比如，在掌握了顾客的基本资料后，可以从顾客的工作、爱好等谈起，活跃气氛，消除顾客的疑虑和警惕，拉近与顾客的距离，从而为有效沟通打下基础。

（2）避免使用负面语言

在与顾客交谈的过程中，客服人员的不慎言行可能会引起顾客的反感和失望。比如，频繁使用口头禅，会显得客服人员的素质不高、不专业，甚至会导致顾客的投诉。

（3）避免过多地使用专业术语

口头禅不能出现在与顾客的日常交谈中，但是过多地使用专业术语也会使沟通产生问题。客服人员应尽量用简洁易懂的语言与顾客交流，一味地卖弄专业术语不仅达不到有效的沟通，反而有可能弄巧成拙，造成沟通失败。

7．善于应用"听""说""问"的技巧

（1）"听"的技巧

在沟通的过程中，首先要学会倾听和了解别人。只有懂得倾听，才能赢得对方的信任

和好感，使沟通顺利进行。"听"是了解顾客经历和需求的重要手段，也是尊重顾客的重要表现。一个不会"听"顾客说话的人，不可能成为一位优秀的客服人员。倾听的基本要求是集中注意力，用心去听。

具体技巧：既须听事实，又要听情感；永远不要有意打断顾客；配合表情和恰当的身体语言；适当表达自己的意见；肯定顾客的谈话价值。

（2）"说"的技巧

在面对顾客的时候，客服人员热情和真诚的表现往往能够营造一种亲和的沟通气氛，缩短与顾客的距离，让顾客感觉你值得信任、温暖亲切。首先，在与顾客沟通时要把握好语气、语调。不同的语气、语调会给顾客不同的感受。对客服人员来说，需要做到语气谦逊、平和，不能过于平淡。其次，措辞要简洁、专业、文雅，专业的措辞能博得顾客的信任和赞赏，切忌啰唆或使用粗言俗语。

（3）"问"的技巧

客服人员的服务技巧体现在他提问的质量上。有效的提问能给有效的沟通带来诸多好处，若在提问过程中不讲究方式，则会引起顾客的反感。

提问的初衷是想要得到对方的答案，所以首先要学会换位思考，站在对方的角度提问，这样有利于拉近与对方的心理距离。其次要学会引导提问，采用旁敲侧击和逆向激励的方法，确认共识，弱化不同意见，引导对方思考。另外，要注意提问的时间、态度等，懂得随机应变。

总之，与顾客沟通的技巧具有灵活性，无论在何时、何地，面对什么样的顾客，客服人员都应该熟练应对，真正为顾客着想，了解顾客，诚恳、热情地与顾客交流。

子模块三　企业与上下游企业的沟通

一、企业与上下游企业沟通的途径

企业在变幻莫测的市场环境中，与上下游企业联合发展是一种有效的选择。所谓上下游企业，主要是指企业的供应商和经销商（或代理商）。与上下游企业的关系影响着企业的生存与发展。如果供应商不能及时提供质量合格的原材料和零部件，企业的生产经营就不可能稳定进行；如果经销商不能充分发挥企业与顾客之间的桥梁作用，企业的产品就难以让顾客满意，顾客的意见也难以反馈给企业，从而影响企业做出相应的改变。由此可见，供应商和经销商对企业至关重要，企业必须与之建立融洽、良好的关系，而建立良好关系的重要途径就是沟通。企业与上下游企业沟通的途径有建立电子通信网络、互派人员参与彼此的重大决策、提供各种支持、增加信息交流、进行商务谈判、正确处理产生的问题等。

1. 建立电子通信网络

建立电子通信网络，充分利用现代通信设施，建立企业与供应商、经销商的有效沟通，可以提高企业的经营效率，节约劳务成本，并且能使企业在最短的时间内获取最为准确的信息。随着计算机与通信技术的迅猛发展，电子通信网络在改善企业与上下游企业的沟通方面所起的作用越来越大。

2．互派人员参与彼此的重大决策

对于紧密合作的上下游企业，企业在采取重大决策时，应尽早让对方获悉，甚至可以邀请对方参与决策，这样可以减少猜疑，避免不信任和误会的产生。例如，企业在签署新的订单时要与有关的供应商及时沟通，在推出新产品或新的销售措施时应该与经销商及时沟通。

3．提供各种支持

对一些大企业而言，许多供应商和经销商都是小企业，这些小企业对大企业存在一定的依赖性，这就需要大企业给予它们各种支持。例如，为供应商和经销商向银行贷款提供担保；为供应商提供技术、质量和成本方面的培训，使其对企业的工作流程有更深刻的认知，从而能更好地为企业服务；为经销商提供产品、促销和服务方面的培训，灌输企业的某些政策与企业文化，从而提升企业形象；帮助上下游企业解决生产经营方面存在的各种实际问题，促使其健康成长和发展。

4．增加信息交流

通过庆祝活动等保持企业与合作伙伴间经常性的人员互访，增进感情，改善工作关系，增加信息交流。

5．进行商务谈判

当企业与上下游企业进行合作时，首先要相互摸清底细，相互交流各自的目的与需求，以便双方顺利合作。而这一切信息的交换，很大程度上都是通过商务谈判来完成的。

6．正确处理产生的问题

在企业与上下游企业的合作过程中，必然会产生各种各样的问题，企业应妥善处理，否则将会使合作难以顺利进行，甚至使双方关系破裂。在与供应商合作的过程中，最常见的问题是供应商不能履行合同，如不能保证交货期或产品质量不合格。在遇到这类问题时，正确的处理方法是一起分析问题产生的真实原因，是不可抗力造成的，还是供应商内部的技术、管理等问题造成的。在查明原因之后，一起想办法挽救和解决，拿出具体、有效、可行的措施来。在解决此类问题时，态度要诚恳、积极，但立场应坚定，不能给对方带来偶尔出现交货期延迟和质量问题也无所谓的假象。

二、企业与上下游企业沟通的技巧

1．树立合作共赢的理念

秉承合作共赢理念的沟通是实现既定目标的关键。那些将个人得失、输赢放在首位，站在自己的立场思考和处理问题的人终将以失败收场。

共赢沟通就是将对手当成伙伴，共同寻找最大限度满足双方需要的方案，这种方案是双方让步的结果。通过共赢沟通，能界定双方的权利、责任和义务，如成本、风险和利润的分配。"共赢"的结果是你赢了，但我也没有输。

2. 求同存异谋发展

求同存异是辩证法中普遍性与特殊性的统一。求同存异既是一种思想，也是认识问题、解决问题的一种基本方法，是矛盾的普遍性与特殊性、共性与个性相统一原理的具体体现。"同"就是普遍、共性的一面，"异"就是特殊、个性的一面；"求同"就是努力寻求、扩大双方的共同点，"存异"就是正视并允许双方有一定的个性存在。搁置差异是对差异的一种尊重与保护，是一种缓解矛盾的办法。上下游企业所处的境遇和思考问题的出发点各不相同，沟通中的差异不可避免，在沟通中求同存异是解决矛盾的最好方式。

3. 迂回沟通，坚守底线

迂回策略。实施迂回策略就是在谈判（沟通）陷入僵局时，为避免与对手产生正面冲突，引导对手为谋求共同利益而设想多种选择方案，努力将谈判引向成功。迂回策略主要包含回避、换位和竞争策略。回避策略是指以避免正面交锋或冲突的方式来减少谈判难题，以达到谈判目的的策略。谈判的真谛是求同存异，必要的、恰当的妥协或回避正是获得利益的手段。回避就是为了实现谈判目的，采取以退为进的策略。常用的回避策略有以柔克刚、以退获利、模棱两可等。换位策略是指谈判人员从对方的角度考虑彼此的利益与需求而采用的有关策略。谈判的实质是谈判人员之间进行价值评价与价值交换。竞争策略是常用的谈判策略之一。竞争策略是指在多边谈判或面对潜在对手威胁的情况下，通过运用竞争机制而谈判的策略。采用竞争策略的谈判各方之间的冲突不可避免，但冲突的激烈程度及表现方式是不同的。通常采用的竞争策略有货比三家、联合取胜、制造竞争、放低球、渔翁得利等。

底线策略。面对比自己实力强大的对手，为了避免使自己陷入被动局面而达成对自己不利的协议，可采用底线策略，即事先制定一个可接受的最低标准。从卖方的角度来讲，就是制定可接受的最低价；从买方的角度来讲，则是制定可接受的最高价。

子模块四　企业与同行的沟通

一、企业与同行沟通的途径

企业在瞬息万变的市场中，除了需要与顾客、上下游企业做好沟通，还需要与同行进行沟通。俗话说："同行是冤家。"正是竞争关系使彼此的沟通显得有戒备。若同行之间的沟通处理得当，则能给企业发展带来极大的帮助。

同行之间主要有以下沟通途径。

1. 行业交流会

行业交流会是围绕某一主题，将行业内成员、相关专家等聚集起来，进行相互沟通、交流的会议。行业交流会讨论的一般是行业、企业面临的热点和前沿话题。参加这类交流会，可为企业解决困难、规避问题和了解行业发展方向等提供有价值的信息或线索。

2. 企业之间的参观

企业之间的参观是企业之间建立的一种有针对性的交流学习机制。在企业之间的参观中，目标企业的选择具有针对性，参观学习的主题比较具体。它是企业之间取长补短的过程，因为同行之间的经验往往更具参考性，对企业经营活动的指导性更强。

3. 战略合作伙伴之间的学习

战略合作伙伴之间的学习是指通过企业之间合资合作或其他方式，为企业带来资金、先进技术、管理经验，提升企业技术进步的核心竞争力和拓展国内外市场的能力，推动先进企业之间的合作。同行之间结成战略合作伙伴是相互学习的重要途径。

4. 非正式沟通途径

非正式沟通是指时间、地点、人员、形式和主题等要素都未经计划的沟通。这种沟通能传递正式沟通无法传递的信息，比正式沟通更有效率。但是这种非正式沟通途径，也有很大的风险，因为信息遭受扭曲或发生错误的可能性相当大，而且无从查证。

二、企业与同行沟通的技巧

在经济全球化的今天，同行之间的合作、交流、支持及共赢已屡见不鲜。企业在与同行沟通时，要做到资源整合，充分灵活。

1. 相互尊重，从自身做起

尊重别人就是尊重自己。相互尊重是企业之间共谋发展的基础。一家优秀的企业，或者说在发展中不断扩张的企业，与其他合作伙伴的沟通都是建立在尊重的基础上的。企业在与同行的沟通中，应注意礼、诚、信。礼，就是言谈举止的礼貌和接待仪式的礼仪，二者并重，不可偏废；诚，就是要光明正大、诚心诚意；信，就是出口有据，言必信，行必果。

2. 知己知彼，掌控大局

在商务沟通活动中，双方都希望提升己方的实力和地位，突出己方的优势。而要建立这种优势，就必须有足够的资本和筹码。一方面，己方要做好充分的准备；另一方面，要对对方有足够的了解，做到知己知彼。

3. 易地而处，学会换位思考

换位思考是把自己摆在对方的角度来考虑。在沟通准备阶段，换位思考可以帮助企业收集并分析信息，确立沟通目标，制订沟通计划等。在沟通实施阶段，良好的开局和融洽的氛围是沟通成功的重要因素。换位思考在面对面的交锋中是不可忽视的沟通技巧。换位思考能够帮助企业在满足自身利益和需要的同时使沟通达到共赢。

4. 平等处之，互惠互利

在商务沟通活动中，双方的地位不可能完全平等，但是必须遵从平等互利、求同存异的基本原则。联合就是力量，分享就是价值，共赢就是成功。同行之间的深入交流、相互协作能促进双方的互利共赢和繁荣发展。

5. 了解情况，选用合适策略

同行的关系并不是敌对关系，彼此之间的冲突多为经济冲突和利益冲突，双方都会竭尽全力来维护自己的利益。因此，了解并选择适当的沟通策略，借助有利的条件维护自己的利益，才是光明的取胜之道。

6. 正视分歧，妥善解决纠纷

企业之间的问题与纠纷日益多样化，不但严重影响企业的正常生产经营，还直接影响市场秩序。因此，妥善解决企业之间的问题与纠纷显得十分重要。除了加强合同管理，加强外部协调和监管，企业还必须树立全面的商品经济观念和经济效益观念，合理调整产品结构，提高产品质量；同时要深化改革，实行企业兼并和发展企业集团，在组织之间进行优化组合，发挥企业的整体优势。这样不但为企业创造了一定的物质基础，而且使同行优化重组，可使纠纷得到妥善解决。

同步案例 5-2

喜茶携手多芬：用芝芝桃桃"泡"个澡

喜茶通过对传统茶饮进行特色化创新打出了时尚、个性的品牌特色，借助网红经济成为新式茶饮行业巨头之一。多芬是联合利华公司旗下最具价值的品牌之一，在生活日用品及美容行业已享誉50多年，其主要产品为护肤品、沐浴露等日常洗浴护理产品。喜茶与多芬在2020年5月推出了跨界营销产品"芝芝桃桃沐浴露"，以喜茶代表产品之一的"芝芝桃桃"为营销重点，以其产品的配色和味道与多芬沐浴露的香味为共性，促成了这次跨界营销的成功。

在新品正式推出前，喜茶与多芬就以转发对话的形式在微博上对此次联名进行了预热，用清爽的图片与趣味的文案提升了消费者对新品的期待与关注。双方微博粉丝在得知其跨界合作的消息时，纷纷在微博评论区留言表示惊喜和期待，关注点落在新品的外观和气味上。这在营销初期就给消费者留下了鲜明的记忆点。在新品推出当日，喜茶与多芬双双发布微博，同时发布转发抽奖活动以进一步引爆新品销售。在推出新品后，更是通过应用场景创新、线下体验店等方式进一步提升和延续产品热度。喜茶与多芬此次跨界营销产品的推出,不仅因其出乎意料的行业联合吸引了消费者的目光,更因其消费者的优质反馈吸引了更多的用户。据多芬天猫官旗数据,该联名款的好评率高达99%,消费者在评论中赞其外观时尚、清洁效果好、香味好闻。线上销量显示,在价格相同的情况下,跨界营销开始当月多芬的普通款沐浴露月销量仅15 000多件,而联名款沐浴露月销量则达到45 000多件,实现了销量的大幅度增长,并在用户之间获得了极高的赞誉。

喜茶致力于茶饮的年轻化,除进行自身产品创新外,更是与来自食品、服饰、文创等不同行业的知名品牌进行了多次联名营销,创造了独特的喜茶潮流文化。

资料来源:徐雯婧. 品牌拓展新方向——以喜茶与多芬跨界营销为例 [J]. 营销界, 2021(15):125-126.

思考:跨界的商务合作与沟通,有何意义?

思考与练习

1. 商务沟通的形式与作用是什么?
2. 商务沟通效果的影响因素有哪些?
3. 请你说一说企业与顾客沟通的途径与技巧。
4. 请你说一说企业与上下游企业沟通的技巧。
5. 企业与同行沟通的途径有哪些?

技 能 训 练

你在竞争对手林立的街区开了一家咖啡店,烘焙咖啡豆并卖咖啡。一天,你的烘焙机坏了。你给同一街区的咖啡店打电话,询问能否租赁一台烘焙机。对方很爽快地答应了——乍一看,这是一种非常慷慨的举动。

你们为此碰面,并一见如故。很快,你们一起打高尔夫球,并且开始谈论关于滚筒烘焙机如何用红外线焦糖化测定器技术测试咖啡豆的色泽,来断定咖啡的烘焙程度之类的话题,一切都进展得非常不错。其实你们是竞争对手,但你们惺惺相惜。虽然你们不是亲密好友,但你们是心意相通的同行。你们之间可能存在友谊,也可能没有。因为竞争对手之间固有的竞争关系注定了一切皆有可能。

某天你们偶遇,他说:"我一直在思考一个问题,中型烘焙是一个朝阳领域,我正在考虑转型。你的意见呢?"

这仅仅是一个消磨时间的友好话题,还是他在借此试探你的真实反应?或者他在误导你，让你从此认为中型烘焙是大势所趋，想将你引入歧途从而拖垮你的企业。他是真的在向你提供情报，还是向你布下圈套？（必须指明的一点是，中型烘焙领域确实被低估了，这一提议事出有因。）

遇到这样的问题你会如何应对？

能 力 自 评

一、专业能力自评：销售能力训练

目标：以小组为单位，一人扮演顾客，一人扮演销售员，另一人扮演考官，自行设计销售场景，表演结束后由考官进行点评。

时间：10分钟。

说明：听从教师的指令，进行分组训练。

二、核心能力自评

核心能力	是否提高
语言组织的能力	
洞察细节的能力	
把握全局的能力	
随机应变的能力	
销售沟通的能力	
换位思考	
社会营销	
诚信意识	
自评人（签名）：　　　　　　　　年　月　日	教师（签名）：　　　　　　　　年　月　日

注："是否提高"一列可填写"明显提高""有所提高""没有提高"。

模块六 公关沟通

- ☑ 学习目标
- ☑ 内容结构
- ☑ 引例 "加多宝"的公关战
- ☑ 子模块一 公关沟通的基本概念
- ☑ 子模块二 企业 CIS 设计
- ☑ 子模块三 提升知名度与美誉度
- ☑ 子模块四 广告与公益活动的运用
- ☑ 思考与练习
- ☑ 技能训练
- ☑ 能力自评

学习目标

通过本模块的学习，应该达到以下目标

知识目标： 正确理解和把握公关沟通的内涵和特征，理解 CIS 的内涵、构成要素和设计，理解知名度与美誉度的关系，了解广告与公益活动的运用。

技能目标： 理解公关沟通对塑造、管理企业形象的重要作用，掌握公关沟通的工作程序和主要方法，培养运用公关沟通理念解决公关问题的能力和运用广告与公益活动的能力。

素养目标： 在公关沟通的学习过程中，培养遵纪守法、诚实守信、团结协作、忠于职守的职业精神，懂得互惠双赢的重要性，树立崇高的职业观，成长为能促进社会主义市场经济健康有序发展，为国家建设做贡献的有用人才。

模块六 公关沟通

> 内容结构

模块六的内容结构如图 6-1 所示。

```
公关沟通
├── 公关沟通的基本概念
│   ├── 公关沟通的内涵
│   ├── 公关沟通的特征
│   ├── 公关沟通的工作程序
│   └── 公关沟通的活动模式
├── 企业CIS设计
│   ├── CIS的内涵及构成要素
│   ├── CIS的设计
│   └── CIS的导入
├── 提升知名度与美誉度
│   ├── 知名度与美誉度
│   ├── 知名度与美誉度的关系
│   ├── 提升知名度的策略
│   └── 提升美誉度的策略
└── 广告与公益活动的运用
    ├── 广告
    └── 公益活动
```

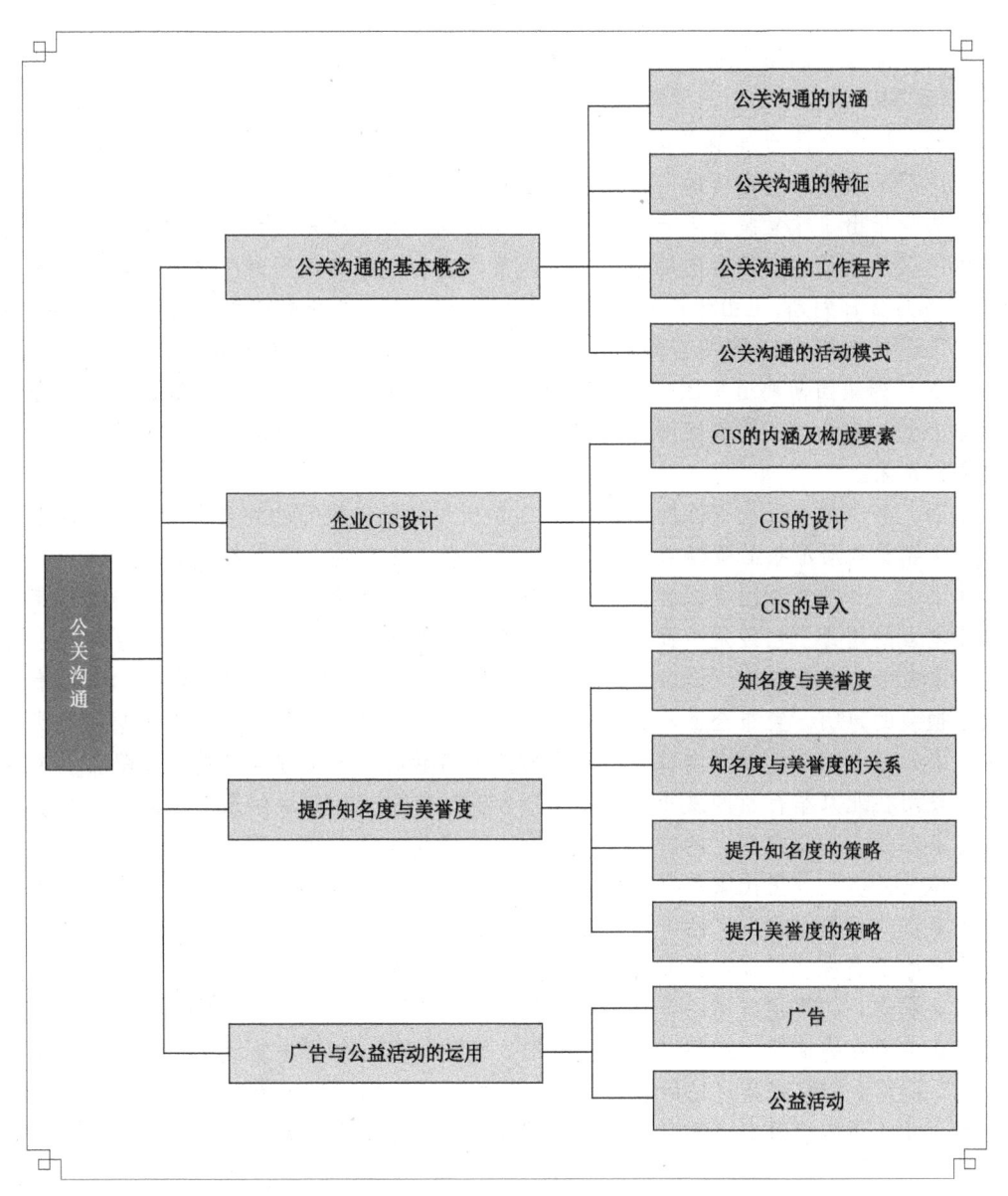

图 6-1 模块六的内容结构

沟通艺术（第2版）

引 例

"加多宝"的公关战

　　饮料产业作为朝阳产业之一，历来竞争激烈，为人熟知的王老吉与加多宝之间就曾引发了一场"凉茶之战"。

　　最初，广药集团与加多宝集团母公司香港鸿道集团签订了商标许可使用合同，鸿道集团租赁广药集团的王老吉商标，生产红罐凉茶。2005年，广药集团借加多宝旗下王老吉的热销，顺势推出了绿盒装王老吉。随着王老吉的销售业绩越来越红火，两家公司对王老吉的品牌所属开始了越来越激烈的争夺。广药集团宣称，鸿道集团对王老吉商标的租用已于2010年5月2日到期，但由于广药集团原副董事长李某收受鸿道方面300多万港元的贿赂，加多宝又违规续签了10年的合同，对于这个问题广药集团与鸿道集团方面各执一词。2010年8月，广药集团向鸿道集团发出律师函，一纸状书将鸿道集团推向法庭，昔日的合作伙伴对簿公堂。最终，法院裁定鸿道集团停止使用王老吉商标，这场声势浩大的官司以广药集团胜利结束。

　　然而，事情却出现戏剧性的扭转：2012年9月加多宝集团的加多宝凉茶（红罐王老吉原配方）销量稳居凉茶品牌榜首，而广药集团王老吉的市场占有率却逐渐下降。

　　事实上，加多宝集团早在官司结束之前就开始启动品牌转换这一过程。2011年年底，红罐王老吉的罐身上已经是一面印着"王老吉"一面印着"加多宝"，两者字号大小完全相同，意在给消费者灌输"王老吉就是加多宝生产的"这一概念。2012年，加多宝集团发布关于换装的声明，宣布全面放弃王老吉包装，强化加多宝品牌。终端市场调查发现，消费者已经知道并接受了加多宝凉茶，乐意购买更名后的加多宝凉茶。在官司裁决生效后，加多宝集团在北京举行新闻发布会，就王老吉商标使用权的裁决结果做出回应。随后，又请出凉茶创始人王泽邦先生的玄孙王健仪女士携家族成员在深圳召开"凉茶创始人王泽邦后人媒体见面会"。王氏家族发表联合声明，表示从未将祖传秘方授予广药集团使用，并力挺加多宝凉茶配方的正宗性（"过去是，现在是，未来还是"）。早在2008年汶川地震时，当时的王老吉就捐款一亿元，社会公益产生的口碑效应立即在网络上蔓延，加多宝网站随即被刷爆。"要捐就捐一个亿，要喝就喝王老吉""中国人，只喝王老吉"等言论迅速得到众多网友的追捧；2013年4月20日，雅安地震，加多宝集团又捐款一亿元，成为"4·20"地震中首家捐款过亿的企业，人气指数倍增。2012年，加多宝独家冠名《中国好声音》，并连续四度冠名，通过电视网络等媒体将"怕上火，就喝加多宝"这句广告语传遍大江南北。

　　加多宝集团自2012年5月推出自有品牌，短短三个月便实现品牌成功转换，9月完成全年销售任务，2012年全年销量突破200亿罐，连续六年蝉联"中国第一罐"。从相关数据来看：2012年7—12月，更名后的加多宝罐装凉茶占据罐装凉茶市场份额的80%之多，继续稳居凉茶行业第一的位置，再次印证了其广告词"10罐凉茶7罐加多宝"。这一数据证明了加多宝品牌的成功再塑。加多宝让失去了品牌而拥有产品、配方、渠道的红罐凉茶再度崛起，从一般意义上讲是违反规律的，但加多宝做到了。

　　资料来源：李炯．"加多宝"与王老吉的商标之争——论加多宝的公关危机和渠道策

略管理［J］．语文学刊，2015（02）．

💡 **思考**：在以上案例中，加多宝集团采用哪些公关沟通方法，变劣势为优势，取得加多宝品牌的胜利？

子模块一　公关沟通的基本概念

一、公关沟通的内涵

公关沟通是指组织与公众之间通过各种传播媒介，传递、交流、反馈信息与感情，以赢得支持与合作，实现自身生存与发展的互动过程。

公关沟通是一种处理公共关系的艺术，它通过各种有针对性的信息沟通活动，处理组织与公众、组织与组织之间的各种关系，达到内求理解、团结、和谐，外求竞争、协调、发展的目的。组织通过与公众的沟通可以及时了解公众的心理和需求，及时调整组织的策略，为公众提供更好的服务，从而更有利于组织自身的发展。

与一般的人际沟通相比，公关沟通是组织为实现公关目标，主动同公众接触与交往的一种行为，具有明显的目的性、特定性，沟通的主体与客体之间的关系具有公共性。公关活动有其本身的职业道德准则，国际公共关系协会规定其成员必须承担的义务和接受的约束包括：在塑造客户形象时不能说谎，不能歪曲事实，不能通过不正当手段拉客户，不能搞"有偿新闻"，等等。

从公关沟通的概念中可以看出，公关沟通主要有三大构成要素，即组织、公众和传播。

组织是指执行一定的社会职能，完成特定的社会目标，构成一个独立单位的社会群体。它是公关沟通的主体，解决的是"谁来沟通"的问题，是在公关沟通中处于主动、主导地位的一方，它将决定公关沟通的状态和发展方向。

组织应具备的基本特征：具有一定数量的、较为固定的成员；具有特定的组织目标；具有实现组织目标的结构和手段；具有特定的功能。

公众是指那些与主体有着直接或潜在关系，并与其相互影响的群体或组织。它是公关沟通的客体，解决的是"与谁沟通"的问题，也是组织形象的最终评判者。作为公关沟通的客体，公众的意见和态度最终影响组织的公关沟通效果，必须予以足够的重视。

传播是公关沟通的手段，是组织利用各种媒介手段，将自身信息有计划地与公众进行传递、交流、反馈的活动。它是维系主体与客体之间联系的必不可少的重要纽带。传播活动的效率直接影响公关沟通活动的效率。

公关沟通的传播媒介从其物质形式来看，可以分为四大类：一是符号媒介，如口头语、书面语、图像等；二是实物媒介，如产品、象征物等；三是人体媒介，如人的动作、表情、姿态、服饰等；四是大众传播媒介，包括图书、报纸、杂志等印刷类媒介和广播、电视、电影、网络等电子媒介。

传播的效果可分为四种不同的层次，即信息层次、情感层次、态度层次、行为层次。

① 信息层次是最基本的层次，即传播者和受众能够共同分享信息。换言之，受众能从传播者那里及时、准确、充分地获取信息，只有这样传播活动才算取得了最基本的效果。

② 情感层次即通过传播活动起到联络感情的作用。比如，组织一次主题活动、公益活动，使传播者与受众在不知不觉中得以沟通，关系更为融洽。

③ 态度层次即通过传播活动引起受众态度的变化。比如，某企业的广告播出后，受众可能相信广告的内容，也可能排斥广告的内容，受众这种态度的变化，即传播效果的态度层次。

④ 行为层次是传播效果的最高层次，即通过传播活动影响受众的行为。比如，一家企业进行传播活动的最好效果是使自己的产品畅销，收获受众的信任与喜爱。

二、公关沟通的特征

要想有效地进行公关沟通，准确把握其特征是重点。与一般的人际沟通相比，公关沟通具有以下明显特征。

1. 以公众为尊

公众决定了组织生存环境的状态，它与公关沟通主体——组织之间的相互作用、相互影响形成了公关沟通的基本矛盾。因此，公众是组织沟通工作的关键，组织的一切沟通工作都是围绕公众这一中心展开的，必须把握"以人为本"的内涵，明确公众的突出地位。

2. 以美誉为目标

公关沟通不会单纯考虑经济指标，它的核心目标是有效提升组织美誉度，创造内利团结、外利发展的公众环境，追求组织与公众的和谐，这也是社会发展的和谐。其他影响组织形象的指标都建立在较高美誉度的基础之上。只有目标明确，在沟通时才能有的放矢、事半功倍。

3. 以互惠为基础

任何一个组织想要生存与发展都必须得到公众的支持和配合，而得到公众的支持和配合不是无条件的，必须充分考虑公众的利益诉求，并予以满足。只有始终坚持与公众真诚合作、互利互惠，建立团结互助、互相尊重的公共关系，才有可能实现持久的双赢或多赢，进而营造光明正大、公平公正的良好社会文化氛围。

4. 立足长远

任何一个组织在公众心中形象的塑造都绝非一日之功，无论这种客观形成的形象是否令人满意。组织依托有效的公关沟通树立自身美好的形象是一项长期的任务，组织形象一旦形成往往不会轻易改变，这也决定了公关沟通必须有立足长远的思想。

5. 真诚守信

与其他沟通形式一样，要想在一段较长的时期内维持和强化组织的美好形象，真诚守信是必须遵守的基本准则。在市场竞争中要讲信誉、重形象，进行公平竞争，以合理合法的手段处理公共关系。只有真诚才会长久，唯有守信才得信任。无数成功的经典案例都是鲜活的实证。

三、公关沟通的工作程序

公关沟通的工作程序是指组织为了实现一定的公关目标而进行有组织、系统性的沟通活动的一般规范和步骤。通常，公关沟通的工作程序包括调查、策划、实施、评估四个步骤。这四个步骤相互衔接，循环往复，形成一种动态的环状模式，被人们称为"四步工作法"，如图 6-2 所示。

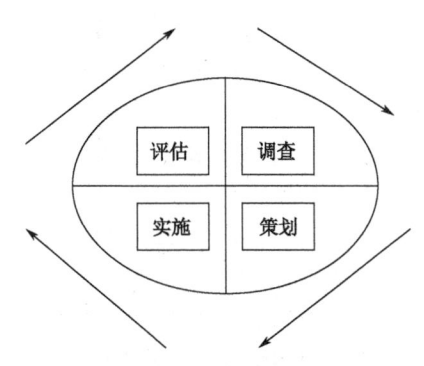

图 6-2 公关沟通"四步工作法"

1. 调查

调查是采用科学的方法，有计划、有步骤地观察组织面临的公关状态，收集必要的资料，综合分析相关因素及其相互关系，解决组织面临的公关问题的一种实践活动。调查是"四步工作法"的前提和基础。一切公关沟通活动都始于调查，没有调查，后面的工作就没有基础和依据。

2. 策划

策划是在进行广泛深入的调查以后，根据组织自身的公关状态和目标要求，分析现有条件，制定最佳沟通方案的过程。它是"四步工作法"中关键、核心的一步。一切公关沟通活动都要围绕策划展开，策划的优劣决定公关沟通的成败。

3. 实施

实施是在策划方案被审定通过以后，将方案付诸实践的具体操作过程。它是公关沟通工作程序中最复杂、最多变、最难以把握的一步，也是重点的一步。没有实施，再好的方案也是一纸空文。

4. 评估

评估是根据特定的标准，对调查、策划、实施的过程及其最终结果进行检查、反馈和评价的工作过程。它贯穿于公关沟通活动的各个阶段、各个环节，在"四步工作法"中是承前启后的一步。只有科学合理地评估前面的工作，才能及时调整、修正后面的工作。

四、公关沟通的活动模式

公关沟通的活动模式即公关沟通工作的方法系统。它是由一定的公关沟通目标、任务，以及这种目标和任务决定的数种方法与技巧构成的有机体系。

1. 根据工作方法的不同特点划分

根据工作方法的不同特点划分，公关沟通的活动模式可分为宣传型、交际型、服务型、社会型、咨询型等。

宣传型公关沟通是运用各种媒介，向组织内外传播信息的一种模式。其作用是让公众了解组织的政策、行为，形成有利于组织的舆论环境。这种模式的表现形式有很多，可以划分为两大类：一类是借助大众媒介传播信息，如在报刊、广播电台、电视台、网络刊播新闻稿、专题通信、广告等；另一类是由组织自己举办各种宣传活动，如印发宣传品、举办产品发布会或展览会等。

交际型公关沟通是通过人际关系，联络公众与组织感情的一种模式。它使组织与公众建立起情感联系，形成有利于组织生存、发展的人际环境。这种模式可以表现为组织举办招待会、联谊会、座谈会、舞会等，也可以是相关个人的祝贺、拜访、信件往来等。

服务型公关沟通是以组织为公众提供各种实惠服务为主的一种模式。它通过实实在在的行动树立良好形象，密切组织与公众的关系。这种模式的"服务"是广义的"服务"，既包含企业提供的消费指导、优质产品和售后服务，也包括公用事业单位提供的服务，还涵盖了政治组织、文化组织提供的各种服务。

社会型公关沟通是组织举办具有公益、赞助性质的活动，扩大影响力，塑造组织形象的一种模式，如组织捐款、赞助文体活动和福利事业等。社会型公关沟通从短期来看，往往不能给组织带来直接的经济效益；但从长远来看，它树立了组织的良好形象，为组织的发展创造了良好的社会环境。

咨询型公关沟通是以采集信息、调查舆论为主的一种模式。它通过了解社情民意，为组织决策提供依据，如设置专线电话、处理公众投诉、进行问卷调查等。

2. 根据组织发展的不同时期划分

根据组织发展的不同时期划分，公关沟通的活动模式可分为建设型、维系型、进攻型、防御型、矫正型等。

建设型公关沟通是组织为了打开沟通局面，采用宣传和交际相结合的方法，向公众介绍自己，给公众留下良好的第一印象的一种模式。它多用于组织的开创阶段。要想给公众留下深刻的印象，在开展这类公关沟通时要力求创新，避免落入俗套。

维系型公关沟通是选择合适的传播媒介，持续不断地向公众传递组织各方面信息的一种模式。其目的是让公众逐步形成并保持对组织的良好印象，逐渐巩固组织与公众的联系。它一般用于组织的稳定发展阶段。这种模式采取"细水长流""潜移默化"的方式，不宜使用大张旗鼓的宣传方法，而是以真诚的姿态，不断加深公众的印象，为公众提供服务，与公众联络感情，使公众记住、熟悉，进而亲近组织。

进攻型公关沟通是当组织生存、发展面临困境或危机时，组织以积极的姿态，以攻为守，改造环境，创造新的公关局面的一种模式。这种模式须谨慎使用，在具体操作时必须形成支持组织的社会舆论，减少组织与其他组织之间的摩擦和冲突，减少公众对组织的抵抗情绪。

防御型公关沟通是当组织的政策或行为出现不适应公众的现象，或者双方显露摩擦苗头时，组织通过及时调整自己的政策或行为来适应公众，防止双方关系失调的一种模式。

矫正型公关沟通是在组织形象受损后，组织立即采取措施，做好善后补救工作，挽回损失，重建形象的一种模式。组织形象受损有两个方面的原因：一是公众误解，尤其是新闻报道中的失误；二是组织自身的失误。对于前者，重点是澄清误解，揭示真相；对于后者，则应承认错误、承担责任、纠正错误，争取公众的谅解。

子模块二　企业 CIS 设计

一、CIS 的内涵及构成要素

1. CIS 的内涵

企业形象识别系统（Corporate Identity System，CIS）是现代企业将经营理念转化为精神文化，运用整体传达系统（特别是视觉传达系统）传达给企业内部与公众，并使其对企业产生一致的认同感或价值观，从而树立良好的企业形象，以达到促进产品销售目的的一种系统。

CIS 是 20 世纪 60 年代由美国首先提出的，70 年代在日本得以广泛推广和应用，80 年代开始导入中国。虽然都是 CIS，但各国对于 CIS 的内涵有不同的理解。美国 CIS 是指对企业的标志、图案等进行视觉设计的基本手段，以便将企业形象更好地传递给公众。日本认为 CIS 是以企业理念为核心的形象识别系统，并将抽象的企业理念转变为视觉可见的图形或符号。中国 CIS 综合美、日两国的说法，将企业理念、企业行为与企业视觉外表相互融合，使其共同构成一个独特而整体的形象。

CIS 是企业与公众沟通的全新概念，是结合现代设计观念与企业管理理论的整体性运作，以企业的个性精神和文化内涵为内核，使员工和消费者产生深刻的认同感，从而达到树立企业形象，进而提升经济效益的目的的沟通方式。企业往往靠推销、广告宣传等手段来吸引公众，提升其知名度。但当企业及其产品和服务与同类企业之间缺乏明显的区别时，企业就需要重塑个性化的形象，以提高企业声誉，求得公众的认同。

CIS 塑造企业形象的过程，主要是通过沟通来实现的。CIS 只有具有准确、有效、经济、便捷沟通的功能，才能达到树立优良形象的目的。CIS 的传播具有最直接、最明显的沟通效果，体现在以下三个方面。

第一，经过视觉器官获取的信息，在人们的记忆库中具有较高的回忆价值。因此，对理念、行为系统的视觉化，是展示企业知名度、美誉度、忠诚度最有效的方法。

第二，经过 CIS 策划的企业信息整齐划一，可以产生明显的差别化和强烈的冲击力，容易在公众心中留下深刻的印象。

第三，沟通的信息富有内涵。CIS 的信息沟通过程，不仅凭独特的视觉符号来刺激公众的感官，更强调将其具体可视的外观形象与内涵的抽象理念汇成一体，将附加的文化价值传递给公众，将企业形象中最深刻的核心理念输入公众的价值体系中，并获得公众的内心认同。

另外，CIS 在沟通方面高效、便捷的功效，源于 CIS 的整体性与统一性。当企业作为一个整体与公众进行沟通时，更容易被公众识别，并且这种沟通不是零碎、偶然、单一的活动，而是统一化、规范化、标准化的呈现。一方面，公众可以获得统一的识别效果；另一方面，企业可以节省时间，降低制作成本，提升信息沟通的频率和强度，降低广告费用，达到事半功倍的效果。

2. CIS 的构成要素

完整的 CIS 应由三个子系统组成，即企业理念识别系统（Mind Identity System，MIS）、企业行为识别系统（Behavior Identity System，BIS）和企业视觉识别系统（Visual Identity System，VIS）。如果把企业人格化，则可以把 CIS 的三个子系统形象地比喻为"企业人"的"脑""行动""外表"。

（1）MIS

MIS 是指企业在长期的生产经营实践活动中形成的区别于其他企业的企业精神、企业信条、企业使命、企业目标、企业哲学、企业风格和经营战略等。它是企业在长期生产经营实践活动中逐渐形成的基本精神和具有独特个性的价值体系，是企业成熟和完善的象征，也是企业内在发展的动力和源泉。在 CIS 中，MIS 统率和领导着 BIS 和 VIS，是 CIS 的核心和灵魂。例如，华为的"成就客户、艰苦奋斗、自我批判、开放进取、至诚守信、团队合作"，苏宁电器的"执着追求、永不言败"，三一集团的"自强不息、产业报国"，这些带有独特标签的企业精神，经营哲学传统，为世人所称道，成为众多企业效仿的典范。

（2）BIS

BIS 是指在企业理念的指导下，依据企业理念设计企业行为的个性特色，使公众易于从行为特点上识别企业，以便企业及其全体员工的言行和各项活动表现出企业的独有特色。它通过企业的经营管理活动及社会公益活动等来传播企业理念，使其先得到内部员工的认可与接受，再进一步得到公众的认可与接受，从而在市场中树立一种美誉度极高的企业形象，创造更有利于企业深化发展的内外部环境。BIS 是 CIS 设计的动态识别形式，实际上是企业的运作模式。如果说理念系统决定企业"怎么想"，那么行为系统则决定企业"怎么做"，说得好不如做得好。

BIS 一般分为对内的企业行为和对外的企业行为两大部分。不管是哪一部分行为的设计，都必须围绕企业理念，反映企业理念。BIS 中的企业行为不同于企业的一般行为，它应以企业理念为指导，从企业整体去设定企业行为的基本范式、经营管理、营销思想等，使之具有一定的识别度。

（3）VIS

VIS 是 CIS 中最直观、最外显的部分。它以视觉传播为信息媒介，将企业理念、文化物质、服务内容、企业规范等抽象语义，转换为具体的符号概念，是具体化、视觉化的沟通方式。它先对企业形象的一切可视要素进行系统化、标准化的设计，再通过特定的传播媒介，以最快的速度让公众了解这些信息，从而使公众能够识别某一固定的企业形象。VIS 由基本设计、应用设计和辅助设计三个要素构成。

CIS 的构成要素如表 6-1 所示。

表 6-1 CIS 的构成要素

构成要素		具体内容
MIS		企业精神、企业信条、企业使命、企业目标、企业哲学、企业风格和经营战略等
BIS	对内	员工教育、干部教育、工作环境、作业精神、服务态度、生产福利、研究开发、内部运营等
	对外	市场调查、产品开发、流通政策、促销活动、股市对策、金融关系、公益活动、文化体育活动等
VIS	基本设计	企业名称、标志、商标、标准字、标准色、吉祥物、企业象征图案等
	应用设计	公关及事务性用品、广告媒介、交通工具、产品包装、制服设计、室内设计、建筑设计等
	辅助设计	标准字和标准色特殊的使用规范、样本的其他附加使用说明等

二、CIS 的设计

著名的 CIS 设计大师林磐耸认为，在 CIS 设计的开发作业中，以标志、标准字、标准色的设计最为艰巨，是整个 CIS 的核心，也最能表现设计能力。标志、标准字和标准色三要素，是企业地位、规模、力量、尊严、理念等内涵的外在集中表现，是视觉形象设计的核心，构成了企业的第一特征及基本气质，同时也是广泛传播、取得公众认同的统一符号。CIS 中的视觉形象识别皆据此繁衍而成，因此这三者便成为 CIS 设计的核心与重点。

1. 标志

标志又可分为企业标志和品牌，是企业或产品的文字名称、图案记号或两者相结合的一种设计，象征企业或产品的特性。标志经注册后，国家以法律形式加以确认。

标志作为一种特定的符号，是企业形象、特征、信誉、文化的综合与浓缩。虽然它只是一个代号，但向公众传播着十分丰富的内容。

标志要发挥沟通作用，使接收者在理解标志这一符号的本义后产生主动行为（如使消费者增强对企业的好印象，使投资者感觉到信心等），这就要求在"制码"和"解码"的过程中保证信息不失真，即不损害标志所代表的原意。接收者的"解码"过程是被动的，只能以自己的价值观和标准来理解，这就对传达者——标志的设计者提出了更大的难题。一方面，他必须深刻地理解标志所代表的象征和意义，如企业的地位、规模、宗旨、理念、战略、风格等内容；另一方面，他必须使所设计的标志切中接收者的心理，引起接收者的共鸣。

为了达到这两个方面的要求，设计者需要具备一种建立于人的视觉经验、心理经验上的创造性的思维实践，即创意。这一设计的创意表达了他在理解传达内容后所产生的意念，这不是靠感性认识就可以完成的，而是一次有依据的、理性的创造。

2. 标准字

标准字是指由特殊铅字组成或用经过特别设计的文字来表现的企业名称或产品名称。目前用普通铅字简单地排出企业名称或产品名称的标准字几乎没有，很多知名企业在进入市场时，为了提升品牌的辨识度，会选择独特的字形加以表现。例如，2018年，在巴黎时装周上，为了更好地进入国际市场，且更好地体现中华文化，李宁发布了"中国李宁"这一系列产品，并选用特定的字形加以表现，给消费者以独特的视觉感受。

标准字作为一种符号，与标志一样，也能表达丰富的内容，因而在设计时决不能掉以轻心。设计专家们发现：

"由细线构成的字体"易让人联想到纤维制品、化妆品类。

"圆滑的字体"易让人联想到香皂、糕饼、糖果。

"角形字体"易让人联想到机械类、工业类用品。

英文字母的各种变形包含各种意味，中文汉字的书法源远流长，其各种字体的形式意味就更丰富了，如隶书的厚实严肃，草书的飘逸灵秀。各种"书"中又分"体"，各种"体"又有各种风格，如楷书中的颜体庄重博大，柳体空灵洒脱……变化无穷，有着广阔的创作空间。即使不是书法，字体设计上同样可以下功夫。例如，"汇源"的标志，将字体的比例、形状、曲度等都处理得精致美观，特别是"汇源"两个字中的点，是果汁形象的高度抽象。在标准字的设计中，最主要的是注意各个字的协调配合、均衡统一，使之具备美感和平衡性。

3. 标准色

除了标准字，使一种品牌别具一格的另一种方法是运用颜色。标准色是企业经过特别设计选定的代表企业形象的特殊颜色，一般为1~2种，以不超过3种为宜。标准色广泛地应用于标志识别、广告、包装、制服、建筑装饰、展品陈列、旗帜、事务性用品等应用设计项目中，是企业视觉识别重要的基本设计要素。

心理学家经调查研究发现，各种颜色对人的感觉、注意力、思维、个性等会产生不同的影响。五彩缤纷的颜色，为组织视觉形象的识别提供了基础，成为组织塑造个性形象的有效手段之一。视觉识别系统中颜色的选择，便成为企业形象竞争的重要武器。比如，红色是充满活力和令人兴奋的颜色，蓝色代表和平与宁静，是一种从容不迫的颜色。在腾讯的新标志中，英文和中文字体都发生了很大变化，主色调换成明度更高的蓝色，选择倾斜8°的字体，让Logo更加醒目。公益和平组织一般选择绿色、浅蓝色作为组织的标准色，这两种颜色意味着自然，象征着和平、宁静，能给公众留下很深的印象，形成极大的号召力。

标准色设计应遵循以下原则。

（1）标准色的设计应当突出企业风格，体现企业的性质、宗旨、经营方针。例如，联想公司选择蓝色作为标准色，象征着科技行业的理智、深邃。橙色的明度偏高，注目性强，这种颜色往往表现为积极、慷慨、娱乐,如湖南卫视的标志,俗称"芒果台",就是借用橙色象征湖南卫视积极向上、引领潮流的风格。

(2)标准色的设计要制造差别,鲜明地显示企业的独特个性。例如,南京的商战非常激烈,各个商场在竞争中也打"色彩战",最集中的体现是在员工制服颜色的选用上。亚细亚商场选用湖蓝色,金陵百货选用翠绿色,紫金山百货大楼选用邮差绿色,市百货大楼选用藏青色,商业大厦选用橘黄色。后开业的华联商厦请来曾两次获得国际优秀奖的年轻设计师黄波,比较挑选了一个月,最终选用浅青莲色作为制服颜色,从而与其他商场制造差别,提高市场竞争力。再如,通信行业都喜欢使用象征科技的蓝色,但中国联通使用红色,辨识度更高。

(3)标准色的设计应当有利于企业产品的销售,打开市场,与消费者的心理相吻合。例如,蒙牛乳业的商标、外包装等以绿色和白色相间搭配,选择这两种颜色的原因是它们就像草原和河流,象征着天然和健康,有利于吸引消费者购买和饮用。

(4)标准色的设计应当迎合国际化的潮流。在迎接国外企业的挑战中,企业势必走出国门,打入世界市场,因此设计也应符合国际化的潮流。现代企业的颜色正在由红色系渐渐转向蓝色系,追求一种体现理智和高技术精密度的颜色象征。

拓展阅读 6-1

各种颜色代表的含义

颜色	含义
白色	欢喜、明快、洁白、纯真、神圣、素朴、清楚、纯洁、清净、信仰
黑色	寂静、悲哀、绝望、沉默、黑暗、坚实、不正、严肃、寂寞、罪恶
红色	喜悦、热情、爱情、革命、热心、活泼、诚心、幼稚、野蛮
橙色	快活、华贵、积极、跃动、喜悦、温情、任性、精力旺盛
黄色	希望、快活、愉快、发展、光明、欢喜、明快、和平、轻薄、冷淡
绿色	安息、安慰、平静、智慧、亲切、稳健、公平、理想、纯情、柔和
蓝色	沉静、沉着、深远、消极、悠久、冥想、真实、冷静、冷清
紫色	优美、神秘、不安、永远、高贵、温厚、温柔、优雅、轻率

资料来源:滝本孝雄,藤沢英昭.色彩心理学[M].成同社,译.北京:科学技术文献出版社,1989.

三、CIS 的导入

1. 导入 CIS 的时机

(1)新企业成立或合并成企业集团时

新企业成立时,没有传统的束缚,是进行形象设计的最佳时机。在企业合并成新的企业或企业集团后,各成员企业或单位在名称、商标、理念等各个方面都存在差异,这就会影响规模效应的发挥,不利于公众对企业集团的识别和认同,因此这也是导入 CIS 的良机。

(2) 企业扩大经营范围，朝多元化方向发展时

很多企业的原名称、原品牌名往往与其经营范围或产品密切相关，当企业朝多元化方向发展时，扩大的经营范围或产品可能与原名称不相符，这就容易引起公众的误解。因此，需要在此时导入 CIS，重新对企业的名称、商标、理念等进行设计，以符合扩大后的经营范围。

(3) 创业周年纪念时

国外有很多企业都会在创业周年纪念时导入 CIS，周年庆典给企业提供了一个除旧立新的机会，借助庆典活动也更能引起媒体和公众的充分注意。

(4) 新产品的开发与上市时

在新产品的开发与上市时导入 CIS，不仅因为原品牌可能已经不适应新产品，需要改变原有的视觉形象，而且新产品上市会引起公众瞩目，因而有利于提高发布的效果。

(5) 摆脱经营危机，消除负面影响时

当企业经营不善或停滞不前时，除了进行人事重组，还可以导入 CIS 以提高企业的活力，消除原有的形象阴影，重新鼓舞士气，凝聚人心，使企业面貌焕然一新。

2. 导入 CIS 的方法

由于各家企业的实际情况不同，导入 CIS 的方法也应有所选择。通常情况下，有全面同时导入和阶段性导入两种方法。

(1) 全面同时导入

全面同时导入是把已策划设计完成的 CIS 整体方案，在一定时间内全面导入的一种方法。从企业的经营理念、管理方式到视觉传达系统，全部采用新的战略方针和内容。这对新成立的企业而言是比较好的方法。在导入全新的统一化、规范化的 CIS 的同时，以完整的企业形象和强大的视觉冲击力在社会中产生巨大的影响，树立全新的企业形象，为企业的经营发展创造最佳的社会环境和工作环境。应该说，这是导入 CIS 的最佳时机，但是在运用这种方法时，也要注意几个问题。

首先，导入前的准备工作要充分。因为这种方法要求在限定的时间内全面、同时展开对 CIS 的导入，所以在安排导入计划之前，要彻底完成全部项目的策划设计，前期准备工作必须充分翔实，并经过严格的测试检验，制订出周密的导入计划方可进行。

其次，导入计划的制订是对 CIS 的导入时机、导入内容、导入程序和导入经费预算进行统筹规划的过程。全面同时导入要求选择恰当的导入时机，利用新闻媒体和企业内部的发布活动，展开宣传攻势，已制作完成的应用系统设计也要同时启用，从而形成统一的形象冲击力。这种方法还要求企业有足够的经费投入，同时完成全部项目必须以雄厚的资金为经济基础。大到环境组织的建造和修整，小到名片、标志的印刷和制作，对内使用的大量宣传品，对外新闻发布会的报道资料和会议组织等，要完成这些没有足够的资金是难以维系的。

另外，CIS 各项目策划设计和制作的周期较长，这也是必须考虑的重要问题。按照日本 CIS 战略的运作模式，一个完整的策划设计周期至少需要两年的时间，即使美国的 CIS，其运作周期也要一年左右，以如此长的时间为导入前的准备阶段，对很多企业来说是力不从心的。

因此，有的企业在选择导入方法的时候，将目光转向了另一种更切合实际的方法，即阶段性导入的方法。

（2）阶段性导入

阶段性导入分两种形式：一种是从形象上最具显著效果的项目开始策划设计，然后分阶段按顺序进行其他项目的开发和实施；另一种是对全部项目分别进行策划设计，以反复导入的形式做多次开发。

阶段性导入方法特别适合已经具备一定经营历史的企业为更新、改变旧有形象而导入CIS的情况，是较为普遍使用的方法。

这种方法在运用过程中也是利弊并存的。有利的方面在于可以弥补企业在时间、精力、资金投入上的不足，根据合理的安排，分期、分批、分散使用资金和人员。尤其是在企业规模较大、导入项目较多的情况下，这种方法的好处是显而易见的。不利因素则是，如果在导入内容、导入程序上规划不当，甚至前后不能统一，那将直接影响CIS的运作成效，使企业的形象零散分离。因此，为降低这种风险，必须在第一阶段导入的项目选择上尽可能准备充分。

第一阶段导入的项目应当具有使企业形象产生鲜明、强烈印象的功效，在理念识别系统策划完成以后，以新的经营理念和企业精神配合视觉识别的崭新设计，将其作为第一阶段的开发重点，这是行之有效的项目选择方法。其中，对视觉识别系统的开发设计也要注意顺序安排，企业标志、标准字、标准色及企业名称的设计应当先行一步。应用要素中的首选项目应当是作为企业形象代表的企业招牌、标志、旗帜、徽章等，以及与员工关系最为密切的名片、信封、信笺等事务性用品和对外使用的办公用品。有条件的话，企业员工的服装和产品包装也应作为第一阶段开发的重点。

在导入过程中需要花费大量资金和时间方能完成的项目，如建筑物的建造与修缮、分店和专卖店的建设等可以列入第二阶段导入的项目。对于管理方式的完善、教育活动的开展、产品的开发与推广、促销策略的更新等内容，也可以采用分阶段进行的方法。特别是被委托的专业策划公司在导入已形成一定模式的企业内部管理机制的时候，必须注意导入的方法，不能生硬地将各种规章制度强行推广应用，而应当配合各阶段的重点，有针对性地分期进行。

3. 导入CIS的程序

导入CIS首先要有一支强有力的队伍。根据企业的实际情况，这支队伍可以由四部分人员构成：一是CIS专家，由具备CIS设计经验的广告公司或公关公司提供；二是企业管理人员和有关工程技术人员，他们对企业比较了解，能提出符合实际的构想和建议；三是企业决策层，因为CIS实施的决定者是决策层的企业家，企业理念需要由他们提出，而不是由外来专家提出；四是企业员工代表，他们处在生产一线，CIS必须得到他们的认可，才能有广泛的群众基础。

导入可分为五个步骤。

（1）调查阶段

调查阶段可以从四个方面着手：一是要了解企业领导人的经营哲学、管理风格、发展战略和个性特征；二是对企业的相关历史文献进行浏览，并选取关键资料进行深入研读，寻找与企业出身及渊源等相关的资料；三是通过调查竞争对手在企业形象策划和沟通方面的表现，以使企业区别于竞争对手，做到差异化的形象规划和沟通；四是从企业内部和外部对员工及消费者等企业相关者进行调查，以获取其对企业感性和理性形象的认知。

（2）分析研究阶段

这个阶段要做好企业竞争环境分析、企业文化和现状分析、CIS 设计综合分析。根据调查资料，全面综合地分析竞争对手及竞争环境对企业经营的影响，并提出差异化的设计思路；根据调查资料，对企业的精神风貌、价值观、向心力、自豪感等方面做出准确的描绘，并提出相应的建议；围绕 CIS 设计对调查结果进行综合评价，包括企业经营状况、企业知名度和美誉度、企业文化建设情况、竞争对手整体情况、现有视觉识别系统优劣势分析、信息传播途径等。

（3）策划创意阶段

①提出企业竞争发展的总战略。根据国情和市场环境的特征，结合企业的经营和发展情况，提出企业竞争发展的总战略，并据此确立企业的精神文化、经营理念、行为规范及视觉识别规范。

②确立 CIS 中的理念设计诉求与视觉设计风格和要素。这是提炼企业理念的阶段，包括经营宗旨、经营目标、企业定位、企业精神、企业文化、企业座右铭等企业理念内容框架，并确定视觉设计风格和要素。

（4）设计规划阶段

①根据社会与市场环境，以及企业出身和企业愿景等企业实际，提出企业理念识别的主体内容。

②提出行为识别的主体风格和内容。

③提交视觉识别系统方案，包括标志、标准字、标准色、辅助性设计要素等基本部分，以及办公用品、交通工具、广告与促销类应用部分的设计方案。

（5）CIS 规范手册的制定

CIS 规范手册是设计开发作业的最后阶段，是综合全部识别系统，运用规范、方法编辑成册的识别指引。CIS 规范手册是 CIS 实施的技术保障，也是 CIS 管理的文本依据。

手册的内容要根据不同企业的不同 CIS 内容而定，有较多共性，但没有绝对的标准和统一的规定。在手册项目的设置方面大致可分为基本要素和应用系统两大部分。基本要素部分相对来说比较固定，应用系统部分可以随时根据实际需要而增加。

从实践来看，将手册制作成活页或分册形式的居多。因为 CIS 规范手册是根据企业的经营内容而定的，随着企业经营或服务的内容不断增加，CIS 规范手册的内容可以不断充实。做成活页或分册使用也更方便，可以任意取出其中所需要的部分，使用完再放回去。

随着计算机和网络应用的普及，CIS 规范手册除了有印刷文本形式，还有电子文档形式。

4. 导入 CIS 可能面临的问题

CIS 在不同的企业里实施，效果迥然不同。一些企业导入 CIS 的效果显著，品牌迅速升值，企业美誉度上升，经济效益与社会效益均有明显回报。而一些企业则效果不佳，或是发展不正常，从直线上升的高峰猛然跌落。那么，企业导入 CIS 可能面临哪些问题呢？

（1）CIS 工作落实难

许多中小企业会遇到这种情况，虽然请 CIS 专业策划公司为自己设计了一套 CIS，但是没有设置专门的部门或确定专职人员负责此项工作，无人推行，手册只好被束之高阁，或者被简单地应用在视觉沟通上，收效甚微。

（2）CIS 观念模糊

一些企业观念守旧，对新生事物接受较慢，虽然知道 CIS 是一项有用的拓展经营的沟通战略，但是如何做、怎样做就不知道了。倘若员工对 CIS 也知之不多，那么这家企业导入 CIS 的效果是可想而知的。

（3）CIS 投入产出比概念不清晰

有些企业导入 CIS 效果不佳，是因为缺少应有的投资预算，经费无保障，CIS 实施就成了无源之水。CIS 投入的回报是需要一定时间的，一些企业经营者急功近利，希望像卖产品一样马上把对 CIS 的投入变成收益，缺乏战略家的长远眼光、气度和胸怀。事实上，形象效益积累转化成经济效益是呈几何级指数增长的。

（4）CIS 个性不突出

一些企业在导入 CIS 时，想少花钱，就找小公司或非专业策划公司设计，结果设计出的 CIS 缺乏个性、没有形象张力，不仅起不到以差异化凸显产品、品牌与企业形象的作用，反而与优良企业的 CIS 设计相形见绌，用不了多长时间只好放弃，另行策划设计，反而有损企业形象。

（5）CIS 传播方法不当

一些企业导入 CIS 缺少循序渐进的程序、分步实施的要领及全局统筹规划的观念，或者只注重表面而忽略理念识别系统的作用，从而使传播出去的 CIS 只有一个标志而已，缺少理念内涵，企业的素质、文化、精神不能表现出来，企业形象有"形"而无"神"，效果不佳。

（6）企业关心程度不够

大多数企业导入 CIS，只注重视觉识别，忽视理念识别和行为识别，也不能调动全体员工参与实施 CIS 的积极性和主动性，这样表象化的 CIS 效果当然非常有限。

综合上述情况可见，导入 CIS 要想取得最佳效果，取决于企业的主观因素，这里不但有理性认识、投资观念、操作方法等问题，还有开发力度、员工动员等问题。

子模块三　提升知名度与美誉度

一、知名度与美誉度

1. 知名度

知名度是指组织被公众知晓、了解的程度，是评价组织名气的客观尺度，侧重于"量"的评价，即组织对公众影响的广度和深度。

品牌知名度是指潜在购买者认识到或记起某一品牌是某类产品的能力。它涉及产品类别与品牌的联系。例如，大都会博物馆的知名度不一定有助于提升大都会人寿公司的知名度；同样，在气球上写上 ANTA（安踏）并不一定能提升其知名度，但如果将气球做成安踏运动鞋的形状，就把品牌和气球联系起来了，就可以增强宣传的效果。

企业的品牌知名度是关键的品牌资产，但是仅凭品牌知名度无法增加销售额，对新产品而言更是如此。在竞争激烈的细分市场中，提升品牌知名度并使其产生实际的销售收益对企业来说至关重要。

2. 美誉度

美誉度是指组织获得公众信任、好感、接纳和欢迎的程度，是评价组织声誉的社会指标，侧重于"质"的评价，即组织社会影响的好坏，以及公众对组织的信任和赞美程度。

美誉度不等于知名度。品牌战略专家李光斗指出，品牌要知名也要美誉。

打品牌有两层含义，一是知名度，二是美誉度。李光斗说："一个品牌需要使消费者产生丰富的联想。"若单单通过广告在知名度上做文章，会显得比较单薄。而通过公益营销等一系列活动，体现企业的社会责任，从而全方位塑造企业公益形象的效果更突出。以军火发家的杜邦公司通过社区环保等一系列公益营销活动，成功改变了企业形象，便是公关史上的一个典型成功案例。

企业的公益营销包括慈善活动、环保公益活动等。通过一系列活动不仅可以提升企业形象，还能使企业与消费者更好地沟通。在这方面，跨国公司走在前列。不过，国内一些企业也在迎头赶上。

二、知名度与美誉度的关系

组织的知名度与美誉度是评价组织形象的重要指标，它们是相辅相成、不可分割的。它们的不同之处在于，知名度是评价组织名气的客观尺度，而美誉度则侧重于"质"的评价，即组织社会影响的好坏。因此，美誉度不等于知名度。

知名度和美誉度与组织是不可分割的，它们与组织的生存和发展息息相关。然而，它们并不是统一的，在不同的组织中，它们有着不同的表现。组织的知名度与美誉度大致呈现以下几种关系。

1. 协调发展（高知名度，高美誉度）

组织的名气和社会影响力非常大，处于最佳的公关状态。但是，正所谓"高处不胜寒"，组织的知名度越高，美誉度压力就越大。因为组织在公众的密切关注下，公众对组织的要求会越来越严苛，即使发生微小的失误，也有可能对组织造成较大的负面影响。因此，组织处于这种状态下，绝不能高枕无忧，相反，应该如履薄冰，时刻警醒自己，不断完善自己，谨防美誉度跟不上而造成知名度的负面压力。

2. 美誉度高于知名度（低知名度，高美誉度）

组织在圈内享有较好的声誉和口碑，然而圈外知道它的人却并不多。此类组织处于较为安全稳定的公关状态，这种状态具有良好的形象推广基础，缺陷是知名度偏低，美誉度的社会价值得不到应有的体现。因此，这个阶段公关工作的重点是在维持美誉度的基础上提升知名度，扩大美誉度的社会影响面。这样的情况多见于企业发展初期。

3. 知名度高于美誉度（高知名度，低美誉度）

组织的知名度非常高，然而其名声却并不怎么好，拥有这种形象的组织，其公关处于恶劣状态。组织不但声誉差，而且知道的人还特别多，这对组织的发展是非常不利的。一般在这种情况下，组织应先设法降低负面知名度，再努力挽救声誉；或者在已有知名度的基础上，大刀阔斧地进行改革，改善声誉，将坏名声变为好名声。此种情况多见于企业发展后期。

4. 不良状态（低知名度，低美誉度）

组织的名气和社会影响力比较小，处于不良的公关状态。在这种情况下，组织名气小，评价也不好，但因为名气不大，所以不良评价造成的影响还不是非常广，负面作用相对较小。此时，公关工作应该保持低调，甚至从零开始，努力完善自己的声誉，提升组织的美誉度，再考虑知名度的问题，通过良好的传播控制使知名度和美誉度协调发展。如果这个时候片面地提升知名度，则只会使组织处于更加恶劣的状态。低知名度、低美誉度的情况多见于刚刚起步的小企业，此时企业的发展还是比较艰难的，但是要想成功就必须脚踏实地，不能盲目跟风。

知名度与美誉度关系矩阵如图 6-3 所示。

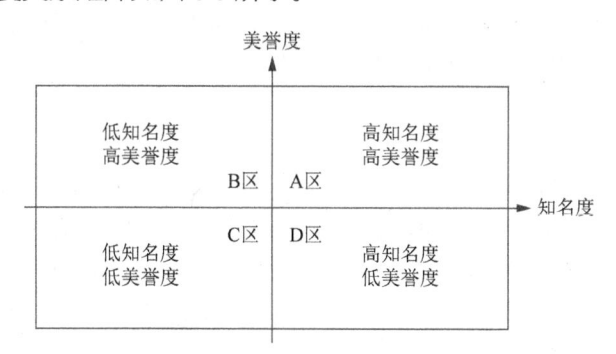

图 6-3　知名度与美誉度关系矩阵

综上，组织的知名度与美誉度之间的联系非常密切。组织不能为了片面追求知名度而不管美誉度，也不能只顾美誉度而不去经营知名度，只有正确处理二者之间的关系，才有可能获得长足的发展。

三、提升知名度的策略

要想获得品牌知名度，就要达到品牌识别和品牌记忆的要求。对新品牌而言，需要完成两项工作：提高品牌名称的价值并将其与产品类别相关联。如果是已经完成了一项工作的老品牌，需要做的工作则会有所不同。

1. 借名争名

企业要抓住与名人建立联系的机会，将企业的产品提供给他们使用，利用名人在社会各方面的重大影响为企业做"活广告"，达到提升企业知名度的目的。1936年的柏林奥运会，阿迪达斯公司把刚生产的短跑运动鞋送给夺标有望的美国运动员欧文斯使用。结果，欧文斯一连得了四块金牌，阿迪达斯公司的短跑运动鞋也因此名声大振，畅销世界各地。

2. 借机买名

企业可以利用赞助，最好是独家赞助大规模的体育比赛、博览会、旅游活动和产品展评活动、社会公益活动等，扩大宣传，提升知名度。西安黄河彩色电视机厂原是一家军工厂，转为民营企业以后，该厂生产的"黄河"牌彩色电视机虽然质量不错，但知名度不高，很长时间没有市场销路。1987年年底，该厂得知在西安将举办国际女排邀请赛，于是不失时机地拿出80万元赞助，取得比赛冠名权，成功地举办了"黄河杯"国际女排邀请赛。此举使"黄河"牌彩色电视机名扬海内外，为"黄河"走向全国、走进世界创造了条件。

3. 借冕增名

企业可以借助重大历史事件，利用新闻媒体的传播活动来扩大产品声誉，提升知名度。这需要企业家具有超常的远见卓识。"派克"笔生产商在1943年第二次世界大战处于最艰难的阶段，赠送给盟军欧洲战区总司令艾森豪威尔一支镶有四颗纯金的"派克"笔，以赞扬他在军事上取得的成就。两年以后，艾森豪威尔就用这支笔签署了第二次世界大战欧洲前线停战协议，这支笔和艾森豪威尔的签字照片一起出现在各大报纸上。从此，"派克"笔的名誉更上一层楼，进而饮誉国际市场。

4. 借名扬名

企业可以设法争取国内外名牌厂家的加工业务，提高企业产品的质量和档次，提升知名度。法国皮尔·卡丹的服饰是世界名牌，中国的上海领带厂设法争取到了皮尔·卡丹领带的加工业务，这不仅给上海领带厂带来了高额的利润，而且从加工业务中汲取的先进工艺技术提高了上海领带厂的产品质量和档次。更直接的收获是，上海领带厂以能够加工生产皮尔·卡丹领带而出名，提升了知名度。

5. 借古立名

企业可以利用古代文化，如古诗、古句、古代名人等进行商标注册和产品宣传。河南杜康酒厂，以酿酒鼻祖杜康为产品命名，并以曹操"何以解忧，唯有杜康"的著名诗句为传播产品形象的良好媒介。巧妙地利用名人、名诗、名句在社会生活中的扩散效应，可以使企业的名声在消费者当中广为流传。

6. 借店出名

企业可以设法与国内外名牌企业联合举办联购联销，抢占市场制高点，展开猛烈的销售攻势，增加产品与消费者接触的机会和被消费者知晓的机会，也可大大提升知名度。上海领带厂的"敦煌"牌领带中外闻名,后推出新产品——法式女用领结飘带。为迅速打开销路,树立产品形象,它在上海市中百一店、华联商场等11家名牌大商场中,隆重举办联购联销,使消费者产生"名店卖名牌"的感应心理,从而借店出名,万条领带一售而空,并带动了其他领带的销售。

7. 借名传名

用户是产品的权威鉴定者,也是产品的最好宣传者。借用户口碑传名,同样能达到提升知名度的目的。江苏金湖县有一家化工厂,十分注重借用户之口宣传自己的产品"84"消毒液,提升"84"消毒液的知名度。全体供销员走遍大江南北,访千家万户,说千言万语,到经销单位和广大用户中进行面对面宣传,再请用户相互引荐,树立口碑,以提升知名度。它会对用户的来电、来函一一回复,及时解决用户提出的问题,又请用户代为宣传自己的产品,对战绩显著者还给予适当的奖励,最终使"84"消毒液成为享誉全国的知名产品。

所有这些提升知名度的方法,都是一种借鉴。企业应开发有新意的方案,从多方面提升企业的知名度。最重要的是,要学到这些方法蕴含的思维方式,学到其中的精髓,举一反三,触类旁通,并将这些方法灵活地运用到生活当中。

四、提升美誉度的策略

企业不仅要创造高知名度,而且要不断提升品牌的美誉度。企业唯有获得较高的美誉度,才能真正赢得消费者的认可与信任,从而占据更广阔的市场。品牌的美誉度是品牌获得公众支持和赞许的程度,美誉度永远是无价的,它是企业最宝贵、最可靠、最稳定的市场资源。

企业应该怎样提升自身的美誉度呢?美誉度的培养是一个持久的过程,且有很大的包容性。因此,企业应该内外兼顾、多管齐下,在修炼好内功、打下扎实基础的前提下,运用各种手段与策略,合理有效地进行声誉的传播与推广,只有这样才会使竞争力不断提升。

1. 通过高品质来提升美誉度

企业要想长久生存和发展下去,并且打造自身的强势品牌,首先要做的就是生产和制造出高品质的产品。只有那些产品质量过硬的企业才能在消费者心中树立真正的"金字招牌",才能得到消费者的喜爱。产品的品质是企业的生命线。产品的品质不仅指产品的质量,还包括产品的功能、特点、可信赖度、耐用度、服务度、高品质的外观等多方面的内涵。只有将这些方面都做好了,才能称之为高品质的产品。高品质的产品是对消费者的郑重承诺,一旦承诺了就一定要做到。如果这种承诺不能兑现,就会伤害到企业的美誉度。奔驰汽车公司为了保证企业的声誉和产品的质量,把产量始终控制在一定范围内。虽然其产量受到一定限制,而且价格比一般车要贵,但是它并不缺乏购买者。这是因为在消费者心中,奔驰车不仅舒适安全,而且耐用。

2. 通过品牌营销战略来提升美誉度

企业要树立品牌就必须实施品牌营销战略，许多国际名牌已经在中国市场上取得了绝对的优势地位，如可口可乐、麦当劳、宝洁公司等，这与它们系统的品牌营销战略分不开。中国企业要提升美誉度也必须实施品牌营销战略。品牌营销是以消费者为中心，不断满足他们的需求，注重企业的长远利益及可持续发展的一种战略。事实上，整个营销过程都会对品牌的美誉度产生影响，所以要进行整合营销。整合营销是对不同的沟通方式做出估计并通过对分散的信息加以整合，将各种营销形式结合起来，从而达到明确一致的沟通目的。在整个营销过程中，各个环节、各个部门相互配合，把品牌作为一个整体形象进行传播，有利于突出品牌的个性形象。

3. 通过正确处理公共关系来提升美誉度

企业正确处理和有效利用公共关系是提升美誉度的重要途径。公关营销不只是在推销产品，更是在推销企业与品牌，从而树立良好的企业形象。因为公关活动的商业性与功利性不明显，所以很容易被人们认可与接受。宝洁公司为了扩大在中国的影响，融入当地的社会和生活，非常重视与当地社会的沟通与交流，积极支持发展教育、健康、城建、环保、助残及赈灾救济等社会公益事业，这些都提升了它的美誉度，培养了中国消费者的认同感。赞助体育赛事、文娱演出、娱乐活动等各种大型社会活动同样可以提升企业的美誉度。

4. 通过培养"意见领袖"促进人际传播来提升美誉度

"意见领袖"对周围人的影响比传播媒介对消费者的影响更大、更积极，也更具有可信度。人们愿意相信自己熟悉的人的意见和建议，而不愿被迫接收信息。最早购买某品牌的一批消费者在使用后会对这一品牌形成某种看法，他们出于各种生活的需要总会有意无意地把自己对品牌的感受和意见告诉别人，这样就影响了其他消费者对品牌的选择。如果这一品牌确实满足了消费者的需要，他们就会把这种感觉广泛宣传，使品牌赢得免费的广告宣传。由此可见，企业对消费群体中的"意见领袖"给予充分满足，高度重视他们的感受和意见，可以让他们把企业的美誉度传播出去。

5. 通过提供优质服务来提升美誉度

市场经济条件下企业的真正主宰者是谁？是消费者。企业的最终决定权掌握在消费者的手中，企业能否获得成功取决于他们是否认可与购买其产品。企业只有为消费者提供更加优质的服务，并且能够始终坚持"顾客至上，服务至上"的铁律，才能立于不败之地。企业只有为消费者提供诚心诚意的服务，才能打动消费者的心，才会赢得市场，提升美誉度，树立良好的企业形象。优质的服务可以减少或避免消费者的购买风险，也可以为消费者提供满足感。企业越能够为消费者着想，它就离成功越近。

企业的美誉度关系到企业的市场信誉，关系到企业的生存与发展。现代企业应该想办法提升美誉度，在事关公众利益的时候积极主动地提供财物支持，多借助一些社会重大事件宣传自己的企业形象，这样既为人们提供了帮助，又提升了自己在公众心中的美誉度。美誉度这一无形的资产将为企业赚取更多的利润。然而，美誉度的提升不会一蹴而就，企业应该把提升美誉度作为长期的战略认真贯彻和执行。

子模块四 广告与公益活动的运用

一、广告

1. 广告的内涵

广告，即广而告之之义。广告是为了某种特定的需要，通过一定形式的媒介，公开而广泛地向公众传递信息的宣传手段。广告牌如图 6-4 所示。

图 6-4 广告牌

广告有广义和狭义之分。广义的广告包括非经济广告和经济广告。非经济广告是指不以营利为目的的广告，又称效应广告，如政府行政部门、社会事业单位乃至个人的各种公告、启事、声明等，主要目的是公益推广。狭义的广告仅指经济广告，又称商业广告，是指以营利为目的的广告，通常是产品生产者、经营者和消费者之间沟通信息的重要手段，或者企业占领市场、推销产品、提供劳务的重要形式，主要目的是扩大经济效益。

2. 广告的特征和作用

（1）广告的特征

①广告的对象是公众。广告的信息不是传播给某一个人，而是传播给全体公众或某个特定的人群。广告提供的所有信息，对公众来说应该是有价值的，即能起到传递信息、引导消费、满足消费者需求的作用。

②广告有特定的广告主。广告主是为了推销产品和服务，自行或委托他人设计、制作、发布广告的法人、其他经济组织或个人。任何一条广告都是由一定的人或组织为了达到某个特定的目的而制作的。特定的广告主一方面能使消费者放心地购买产品和接受服务，并在受到广告欺诈等违法行为的侵害时有明确的索赔对象；另一方面有利于国家对广告的管理，当出现广告欺诈等违法行为时，也有利于追究广告主的法律责任。

③广告主支付一定的广告费。广告费是指开展广告活动所需要的广告调研、设计、制作费，广告媒体费，广告机构办公费和人员工资等。广告费由广告主承担并转移到产品和服务的价格上，有人便据此认为广告费的增加会加大产品和服务的成本。实际上，广告费

具有不变费用的性质,即一次投入后,在一定时期内是不变的,并随着产品销售的增加和服务的广泛接受而使单位成本下降。众多广告主选择广告这种促销手段都是从最有效、最经济的角度来考虑的。

④广告是一种沟通过程。沟通是信息发送者与接收者之间进行信息传递与思想交流,以求达到某种共识的过程。因此,沟通是一种双向活动,而不仅是一方对另一方的单向影响过程。广告是一种双向沟通,是因为广告主将广告信息通过大众传播媒介传递给目标消费者,以求说服、诱导目标消费者购买广告产品。只有当目标消费者接受广告信息,即认为广告信息是真实和可信的,并同意广告所传递的观点时,广告信息才能发挥作用,从而实现广告沟通过程。

⑤广告信息要借助一定的传播媒介。世界上最早的广告是通过声音传播的,叫口头广告,或称叫卖广告。现代广告信息的传播主要靠电视、网络、广播、报纸、杂志、书籍等进行。

⑥广告传达一定信息。任何一条广告都是有目的地向公众介绍一定的信息,包括产品、劳务、观念等信息,这是广告的主要内容。产品信息包括产品的性能、质量、用途、购买时间和地点、价格等有关信息。劳务信息包括文娱、旅游、饮食等服务性活动的信息。观念信息是指通过广告倡导某种意识,使消费者树立一种有利于广告主推销产品或劳务的消费观念。

⑦广告需要有创意和策略。广告的制作和宣传应该满足消费者的需要,能唤起消费者的注意,并调动其兴趣,激发其欲望,从而实现消费行为。目前在广告市场中,争夺消费者注意力的竞争越来越激烈,消费者每天都要面对成百上千条广告的冲击,要想在众多品牌产品中为你所宣传的产品在消费者心中争取一个位置,广告就要有创意和策略。

(2) 广告的作用

对于广告的作用,仁者见仁,智者见智,人们对它有贬有褒,众说纷纭。然而,广告作为商品经济的产物,在搞活经济的舞台上扮演着越来越重要的角色。

广告的作用集中表现为以下三个方面。

①沟通产销信息,促进产品销售。

今天的市场经济体系是建立在全球范围内的社会化大生产的基础上的,信息是企业生存与发展的必要条件,企业必须使消费者了解相关产品信息,才能获得被选择的机会。广告通过信息传播,沟通生产与生产、生产与流通、生产与消费、流通与消费之间的联系,成为企业必不可少的信息通道。

②塑造品牌个性,提升产品价值。

为什么"歌剧之王"普拉西多·多明戈只喝法国原装的依云矿泉水?依云矿泉水是最好喝的水吗?答案是未必。但依云矿泉水无疑是通过广告宣传而成为具有知名度的矿泉水的。广告本身不能改变产品的品质,却能通过塑造独一无二的品牌个性在消费者心中提升产品价值。

在市场竞争日趋激烈、产品高度同质化的今天,品牌日渐成为企业竞争的重要手段。而广告是塑造品牌个性最有力的手段,它使相同的产品具有与众不同的特性和品牌形象。

③降低营销成本,激发竞争活力。

广告促进了企业间的竞争,支持大规模生产。广告大师大卫·奥格威在《一个广告人的自白》中曾引用利弗兄弟公司前董事长海沃斯勋爵的话："广告的实施，带来的是节省的效果。在销售方面，它使资金周转加速，因而使零售价得以降低而不致影响零售商人的利润。在生产方面，这是使大规模生产得以实现的一种因素，谁又能不承认大生产导致成本下降呢？"

3．广告的运用策略

（1）生活信息广告策略

这是针对理智购买的消费者而采用的广告策略。这种广告策略，通过类似新闻报道的手法，用具有可信度的信息渠道，让消费者马上就能获得有益的信息。

（2）塑造企业形象广告策略

塑造企业形象广告策略适用于老厂、名厂的传统优质名牌产品。这种广告策略主要强调企业的规模及其历史性，从而诱使消费者依赖其产品服务形式。还有一种说法，这是针对其产品在该行业同类产品中的领先地位，为在消费者心中树立领导者地位而采用的广告策略。

（3）象征广告策略

这是企业为调动消费者的心理效应而采用的广告策略。企业通过借用某种物品、符号或人物来代表产品，以此种形式来塑造企业形象，给予消费者情感上的感染，唤起消费者对产品质地、特点、效益的联想。同时，把企业和产品的形象高度概况与集中在某一象征上，能够帮助消费者记忆，扩大影响面。

（4）承诺式广告策略

这是企业为使其产品赢得消费者的信任而在广告中做出某种承诺式保证的广告策略。值得提出的是，承诺式广告的应用，在老产品与新产品的感受力度和信任程度上有所不同。承诺式广告策略的真谛：所做出的承诺，必须确实能够做到。否则，就变成地道的欺骗广告了。

（5）推荐式广告策略

企业自卖自夸的保证，不一定能说服人。于是，就要采用第三者向消费者强调某产品或某企业的特征的推荐式广告策略，以赢得消费者的信任，所以这种广告策略又称证言式广告策略。对于某种产品，专家权威的肯定，科研部门的鉴定，历史资料的印证，科学原理的论证，都是一种很有力的证言，可以产生"威信效应"，从而获取消费者的信任。在许多场合，人们产生购买动机，是因为接受了有威信的宣传。

（6）比较性广告策略

这是针对竞争对手而采用的广告策略，即将两种产品同时并列，加以比较。很多企业经常采用这种策略。"不怕不识货，就怕货比货。"比较的方法主要有功能对比、革新对比和品质对比。比较，可以体现产品的特异性能，是增强信任的有效方法。

（7）打击伪冒广告策略

这是针对伪冒者而采用的广告策略。鉴于市场上不断出现伪冒品，为避免鱼目混珠，维护企业品牌产品的声誉，就要在广告中提醒消费者注意其品牌产品的商标，以防上当。

（8）人性广告策略

这是把人类心理上变化万千的感受加以提炼和概括，结合产品的性能、功能和用途，将喜怒哀乐的情感在广告中表现出来的广告策略。其最佳的表现手法是塑造消费者使用该产品后的欢乐气氛,通过表现消费者心理上的满足,来保持该产品的长期性好感。

(9)猜谜式广告策略

这是不直接说明产品,而是将产品渐次地表现出来,引发消费者的好奇和猜测,最后一语道破的广告策略。这种广告策略适用于尚未发售的产品。猜谜式广告策略看起来似乎延缓了广告内容的出台时间,其实是延长了人们对广告的感受时间。悬念的出现,使消费者的心理指向在一定时间内围绕特定对象集中起来,为消费者接受广告内容创造了比较好的感受环境和心理准备,从而使消费者更好地接受广告。

(10)如实广告策略

这是针对消费者不了解产品的情况,如实告诉消费者应当了解的情况的广告策略。这是一种貌似否定产品,实际强化产品形象,争取信任的广告策略,与竭力宣传产品各种优点的广告有很大区别。

当前是广告产业发展的关键时期,必须深刻把握广告产业面临的机遇和挑战,以满足人民日益增长的美好生活需要为出发点和落脚点,积极畅通广告产业良性、健康、高质量的发展渠道,为中国式现代化广告产业的发展奠定坚实基础。

二、公益活动

1. 公益活动的内涵

公益活动是从长远着手,付出劳动力、商品、资金赞助,以支持某项社会公益事业的公关实务活动。公益活动的宣传是目前社会组织,特别是一些经济效益比较好的社会组织,用来扩大影响面,提升美誉度的重要手段。公益活动标识如图6-5所示。

图6-5 公益活动标识

公益活动的内容包括社区服务、环境保护、知识传播、公共福利、帮助他人、社会援助、社会治安、紧急援助、青年服务、慈善活动、社团活动、专业服务、文化艺术活动、国际合作等。

2. 公益活动的特征和作用

(1)公益活动的特征

①外在性。属于公益事业的部门和企业及其活动一般处在直接生产过程、个别经营活动和居民的日常生活之外,独立存在、并行运转,并构成相对独立的系统。

②社会性。大部分公益事业主要依靠社会投资和建设，资金依靠国家财政支持，投资主要表现为社会效益和环境效益。

③共享性。公益事业的服务是为多个单位和居民共享的。

④无形性。公益事业所提供的产品大多是无形的服务，而不是有形的物质产品。

⑤福利性。公益事业所提供的产品带有很大成分的社会服务和社会福利性质。

（2）公益活动的作用

组织开展公益活动的目的有两个：一是显示爱心，为本组织树立热心公益事业、具有高度社会责任感的良好形象；二是公益活动比商业广告更具说服力，有利于提高组织的知名度和美誉度。因此，开展公益活动得到了有经济实力的组织的普遍重视。

组织开展公益活动，体现了组织助人为乐的高贵品质，以及热心公益事业，勇于承担社会责任，为社会无私奉献的精神风貌，能够给公众留下可以信赖的美好印象，从而赢得公众的赞美和良好的声誉。

3．公益活动的运用策略

作为企业营销的重要部分，企业开展公益活动的目的是让消费者了解企业，并影响他们对企业的认知，从而产生品牌好感和偏爱。

（1）媒体借势，构建强势传播平台

两级传播理论认为，资讯或观念一般先流向"意见领袖"，然后通过"意见领袖"的人际网络扩散开来。在媒体中同样存在"意见领袖"，它们一般规模较大、运营成熟、公信力高。企业在选择媒体时，若能与这类媒体达成战略同盟，对公益活动的传播效果、企业知名度的提升会有很大的推动作用，这是媒体应用中的借势。就公益传播这一具体领域而言，媒体的形象除了与其规模、公信力有关，是否热心公益事业也是很重要的指标。经常开展公益活动的媒体在社会传播中更有优势。

（2）过犹不及，把握传播分寸

公益传播中要注意适度原则。公益传播中涉及两个方面，即公益事业或项目的传播和企业的公益行为的传播。两个方面相辅相成，公益事业或项目是企业公益行为的依托。默默无闻、低调行事，只会成为过眼云烟；而太过张扬、大肆渲染，又会使公益活动成为"商业秀"，反被指责为炒作。所以，必须拿捏好尺度，只有准确、适度地传播公益活动，才能让企业品牌渐入消费者的心里，才能扩大品牌的美名。

（3）贵在坚持，打造公益活动品牌

公益活动品牌化是企业公益传播成熟的标志，企业应该把开展公益活动作为一项长期投资，像经营产品一样经营公益事业，并集中于一个或多个领域，形成合力做出品牌。公益活动要想传播得更深入、更久远，也要品牌化，公益活动品牌化应该成为企业品牌战略的一个重要组成部分。要想形成品牌，企业所选择的公益项目必须具有可持续发展的潜力。

（4）规范操作，形成公益传播运营机制

规范操作是公益活动品牌化的客观要求。只有将公益活动的前期策划、具体执行、后期评估中的步骤和细节规范化，才能保证各个环节有章可循、有法可依，形成完善的运作模式。

传播行业要坚持人民至上,紧紧抓住人民群众最关心、最直接、最现实的利益问题,采取更多惠民生、暖民心举措,着力解决好人民群众急难愁盼问题。公益活动作为一种独特的营销手段,只要应用得当,就会成为品牌传播和为民解难的"利器"。

思考与练习

1. 传播的效果可分为几种不同的层次,为什么说行为层次是传播效果的最高层次?
2. 企业 CIS 导入有哪些步骤?
3. 如何理解知名度与美誉度的关系?
4. 广告语在创作上有什么要求?
5. 公益活动对企业发展有何影响?
6. 结合实际谈谈如何策划一场大学生公益活动。

技 能 训 练

请分组调研生活中能接触到的某一著名品牌,分析它的 CIS,并讨论该设计为企业或产品知名度和美誉度带来的重要影响。

能 力 自 评

一、专业能力测评:CIS 设计能力

目标:以小组为单位,给小组设计一个简单的组织标志,凸显组织目标、组织精神。
说明:温习本模块所学知识,激发团队合作意识,齐心协力共同完成。

二、核心能力自评

核心能力	是否提高
社交能力	
采集信息的能力	
协调关系的能力	
咨询建议的能力	
解决公关问题的能力	
以公众为尊	

续表

核心能力	是否提高
互惠共赢	
真诚守信	
自评人（签名）： 　　　　　　　　年　月　日	教师（签名）： 　　　　　　　　年　月　日

注："是否提高"一列可填写"明显提高""有所提高""没有提高"。

模块七 媒体沟通

- ☑ 学习目标
- ☑ 内容结构
- ☑ 引例 坚守与创新——全媒体时代纸媒的发展路径
- ☑ 子模块一 纸媒沟通
- ☑ 子模块二 影视媒体沟通
- ☑ 子模块三 新媒体沟通
- ☑ 子模块四 舆情监控与风险应对
- ☑ 思考与练习
- ☑ 技能训练
- ☑ 能力自评

学习目标

通过本模块的学习，应该达到以下目标

知识目标：理解不同媒体沟通的特点，掌握舆情监控的原则和方法。
技能目标：掌握与不同媒体沟通时可采用的具体方式、方法，各类媒体沟通的策略等。
素养目标：在媒体沟通的学习过程中，培养媒介素养。

模块七　媒体沟通

> 内容结构

模块七的内容结构如图 7-1 所示。

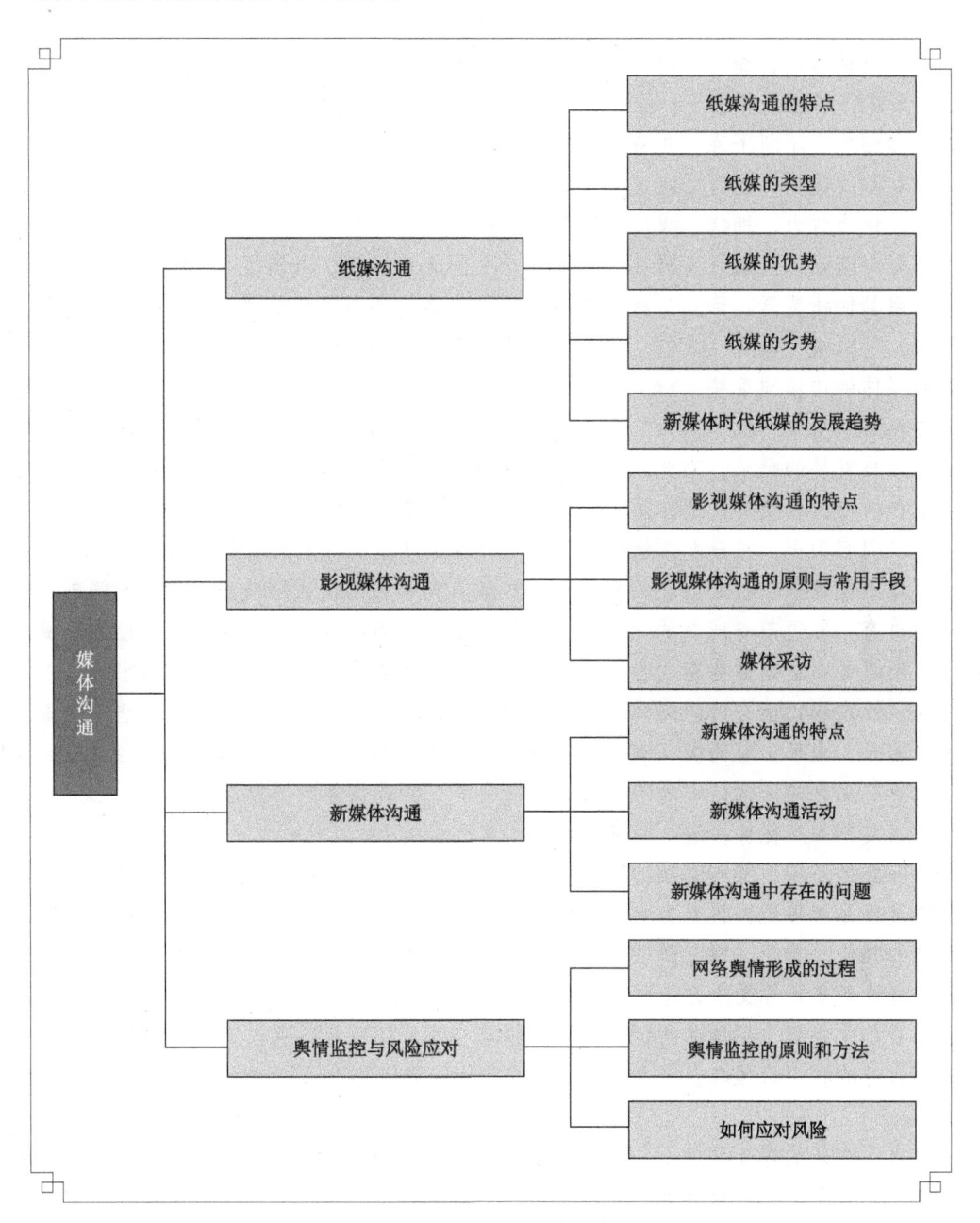

```
媒体沟通
├── 纸媒沟通
│   ├── 纸媒沟通的特点
│   ├── 纸媒的类型
│   ├── 纸媒的优势
│   ├── 纸媒的劣势
│   └── 新媒体时代纸媒的发展趋势
├── 影视媒体沟通
│   ├── 影视媒体沟通的特点
│   ├── 影视媒体沟通的原则与常用手段
│   └── 媒体采访
├── 新媒体沟通
│   ├── 新媒体沟通的特点
│   ├── 新媒体沟通活动
│   └── 新媒体沟通中存在的问题
└── 舆情监控与风险应对
    ├── 网络舆情形成的过程
    ├── 舆情监控的原则和方法
    └── 如何应对风险
```

图 7-1　模块七的内容结构

引例

坚守与创新——全媒体时代纸媒的发展路径

在全媒体时代,新闻客户端、微博、微信等社交媒体逐渐成为人们获取新闻的重要渠道。在新媒体的强烈冲击下,传统媒体尤其是纸媒,发行量急剧下滑,广告业务日益萎缩,传播力和影响力不断下降,生存和发展举步维艰。积极与新媒体融合发展,坚守自身固有的内容和品牌优势,成为纸媒突围发展的必由之路。

一、借力打力,拥抱新媒体,形成媒体融合发展的新格局

纸媒与新媒体的融合发展要先实现平台上的无缝对接。纸媒要积极搭建新媒体平台,充分利用其快捷灵活、形式多样、传播广泛的优势,实现信息传播的移动化、社交化,形成网站、手机报、微博、微信、移动客户端等平台融合发展的新格局。

新媒体的传输速度快,传播形式灵活多样。纸媒要适应新媒体时代的信息传播形势,不仅要在思想上来一次"革命",更要在采编模式上实现革新。传统的采编模式已难以适应媒体融合发展的需求,因此采编人员要更新自身观念,尽快学习和掌握新媒体时代的采编方法和技巧,以便更好地在新媒体环境下完成职业技能的转型。

二、内容为王,充分发挥纸媒的固有优势,深度挖掘优质的原创性内容

纸媒不仅拥有一批专业化的新闻人才和颇具竞争力的优秀团队,而且在新闻制作和发布方面也有一套规范与成熟的流程,这些固有优势都为纸媒创作优质的原创性内容提供了保障。新媒体在这方面存在明显不足,虽然新媒体的崛起挤占了传统媒体的市场,但是大量的原创性内容仍出自传统媒体。因此,传统媒体要利用自身的专业优势,坚持在报道内容上下功夫,生产出有高度、有深度、群众喜闻乐见的新闻作品。这是纸媒在激烈的媒体市场竞争中立身的法宝,也是传统媒体成功突围,实现媒体融合发展的关键所在。

三、发挥品牌优势,进一步提升品牌形象和影响力

纸媒要把品牌优势和影响力当成一笔无形的宝贵财富,并在此基础上,利用互联网技术优势进行品牌再造,提升自身的品牌价值,采用品牌延伸的策略实现市场份额的增长和原品牌的强化。首先,确立鲜明的服务理念,提升受众的参与程度。纸媒明确自己的定位能够更好地聚焦目标受众,进而通过精准的服务理念提升受众黏性,形成自己的独有品牌。其次,多元化经营,延伸品牌的价值链。纸媒在形成了一定的品牌影响力之后,除深度挖掘品牌自身的核心价值外,还可以通过拓宽经营范围来延伸品牌的价值链,提升自身的经济收入。

总之,在新的媒介环境下,纸媒要积极与新媒体融合,利用自身的专业优势,深度挖掘有高度、有深度、群众喜闻乐见的原创性内容,并进一步提升品牌的价值和影响力,力争在新媒体的围追堵截中成功突围。

资料来源:张朴. 坚守与创新——全媒体时代纸媒的发展路径[J]. 现代视听,2017(08).

思考:在今天由互联网主导的营销界,"大数据""新媒体""营销3.0"之类

的时髦概念越来越多，广告主更应该拨开迷雾，思考这样的问题：纸媒广告有什么不可取代的优势？为什么要投放传统广告？

子模块一 纸媒沟通

一、纸媒沟通的特点

纸媒是指以文字、图片等形式将信息印刷在纸张上进行传播的媒体，主要代表是报纸和杂志。发展到现在，还有很多表现形式，如新开创的以二维码纸巾为载体的纸媒，能够很好地将线上线下结合起来，达到更佳的投放效果。

1. 覆盖面较广，信息容量较大

纸媒刊登的信息多种多样，往往深受大众喜爱，而且可以多人传看，传阅性好，转读率高。纸媒以印刷形态出现，可以利用较多的文字进行详细诉求，可以包容大量的文字和图片等信息。

2. 传播的信息受到过滤

受传播媒介容量和传播媒介自身的责任、倾向性的限制，纸媒传播的信息要受到检查和筛选，因此使所传信息的权威性和重要性提高，产生放大或缩小效应。

3. 受众广泛而分散

纸媒的受众广泛而分散，对象不易控制和确定，故信息反馈慢且比较零散，评价传播效果较为困难。

二、纸媒的类型

1. 报纸

报纸在我国目前的新闻传播媒介中占有重要位置，在公众心中有很高的权威性。报纸有全国性报纸、地方性报纸，有专业性报纸、综合性报纸，还有行业内部发行的报纸。

报纸的优点：发行量大，信息面广，传播迅速，具有新闻性，文字表现力强，便于保存和查找，费用较低。

报纸的缺点：在传播新闻的速度上不如电视和网络及时；在感染力上不如电视形象生动；要求受众有一定的文化水平和阅读理解能力，因而读者数量受到一定的限制。

2. 杂志

杂志和报纸有许多共同点，只是其出版周期稍长一些，新闻性也不如报纸。但是，杂志有自己独特的优点：种类繁多，形式多样，发行量较大；专业性强，读者范围比较稳定；报道更加深入细致，一般能提供比报纸更翔实的资料；学术和史料价值更大，更具有保存价值；印刷精良，感染力强。

三、纸媒的优势

纸媒的优势如下。

① 纸媒有丰富的人力、物力资源，强有力的采编团队，先进的新闻制作设备。

② 纸媒有丰富的新闻生产经验，新闻策划也各具优势，并且有突出的区域优势，刊登很多具有区域特色的新闻和广告。

③ 纸媒有突出的区区域特色。新媒体是面向全国的，因此很多具有区域特色的广告在上面便没有立足的意义。而报纸、杂志的特点是，地方受众经常对本地新闻或资讯服务更感兴趣。

④ 纸媒的公信力强，权威性高。媒体的公信力由正确导向、思想高度、舆论主调、新闻真实、高雅格调、舆论监督、品牌特色、新闻精品、职业道德等要素构成。公信力的树立是一个艰难的过程，传统媒体经过多年努力，树立起一定的公信力，新闻工作者在公众中享有较高的声誉。对纸媒来说，几百年的发展形成了新闻专业主义精神，形成了完整的新闻行业规范，这正是纸媒强大公信力的保障。人们会买报纸、上纸媒网站看权威报道，却很少会去微博上核实新闻。

四、纸媒的劣势

纸媒的劣势如下。

① 表现形式局限于平面。

② 主动传播的强制作用有限，受众很容易实现信息躲避。

③ 受印刷成本的影响，总成本并不会太低，远距离运输或高容量信息都会加重这种影响。

④ 因为普遍存在较为严重的对环境资源的浪费和污染，所以受环保主义者的抵制。

五、新媒体时代纸媒的发展趋势

新媒体的兴起对纸媒产生了深远的影响，纸媒所面临的第一个问题就是信息传播方式的改变。纸媒主要通过纸张的印刷和分发来传播信息，但随着互联网的发展，信息传播方式逐渐变为网络上的即时更新和分发。这种新的信息传播方式极大地扩大了信息的传播范围，提升了信息的传播深度，使纸媒所具有的传播优势逐渐减弱。

纸媒所面临的第二个问题就是读者群体的变化。信息传播方式的改变和互联网时代的到来，使人们的阅读方式也发生了变化。越来越多的读者开始依靠互联网获取信息，而且他们的时间习惯变得越来越碎片化，这使纸媒所依赖的读者群体及其阅读特点也发生了很大的变化。

纸媒面对新媒体并非只有挑战。我们要看到纸媒的优势和面临的新机遇，寻找新媒体时代下传统媒体的发展之道，推动传统媒体的发展。

纸媒发展要走媒体融合之路。目前，国内一些纸媒在探索性发展中就从这个方面进行变革，利用新媒体的优势，主动应对媒体竞争环境的变化。媒体融合是在新的传播技术的推动下，传统媒体和新媒体不断走向合作，利用各自的传播优势，相互取长补短，利用印刷的、音频的、视频的、互动性数字媒体组织之间的联盟，以期达到最大的信息传送能力和最强的广告售卖能力。

媒体融合的趋势可以表现在三个方面：一是媒体融合在传播方式上可以实现多媒体传播，做到图文声像并茂；二是通过媒体融合，纸媒可以利用新媒体传播、接收、储存、检索，极其便捷；三是在媒体融合中，纸媒经营要充分利用新媒体的商业模式。

拓展阅读 7-1

全媒体融合

"全媒体"指媒介信息传播采用文字、声音、图像、动画、网页等多种媒体表现手段（多媒体），利用广播、电视、音像、电影、出版、报纸、杂志、网络等不同媒体形态（业务融合），通过融合的广电网络、电信网络及互联网络进行传播（三网融合），最终实现用户以电视、电脑、手机等多种终端均可完成信息的融合接收（三屏合一），实现任何人、任何时间、任何地点，从任何终端获得任何想要的信息（5W）。

全媒体融合的发展有以下特征。

一、集成性

全媒体具有集成性特征，信息传播载体包括报纸、广播、电视、网络等。全媒体可以汇集各种信息和技术，从而提高媒体信息的传播速度。

二、融合性

全媒体并不是单一表现的传统媒体，而是通过整合运用，利用不同媒体的表现形式，不断缩短纸媒和网络媒体的距离。全媒体可以跨媒体地链接媒体，进一步结合纸媒和网络媒体，全方位地融合各类网络信息，达到全面互补的效果，进一步发展融合网络媒体，提高全媒体覆盖的全面性。

三、精准性

对比传统纸媒，全媒体融合的新闻受众是不同的。在传媒市场领域，全媒体更加精细和全面。利用全媒体平台，不同受众的定制化需求可以得到最大限度的满足，每个受众都可以结合自身需求选择需要的信息，同时可以保证信息更加精细。

资料来源：史茜. 纸媒在全媒体融合中如何实现创新发展[J]. 新闻研究导刊，2019（11）.

子模块二　影视媒体沟通

影视媒体是我国受众面广泛、影响力较强、关注度较高的媒体形态，其中最具代表性的就是电视媒体。电视媒体发展迅速，普及面广，在信息传播方面具有其他媒体无法比拟的优势。作为传统主流媒体，电视媒体肩负"增强中华文明传播力影响力"的使命。那么，影视媒体沟通的特点是什么，又有哪些需要注意的地方呢？

一、影视媒体沟通的特点

1. 传播速度快

影视媒体是通过电波或导线进行信号传输的媒体，这就决定了其在传播过程中能够突破纸媒传播中的时空限制，实现信息及时、快速传播。

2. 传播内容丰富

与纸媒和广播媒体相比，影视媒体不仅能够进行文字与声音的信息传播，还可以实现图像的传播。文字、声音、图像、视频等多样化的信息传播方式极大地丰富了传播的内容。图像信息更加直观、形象，也更易于被受众接受。

3. 传播效果好

传播效果好主要体现在两个方面：一方面，音像同步的传播方式增加了受众的真实感，具有较高的吸引力，而这种以家庭或小群体接收信息的方式，彼此间有交流、有互动，感染力强，也可以提高传播效果；另一方面，影视媒体的传播内容不受受众文化水平的限制，任何具有正常视听能力的人都可以接收其传播的信息，极大地提高了受众的信息接收率。

当然，影视媒体同样存在其无法回避的缺陷。

① 信息的保存性较差，可以说是转瞬即逝。影视媒体的内容只在固定时间进行传播，若不借助其他手段，过了这个时间就很难再进行信息的查找。

② 对深奥主题的表达有局限性。电视主要通过声画来进行信息传播，无法对人物的内心活动和事物的内在规律进行充分展示，因此对深奥主题的表达有一定的局限性。

③ 作为一种线性传播活动，影视媒体的互动和反馈机制虽然较纸媒已有极大的提高，但是依然无法与非线性传播模式下的网络媒体相比，尤其在即时的互动与反馈方面都较弱。

二、影视媒体沟通的原则与常用手段

1. 沟通原则

根据影视媒体自身的特点，影视媒体沟通要求遵循如下原则。

（1）相互尊重

在与媒体人沟通的过程中一定要摆正自己的位置，要明白二者关系是建立在相互尊重、相互支持、相互平等的基础上的，在沟通的过程中既不能低声下气、讨好乞求，也不能颐指气使、过分挑剔。有些公关人员在与媒体人沟通时为达目的不择手段。有的人为发一篇新闻稿费尽心思对记者、编辑、制片等媒体人阿谀奉承、百般讨好，不仅使自己的尊严受损，更严重损害了组织的形象。也有的人想方设法干涉媒体人的正常报道，通过威逼利诱等不法手段试图控制媒体人的采访报道行为，侵犯了媒体人的正当采访权和新闻报道权。

（2）诚实面对

在接受电视记者采访的过程中势必会面对一些尖锐的问题或涉及一些敏感的话题，这种现场型的采访活动，一言一行都会被记录下来，因此在做出回应前一定要深思熟虑，谨慎作答，既不能选择一味回避，顾左右而言他，也不能试图通过欺瞒的方式蒙混过关。正确的做法应该是真诚面对，诚实作答。

面对敏感问题要积极主动地机智作答，越是敢于回答，敏感问题就越不再敏感；面对机密问题无法直接作答，可以采取一些方法做出适当的回应，如用幽默的表达方式委婉地拒绝；面对尖锐问题更要坦诚相待，掌握话语主动权，不给对方借题发挥或借机炒作的空间。

（3）主动引导

很多时候在与媒体人沟通的过程中，个人或组织都处于被动应对的位置，实际上可以通过充分的前期准备和巧妙的沟通技巧，变被动为主动，掌握话语主动权，避免一直被对方的问题牵着鼻子走，巧妙地将问题引导至你希望被关注的信息点上。

2. 沟通手段

组织在与这类媒体机构沟通时可采用以下手段。

（1）建立长期、稳定的媒体沟通制度

媒体沟通不是一朝一夕的事，媒体关系也不是有需要时用一用，没需要时就放一边的，需要在日常交往中建立稳定、长期的关系。一方面可以主动出击，定期向媒体机构提供组织有关的新动态、新情况，帮助对方发现有价值的新闻线索；另一方面急对方之所需，在对方有需要而自己又力所能及的情况下，可以向对方提供适当的帮助。这种通过日积月累奠定的稳定的媒体关系远比临时抱佛脚有用得多。

（2）组织领导者与媒体人进行直接接触

影视媒体的呈现方式更加直观和多样化，一旦在媒体活动中出现失误就很难修正，因此在沟通的过程中需要格外谨慎。除了由专人负责与媒体人的日常沟通工作，组织领导者也应该参与到媒体沟通中。这样不仅能直接、准确地传递信息，也会使媒体人产生被尊重的感觉，有助于培养良好的媒体关系，树立正面的组织形象。

（3）经常性地开展媒体活动

通过开展媒体活动可以密切组织与媒体机构之间的关系，活动形式包括：通过赞助或冠名与媒体机构共同举办活动，如加多宝就通过连续四年冠名《中国好声音》与浙江卫视建立起稳固的合作伙伴关系；召开记者招待会、新闻发布会，在条件允许的情况下可以进行定期的媒体会晤。

（4）建立核心媒体关系网

面对各种各样的媒体，要想做到全面网罗、面面俱到几乎是不可能的。这就需要组织认真梳理，选择与组织关系最为密切、影响力更大的媒体机构建立核心媒体关系网，长期往来，重点关注。这样一批核心媒体不仅能在组织需要时助它一臂之力，其本身的行业影响力也会带动一批相关媒体对组织进行持续关注。

三、媒体采访

媒体采访是影视媒体沟通中最直接、最正式的一种沟通方式。采访过程中的一举一动、一言一行都会被直接暴露在公众面前。如何应对媒体采访，采访中有哪些注意事项，又有哪些面对采访的技巧，都是我们需要了解的内容。

1．事前准备

（1）了解媒体信息

这里的媒体信息包括两个方面。一方面是要了解本次采访的媒体机构的信息，包括媒体机构的性质、规模、采访报道的风格、受众群体等。通过对以上信息的分析可以有针对性地采取不同的合作方式。另一方面是要了解采访记者的相关信息，包括记者的采访风格、类型、个性、影响力、本次采访的意图、所服务栏目的特点及风格等，这样可以在接受采访的过程中有所侧重。

（2）做好正式采访前的准备

正式采访前的准备包括两部分工作：预测和演练。预测即根据上文所掌握的信息，结合采访目的，事先预测记者有可能提出的问题，做好回答的准备。当然，也可以通过媒体沟通获得记者的采访提纲，做好事先准备。还有一些是作为被采访者希望通过媒体采访传递给广大受众的信息，也可以在媒体沟通中向记者提出，通过采访设计巧妙地将其穿插进去。演练即彩排，可以通过模拟采访现场，对现场环境与氛围、采访流程及应注意的细节形成初步的了解，做到准备充分、有备无患。

（3）与媒体机构进行协商

被采访者不仅可以事先获得采访提纲，还可以通过协商达成采访协议，包括采访的时间、地点、相关人员、具体要求、注意事项、主题沟通等。在采访结束后也可以通过协商对内容进行调整和修补。需要注意的是，媒体协商不仅要为自身的受访目的服务，还要考虑到媒体采访的需求，保证媒体机构的采访权和受众的知情权。在条件允许的情况下，要尽可能配合媒体机构的采访工作，不应提出太过苛刻的要求。

2．采访中的应对

影视媒体的采访分为邀约采访、申请采访和突发性采访。针对不同情况下的采访活动有不同的应对措施。

（1）邀约采访

邀约采访是指组织主动邀请媒体机构进行采访活动。这类采访多在被采访者熟悉的环境中进行，如办公室等。采访前要布置好采访环境，安排好记者的接待工作。这类采访一般在采访前进行过充分的沟通，记者的提问也会围绕采访目的展开，被采访者在回答问题时也要紧紧围绕主旨，不要漫无目的地闲聊。一些与主旨无关的话题不要提及，避免误导记者的采访方向。此外，采访结束后还可向记者提供新闻稿，作为其采访内容的补充材料。

（2）申请采访

申请采访是由媒体机构主动提出采访请求。既然由媒体机构主动提出，就一定有记者感兴趣的采访素材。在同意本次采访前一定要充分了解记者的采访意图，一旦接受采访申请，就要与记者进行充分沟通，对于有可能在采访中出现的突发情况要做好预估。比如，有的记者可能临时起意，问题脱离采访提纲，或者与主旨无关，此时也不要慌张，要保持冷静，沉着应对。可以通过一些小技巧为自己赢得一些思考的时间，如自然地重复一遍记者的提问，或者请记者再解释一下刚才的问题。在短暂的思考后，可以如实回答的应该尽量配合，涉及敏感、机密问题的可以礼貌拒绝，而一些尖锐问题则要想办法巧妙化解，同时要尽量将话题引导至既定的主旨上。另外，如果不是直播节目，那在采访结束后也可以就刚才的问题进行协商，对有问题的部分进行剪辑，或者进行修补。

需要注意的是，申请采访除了可以在被采访者熟悉的环境中进行，还有很多是在电视演播室进行的采访活动。此时被采访者需要提前一小时左右到达现场，不仅要做好化妆等出镜准备，还要与导演沟通整个节目录制的流程和注意事项，并且利用这段时间熟悉演播室的环境，调整好心情。

（3）突发性采访

这类采访完全没有事前准备，记者通常是闻风而至，摄像机镜头和话筒突然就会摆在被采访者面前，各种刁钻尖锐的问题也可能接踵而来，这就对被采访者提出了较高的要求。除了要保持冷静，不要乱了分寸，更要注意自己的态度和语气，不能因为记者的刁难而大动肝火，甚至发生冲突。在尚未掌握事实的情况下切不可胡言乱语，也不能一直将生硬的"无可奉告"作为回应。事实上，能够表达积极态度和行动信息的话语，如"我们对此事很重视""事件正在调查之中，一旦有新的进展我们会马上通知大家"，远比"无可奉告"四个字更具说服力。或者通过巧妙引导将这种突发性采访转变为有准备的邀约采访，如"这个问题问得好，我也想就这个问题与各位媒体朋友进行详谈，方便的话我们可以近期安排时间专门就此问题深入探讨一下"。

如果觉得采访存在重大疏漏，一方面可及时通过公关人员与媒体机构进行沟通，第一时间尝试补救，另一方面可尽快邀约相熟的媒体机构或一些有影响力的主流媒体机构进行邀约采访，突出正面报道，尽量淡化突发性采访应对不当造成的不良影响。特别是在涉外媒体活动中，要格外注意言辞，讲好中国故事，传播好中国声音。

除了媒体采访，新闻发布会也是比较常见的与影视媒体机构进行直接、广泛联系的一种方式，具体内容参见拓展阅读7-2。

拓展阅读 7-2

如何举办新闻发布会

一、前期准备

1．跟踪信源

跟踪信源即想方设法掌握确保发言万无一失的所有信息，包括：列席重要会议、见证重大决策的早期讨论和产生过程；每日追踪媒体报道，了解舆论的热点和焦点问题；到事发现场进行调查，获取信息；与其他人和其他部门协调口径。

2．分析舆情

对收集到的报纸、电视、网络上的信息加以分析，为新闻发布和回答记者提问提供参考。分析舆情是为了下一步策划新闻发布的方式和时机。

3．准确押题

提前猜测记者的问题，做好应答的准备。

4．准备口径

对于敏感问题的口径要请示高层领导同意或与其他部门协商。对于跨部门问题的口径也要与有关部门协商。针对突发事件要与负责处理事件的责任人联系，索取发言口径。

5．把握时机

一般选择在有重点事件发生或重要消息发布时召开发布会。同时，要注意避免与可预期的其他重大新闻事件的发生或其他重大发布会的召开时间冲突。

6．确定人选

主要确定合适的发言人和主持人，有时会由同一个人担任发言人和主持人。

7．准备文稿

文稿包括发放给记者的新闻通稿，以及与发布信息相关的背景资料、发言提纲、开场白等。

8．邀请记者

制作邀请函，注明发布主题、举办时间、举办地点及简易地图等。提前一周发出邀请函，并在发布会开始前一两天电话通知确认。

二、现场流程

1．形象设计

形象设计包括仪容、仪表和仪态三个方面。仪容指身材容貌，仪表指着装打扮，仪态指言谈举止。着装以正装为宜，言谈举止也要礼貌、大方，良好的形象可以给记者留下深刻的印象。

2．介绍成员

一般在有领导、专家出席的情况下需要介绍这些人员。

3．说开场白

开场白要控制好字数和时间，特别是在有记者提问环节时，开场白最好不要超过1500字，时间不超过 5 分钟。还可以在会后向每位记者提供一份书面的开场白文稿作为新闻素材。

4．记者提问

在提问环节会同时有多名记者要求提问，此时由发言人或主持人选择提问记者，一定要注意秉持公平原则。

5．答记者问

总的原则是要言简意赅，在面对一些刁钻问题、敏感问题和尖锐问题时要注意回答技巧的使用。

6．控制场面

发言人必须及时将记者的关注焦点引导到自己预设的方向上。现场控制要做到不动声色，自然流畅地开始和结束发布会，不能给记者留下生硬粗野的印象。

7．控制时间

一方面要控制每个问题的问答时间，另一方面要控制整场发布会的时间。

三、会后评估

发布会后需要收集来自组织领导、公众、媒体机构和组织内部对发布会效果的评价。

资料来源： 赵勇．媒体沟通［M］．上海：上海人民出版社，2014．

拓展阅读 7-3

新闻发言稿的写作

新闻发言稿是新闻发布会上系统全面地传达公关主体基本事实与观点的稿件。由于发言稿可以事先准备和反复修改，因此发言人可以自己撰写，也可以委托新闻发言团队中的"写手"完成。发言稿的写作要求需要符合公关主体的利益，资料丰富、事实准确、逻辑严谨、语言畅达、合情合理，能根据参会媒体的实际情况，适当加入具有新闻传播价值的内容，并为参会记者提供新闻标题、翔实的统计数据、形象化的细节，甚至为记者提供新闻评论视角、框架与成稿。运用"信息补贴"的方式可以加大公关主体对传媒议题设置的力度，加强其舆论引导力。

一般来说，发言稿的长度要根据发布会的主题与时间来定，不能太长，也不应太短，占发布会整个时间的 1/5～1/4，其余留给主持、提问和翻译。当然，也可以根据具体情况来调整。

资料来源： 段弘．传媒公关与公关传媒：媒介公关学教程［M］．成都：四川大学出版社，2014．

子模块三　新媒体沟通

什么是新媒体？所谓新媒体，是相对于以报纸、杂志、广播、电视为代表的传统媒体而言的。新媒体是以数字技术为基础，以互联网、移动通信、卫星信号等为运行平台，以网络媒体、手机媒体和数字电视等为代表的媒体形态。新媒体沟通就是以这些媒体为媒介进行的信息传播活动。党的二十大报告明确提出，要"加强全媒体传播体系建设，塑造主流舆论新格局"，在这样的背景下，如何利用新媒体开展沟通活动就显得尤为重要。

一、新媒体沟通的特点

新媒体作为一种不同于传统媒体的媒体形态，具有参与度更强、开放度更高、传播度更快的特点。这也就决定了新媒体沟通除了具有传统媒体沟通所具备的一般性特点，还具有以下特点。

1. 沟通活动的便捷性

新媒体沟通打破了时间和空间的限制，可以随时随地进行沟通活动。传统媒体沟通活动往往受到客观环境的制约而无法实现或影响沟通效果。我们在传统媒体沟通中常见的新闻发布会、记者招待会、媒体采访等形式都对地点的选择、时间的安排提出了较高的要求，需要耗费很多的时间、精力进行协调。一旦沟通双方就这两点无法达成一致意见，那么沟通活动将很难继续。

而新媒体沟通依赖于如今无处不在的互联网，可以说只要有网络的地方就可以进行沟通活动。你可以利用机场候机的时间通过智能手机回复记者的邮件，也可以身处异地通过微信进行一场即时精彩的答记者问，即使面对最为头疼的危机事件，也可以第一时间在网站、微博、微信上做出回应。

2. 沟通内容的多样性

新媒体沟通内容的多样性体现在两个方面。

（1）内容来源的多样性

中国互联网络信息中心发布的第52次《中国互联网络发展状况统计报告》显示，截至2023年6月，中国互联网普及率达76.4%，网民总数达10.79亿人。如此庞大的网民队伍既是信息内容的接收者，也扮演着信息内容的生产者和传播者的角色。作为内容生产者，不同身份、不同专业、不同背景的网民为新媒体提供了海量的信息内容。微博2023年第三季度财报显示，截至三季度末，微博月活跃用户达6.05亿人，移动端用户占比95%。

不可否认的是，海量内容虽然极大程度地满足了人们对信息的渴求，但是增加了信息筛选的难度。如何在扑面而来的信息大潮中捕获所需的最有效内容，这无疑是我们在新媒体沟通过程中需要格外注意的一点。

（2）内容呈现形式的多样性

首先就内容形式来看，新媒体沟通内容中既有传统媒体沟通内容，这一部分往往提供的是全面、深入、详尽的信息内容，也有新媒体独特的微内容，如140字以内的微博、短到只有几分钟的微电影或自制视频，都在有限的篇幅或时间内精确凝练地表达了核心内容。

其次就内容呈现方式来看，新媒体沟通内容通过文字、图片、视频、音频等多媒体方式进行传播。除此之外，新媒体沟通还可以通过超链接将不同空间的信息内容整合在同一网络空间下。

3. 沟通对象的个体化

新媒体沟通的对象既可以是某个新媒体组织，如新浪、搜狐这样的门户网站，也可以是掌握话语权的个人，也就是我们常说的"意见领袖"，如加 V 认证的微博账号、微博达人等。"意见领袖"一词最早由传播学先驱拉扎斯菲尔德提出，是指那些在人际传播中经常为他人提供信息或意见，并对他人施加影响的活跃分子。

这一点在主流媒体中几乎不可能实现，传统的大众传播媒介，如电视、报纸、广播等都是以媒体组织的形态存在，享有绝对的话语权，充分地扮演其信息"把关人"的角色，个人的声音很容易就被淹没在媒体组织的强势之下。而在新媒体沟通中，尤其是在自媒体（见拓展阅读 7-4）高度发达的大环境下，一些在网络世界拥有一定影响力的个人可以通过微博、微信、博客等形成自己的个人媒体，成为"意见领袖"，推动舆论发展。比如，网络红人、名人和一些草根大号的微博，往往会在几分钟内吸引上万人的关注、评论、转发。而这种在短时间内一传十、十传百的"病毒式"传播扩散又进一步加强了这些"意见领袖"的影响力，其传播速度之快、影响范围之广是很多主流媒体都难以企及的。

4. 沟通形态的交互性

新媒体沟通形态的交互性体现在两个方面。

首先，新媒体沟通的参与者之间的信息传播活动是双向的。传统的大众传播媒介的信息传播活动基本都是单向的，是自上而下的，需要多层审核与把关。这样一来，信息的反馈就会延迟，甚至受阻。新媒体的信息沟通活动具有门槛低、传播快的特点，只要拥有网络和终端，信息的传播与反馈就很容易实现。

其次，新媒体沟通的参与者享有平等的话语权。传统的大众传播形态是"一对多"的，主流媒体控制话语权，成为信息生产者和传播者。新媒体沟通形态是"多对多"的，沟通活动的参与者平等地享有倾听的机会和倾诉的权利。

基于新媒体沟通的以上特点，我们在沟通的过程中可以有针对性地开展新媒体沟通活动。

拓展阅读 7-4

自媒体的内涵

自媒体的本质是信息共享的即时交互平台，是利用网络新技术进行自主信息发布的那些个体传播主体。自媒体包含两个主要因素：运用互联网技术；具有个人作为传播者的自主性。

自媒体的"自"包含两个方面。一是人人都可发声，即"We Media"。自媒体的平民性特征很强，每个人都可以通过网络平台发表自己的言论和看法，发布一些信息。二是自由度更强。自媒体与之前的网络媒体相比，拥有更自由的话语空间和自主权。人们所获取的信息不再来自主流媒体机构，而是来自某一民间团体或某一个人。在此时，人们获取信息的方式更自由，每个人都是信息的生产者和消费者。

资料来源：哈默. 新媒体写作平台策划与运营［M］. 北京：人民邮电出版社，2020.

二、新媒体沟通活动

新媒体沟通在实施过程中按照沟通主体的不同分为两种类型：一种是与各类新媒体组织进行的沟通活动，其主体是其他社会组织；另一种是利用新媒体平台进行的沟通活动，其主体是新媒体组织。

1. 与各类新媒体组织进行的沟通活动

这一类型的沟通活动可以分为四步。首先要明确主题，即为什么要进行这次沟通活动，希望达到怎样的目标。并且要根据主题选择合适的新媒体组织，也就是新媒体组织细分，了解新媒体组织的性质、背景和特点，据此确定是选择大型的门户网站，还是选择有一定影响力的自媒体平台，是选择专业性强的行业网站，还是选择受众面广的综合性网站。

接下来要组建媒体公关团队，由专人负责新媒体沟通的一切事务。在新媒体沟通中，人员的选择需要格外注意，最好选择那些有过新媒体工作经验的人员，熟悉新媒体工作流程，或者本身就熟练使用各类新媒体平台的人员，如那些经常在论坛、贴吧发帖的"楼主"，微博达人和播客视频爱好者等。

之后要落实到沟通环节。媒体沟通归根结底还是与媒体人之间进行的沟通。因此，新媒体沟通不仅要把握新媒体人的特性、要求、风格，还要注意新媒体人的行业特性。新媒体行业内容更新速度快、信息发布及时、信息量大，所以多数从业者都秉持高效的工作作风。与他们打交道，一定要简洁精练地表达核心意思，切莫拐弯抹角。在行动决策上也要果断坚决，一时的犹豫或拖延很可能会错过最佳的沟通时机，切莫拖泥带水。

最后是组织沟通活动。新媒体沟通活动和传统媒体沟通活动相似，包括发新闻稿、召开网络新闻发布会等。新媒体的新闻稿撰写要注意语言的简洁精练，不要使用太多的专业术语，内容要通俗易懂，如果有需要特别阐释的内容可以以背景资料的形式提供给记者，而不要在新闻稿中耗费过多的笔墨；另外，在读图时代，大量的配图也可以增加新闻稿的可读性。网络新闻发布会是建立一个虚拟的新闻发布现场，利用网络将各处的与会者组织起来进行沟通活动。与传统的新闻发布会相比，网络新闻发布会不受时间、空间、参会人数的限制，可以通过文字、图片、视频、音频等多媒体手段进行内容传播，也可以通过网上直播的形式进行现场新闻发布。

开展这类新媒体沟通活动的应对策略有两点。

首先，要与这类新媒体人保持良好的关系。这里的"关系"不仅包括日常媒体关系维护，还包括在虚拟网络环境下特有的社交关系维护。比如，积极建立与新媒体人的网上联系，关注他们的微博、博客，对他们更新的内容做出及时、中肯的评论；通过微信朋友圈建立深层联系，通过微信群拓展新媒体人脉网；经常性地通过电子邮件、QQ、微信等即时通信软件向新媒体人发送企业资讯、最新消息等。

其次，建立自身在互联网上的影响力。这就需要拥有自己的社交媒体。但是仅在微博、博客、论坛这样的新媒体平台上出现还不够，还应该积极参与互动，在这种平台上发表自己的独到见解，回答网友的提问，分享自己的经验。这样不仅能够获得更多的读者，也能吸引记者等新媒体人的关注。他们在需要这方面的咨询时自然而然会想到你，或者通过话题搜索到你发布的内容。一旦有一个新媒体记者在他的文章中提到你的观点，或者在某个网站栏目中使用了你的文章，你就将有机会获得更多的媒体关注。

2. 利用新媒体平台进行的沟通活动

这类新媒体沟通活动主要是指利用微博、博客等新媒体平台直接与目标受众进行沟通的活动。这样一来就不再与新媒体人产生关系，也不涉及新媒体组织细分的问题。同时，这类新媒体沟通活动是长期的、稳定的，而不仅针对某次事件或某个具体的沟通主题。具体来说，首先需要建立企业组织的官方网站或微博、微信公众号（也可以是极具网络影响力的企业领导的个人微博，如锤子科技 CEO 罗永浩的微博）；其次由专人负责这些新媒体平台的日常维护与运营，包括信息发布、问题回复、开展各种线上线下的互动活动等。一般来说，选择公关人员或具有新媒体从业经验的人员负责这类新媒体平台的运营会更加合适。

三、新媒体沟通中存在的问题

网络是一把双刃剑。由于网络自身存在着虚拟化、自由化、开放化的特点，因此基于网络平台的新媒体沟通也存在着不可忽视的弊端。

1. 信息的真实性存疑

新媒体没有传统意义上的"把关人"，这一方面保证了整个媒体环境的高度自由与开放，但另一方面不可避免地要面对虚假信息甄别困难的问题。在新媒体平台上每日向受众提供着海量信息，这些信息的发布者多为匿名，无从核实，信息审核又远没有传统媒体那样严格，言论也缺少有效监管，因此信息的真实性很难得到保障。而普通受众缺少甄别虚假信息的能力，因此很容易被一些炒作者利用，成为谣言散播的工具。纵观近几年发生的网络谣言案件，不管是个人、企业还是政府都深受网络虚假信息的侵害，一旦处理不好就会使事态恶化，爆发群体性事件。

2. 信息的保密性差

新媒体高度开放的媒体特性势必存在着信息泄露的隐患。在一系列的新媒体沟通活动中，类似账号注册、实名制认证、物流信息查询、网上购物等行为都存在着信息泄露的风险。以个人信息泄露事件为例，几乎每个手机用户都收到过垃圾短信的骚扰。某些企业或企业内部工作人员为了牟利，甚至会主动向房产公司、金融理财公司等有需要的对象售卖用户数据。如何增强新媒体沟通过程中的信息保密性，防止类似事件再度发生成为亟待解决的问题。

要解决以上这些问题，充分发挥新媒体平台在信息沟通中的特点与优势，就要通过舆情监控及时实施风险应对，将新媒体发展导入良性积极的轨道。在接下来的模块中将针对舆情监控与风险应对进行深入探讨。

子模块四　舆情监控与风险应对

党的二十大报告指出："牢牢掌握党对意识形态工作领导权，全面落实意识形态工作责任制，巩固壮大奋进新时代的主流思想舆论。"要壮大主流思想舆论，推动网络生态建设，舆情监控是必要的手段。什么是舆情监控？在介绍舆情监控之前，我们首先要知道什么是"舆情"。舆情是"舆论情况"的简称，是指在一定的社会空间内，围绕社会事件的发生、发展和变化，作为主体的民众对作为客体的社会管理者、企业、个人与其他各类组织及其政治、社会、道德等方面的取向产生和持有的社会态度。它是民众关于社会中各种现象及问题所表现的信念、态度、意见和情绪等的总和。舆情监控则是对民众公开发表的言论及观点等进行监督、预测、控制和引导的行为。

以报纸、电视为代表的传统媒体，准入门槛高，民众无法借助这样的媒体完全自由自主地表达意见，政府对传统媒体及其舆论的监管也更严苛。而在网络媒体中，舆情的监管难度更大，风险更高。

一、网络舆情形成的过程

通过图 7-2 我们可以看到，在事件发生后，需要一段时间进行信息传播活动，根据事件的性质和严重程度，传播活动持续的时间有长有短。接下来通过信息传播活动会有越来越多的网民和网络媒体接收事件信息，不同的人、不同的网络媒体对于事件会形成不同的意见，这些意见经由网络平台传播出去影响更广泛的受众，于是形成舆情。政府或事件涉及的相关机构需要掌握舆情动态，通过各种手段引导舆情朝着良性的方向发展。

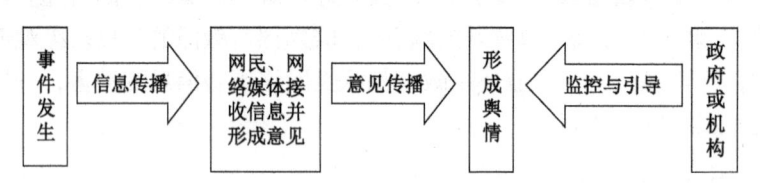

事件发生 → 信息传播 → 网民、网络媒体接收信息并形成意见 → 意见传播 → 形成舆情 ← 监控与引导 ← 政府或机构

图 7-2　网络舆情形成的过程

分阶段来看，整个网络舆情的发展可以分为四个阶段：酝酿期、形成期、爆发期和衰退期。接下来我们就结合在 2014 年 8 月兴起并风靡一时的"冰桶挑战"事件来分析一下在这四个阶段网络舆情的发展变化情况。

冰桶挑战全称 ALS 冰桶挑战赛（ALS Ice Bucket Challenge），要求参与者在社交网站上发布自己被冰水浇遍全身的视频内容，然后该参与者便可以点名其他人来参与这一活动。活动规定，被邀请者要么在 24 小时内接受挑战，要么就选择向 ALS（肌萎缩侧索硬化症，又称"渐冻人症"）协会捐出 100 美元。该活动旨在让更多人知道并关注 ALS 这一罕见疾病，同时达到为患者募款、帮助他们治疗的目的。

酝酿期：8 月 17 日前，一些网友利用微博、微信等自媒体平台零星转发国外名人参与冰桶挑战的视频和新闻，部分网友希望也能参与挑战。据天涯舆情监测中心监测，国内冰桶挑战活动最早由@吴丹扬（微博名）在8月9日发起，但因个人粉丝有限并未引起众人的关注。在此期间，这则源于国外舆论场的社交话题经由国内自媒体传播后，渐渐开始进入国内舆论场，引发网民的关注。

形成期：8月17日，小米创始人兼CEO雷军接受国外DST老板Yuri的冰桶挑战，并点名奇虎360 CEO周鸿祎、锤子科技CEO罗永浩、华为荣耀业务部总裁刘江峰等企业大佬参与挑战，随后不少企业大佬被相继点名。在企业大佬的"带头示范"下，该项挑战活动一进入中文互联网便呈裂变式传播，瞬间引爆国内舆论场。

8月18—20日，该项挑战活动开始向演艺界、体育界扩散。被点名的人越来越多，名人效应进一步扩散，很多普通网友不仅围观大佬们被水浇的窘态，还纷纷参与进来。与此同时，传统媒体也开始大面积报道，该话题进入全媒体传播阶段。

爆发期：8月20日后，该话题呈多元化扩散传播，网络舆论除了继续关注各界人士参与挑战，也对渐冻人现状、创新公益、罕见病救助等方面进行关注和解读。也有舆论指责一些名人或机构的冰桶挑战系表演作秀，违背了慈善初衷。另外，政府部门也参与进来，原国家卫生和计划生育委员会被点名，民政部表态。在名人效应及主流媒体的大面积报道下，该话题在网络舆论场全面爆发，舆情热度呈几何级指数增长，网络舆论持续热议。

据天涯舆情监测中心的统计，截至2014年8月21日24时，相关话题论坛帖文超过1000条，相关话题网络新闻超过13 000篇，相关话题微博超过300万条，引发20.9亿人次阅读。来自各方面的数据显示，此话题的舆情热度正处于持续热议阶段，其后势发展值得社会各界密切关注。

衰退期：8月底冰桶挑战相关舆情开始出现降温的趋势。

从冰桶挑战的案例中可以看出，整个事件从酝酿到衰退的过程时间非常紧凑，可以说整个舆情发展在极短的时间内就形成一种井喷的态势，这与此次事件的大众性、娱乐性有着紧密的关系。还有一些事件由于其本身的严肃性和可能产生的重大影响，舆情发展过程相对就没有这么迅速，如马航MH370失联事件，从2014年3月8日事件发生一直到2015年7月发现飞机残骸，随着新情况、新进展的出现，整个事件在一年多的时间里多次成为舆情热点，掀起一轮又一轮的舆论高潮。

二、舆情监控的原则和方法

1. 舆情监控的原则

舆情监控的基本原则可以概括为十六字方针，即"预防为主，适时干预，把握分寸，持续追踪"。

（1）预防为主

舆情监控，首先要做的就是监督和预测，以达到未雨绸缪、防患于未然的目的。具体来说，可以安排专门的机构、部门和人员进行舆情监督工作，长期监督网络舆情的发展变化情况，掌握整体趋势，为及时干预做好准备。此外，要建立网络舆情预警机制，通过舆情数据收集与统计，进行定量与定性分析；研究与判断事件可能产生的影响和传播的效果;设置预警等级,根据事件的热度、强度和影响程度,设置蓝色、黄色、橙色、红色四级预警。

制定网络舆情处理预案,要根据蓝、黄、橙、红四个等级的舆情特点分别有针对性地制定预案,预案内容包括舆情收集、舆情研判、舆情报告、舆情处理和引导等环节,预案实施过程中可根据具体情况进行灵活调整。

(2)适时干预

适时干预的"时"有两层意思。一层意思是强调及时,要在第一时间发现舆情,做出反应,发现越早,干预越及时,处理效果就越好。结合前文提到的网络舆情发展四阶段来看,在酝酿期的及时介入往往更能取得理想的引导效果。另一层意思是抓住最佳的处理时机,人民网舆情数据中心提出"黄金四小时"法则,此法则主要针对网络舆情传播速度快、传播范围广的特点。如果不做任何干预,那网络舆情发展很可能在四小时之内就演变为铺天盖地、无法收拾的局面。

对于舆情的干预,包括控制和引导两个方面,其中以引导为主。提到"控制",很多人第一时间想到的是在网上经常出现的删帖、禁止发言等强制性措施,这是我们在面对很多网络暴力事件时不得已采用的一种强制手段,在短时间内可以达到明显的效果,但一定要谨慎使用,因为使用不当会激起网民的逆反心理,引发更大的负面舆论。

舆情干预最重要的还是引导,一方面要积极组织力量对网络上的帖文、报道、评论,及时做出回应、跟帖、互动,引导网上言论,另一方面要积极联系主流媒体,利用它们的影响力和权威性占领舆论高地,获取网民的信任。

(3)把握分寸

一方面要把握好尺度,既要充分尊重网民的言论自由,但面对有损国家利益和侵害他人正当权益的言论也要坚决制止;另一方面要把握好态度,立场要鲜明、态度要坚决,但同时也要允许不同声音的存在。

(4)持续追踪

正如前文提及的马航MH370失联事件一样,很多网络舆情的发展随着事件的推进具有持续性的特点,网络舆情的监控也要做好长时间追踪的准备,既要实时关注舆情新动向,又要根据变化,不断发布新声音引导舆情。

2. 舆情监控的方法

(1)利用技术手段提高硬件水平

目前国内普遍使用的舆情监控技术手段是舆情监测系统,通过该系统可以实现对网上信息的数据化处理,包括信息的抓取、筛选、分析、处理等,实现全面、精准、实时的舆情监控,达到及时预警的效果。有些平台还可提供详细的预案支持。服务的对象既包括政府、行业、企业、媒体等组织,也包括个人用户。

目前常见的舆情监测系统有这样几类:第一类以媒体为主体,包括人民网舆情数据中心、新浪舆情通等,这类舆情监测系统立足于媒体,享有先天的资源优势,数据的获取更全面、便捷;第二类是以RANK舆情监测系统、红麦舆情研究实验室为代表的专门性的舆情监测机构,这类舆情监测系统的专业性更强,监测与分析结果也更加客观;第三类是以高校和科研机构为依托的学术机构,如天津社会科学院舆情研究所、复旦大学传媒与舆情调查中心,这类舆情监测系统的学术性更强、理论水平更高。

(2)新旧联动占领舆论高地

这里的"新"和"旧"分别指的是以互联网、手机为代表的新媒体和以报纸、电视为代表的传统媒体。在网络舆论环境下,传统媒体依然享有高度权威的裁判权。网络信息的来源多样、传播迅速,而对网络信息把关的环节被极大弱化,因此就有了前文提及的网络虚假信息多,网络泄密事件频发等问题。在面对各种各样的声音时,网民很容易被误导,成为不良舆论传播的工具,这时候就需要报纸、电视等传统的权威媒体出面,发出正面声音,占领舆论高地。《人民日报》和《中国青年报》、新华社、中央电视台、各大省级卫视等都是传统的权威媒体,这类媒体的信息把关严格、影响力大、公信力强,能够有效地引导舆论导向,纠正错误信息,遏制不良信息的传播。

以2015年8月12日发生的天津港爆炸案为例,由于新媒体在传播速度方面的先天优势,整个事件从爆发开始,针对各种新情况、新进展,新媒体平台进行了及时发布。与此同时,一些未经核实的不实信息也借助网络平台散播开来,"恐怖活动说""毒气扩散说""副市长之子涉案说"等言论严重混淆视听、扰乱舆情。在民众开始不安和猜测时,各大报纸、电视等主流媒体开始发声,政府辟谣、专家证言、现场报道,及时有效地抑制了不实信息的扩散,获得民众的信任。同时,这些传统媒体也开始利用自己的新媒体平台及时发布信息,如央视微博、央视新闻的微信公众号,都在第一时间发布了来自传统媒体的权威报道,既保证了信息的真实性,又发挥了新媒体快速传播的优势,取得了良好的效果。

(3)弘扬正能量倡导网络道德

舆情监控不能一味靠防靠控,而是要从根本上提高网民的道德水平。要通过议程设置引导社会舆论,建立正确的价值观;增强网民的自律意识,提升网民的网络道德修养,发挥道德情操的约束作用,引导网民切实规范自身的网络行为。

三、如何应对风险

如果舆情监控的效果不理想,那么如何应对有可能发生的风险呢?可以从以下三个方面入手。

1. 第一时间做出回应

很多网络舆情的发展都是因为没有在第一时间做出回应而演变为无法收拾的局面。抓住事件曝光后的"黄金四小时"是将风险降至最低的关键点。以在2013年闹得沸沸扬扬的知名导演超生事件为例,事件于2013年5月被媒体曝光,引起网友火速围观,当事人方面一直未做出任何回应,而主管计划生育工作的各级卫生和计划生育委员会也多以"正在调查核实",甚至以"找不到当事人"为由进行回应。由于缺少来自当事人和政府部门的权威回应,一时间网上各种声音四起,传闻该导演有七个孩子,网友戏称其为"葫芦娃他爹";也有人质疑卫生和计划生育委员会不作为,并在网上发出"帮助卫生和计划生育委员会寻找某导演"的呼吁;还有人称这是"名人特权",多个育有多子的名人被网友扒出,其子女信息遭人肉。整个事件愈演愈烈,越来越多的人被卷入其中。直到2013年12月,事件曝光5个多月后导演工作室才正式做出回应,承认超生,并公开道歉。事件以该导演如实缴纳700多万元的罚款为结局，一场持续了半年多的舆论热点总算落幕了。试想如果在事情发生的第一时间当事人就能做出回应，那么有关"超生门"的舆情也就不会一再发酵，造成如此大的负面影响。

2. 统一口径

除了要在第一时间做出回应，回应的内容也要注意保持一致。特别是一些重大事件，涉及的人员多、身份杂，不同人在面对媒体做出回应时要做到口径一致，同一个人在不同时间、不同媒体前做出的回应也要前后一致。一旦出现口径不一、前后矛盾的情况，就会严重影响组织的公信力。还是以马航MH370失联事件为例，马航、马来西亚军方、马来西亚民航局、马来西亚政府在回应相关事件时多次出现口径不一、前后矛盾的情况。先是有政府官员确认飞机被劫，后又有民航局局长出面否认，强调只是存在劫机可能；关于失联前的飞行航线，先是有空军司令表示失联前飞机有折返迹象，但很快遭到总理办公室发言人的否认，可是没过两天时任总理纳吉布又表示可能往西北方向折返。这种口径不一、前后矛盾的情况，遭到来自民众、媒体和他国政府的质疑，这无疑给焦头烂额处理马航事件的马方雪上加霜，甚至后来马方再有新的消息发布，很多网民都持怀疑态度。

3. 理性应对

面对网络舆情压力既不能一味躲也不能强制压，而是要理性应对。首先要坦然面对，不藏不瞒，承认事情的存在，并如实汇报目前的情况和后期的安排，一味地躲藏只会引发民众的不安情绪。一时的隐瞒可能会得到短暂的太平，一旦被揭发则将掀起更大的波澜。2011年微博名人罗永浩曾掀起一场声讨某品牌冰箱门关不严的网络事件，其实事件爆发初期只是罗永浩本人在其个人微博上抱怨自家某品牌冰箱门关不严，很快得到了众多粉丝的评论与转发，也有人表示自己家同品牌冰箱也遇到过同样的问题。可是该品牌却拒绝承认是其质量问题，并在其官方微博上否认事实，甚至试图通过微博私信尝试私了，在遭到拒绝后又疑似雇佣网络"水军"以言语暴力攻击罗永浩微博。一时间网友们群起而攻之，纷纷在其官方微博下发表评论，在强大的舆论压力下该品牌非但没有进一步表态，反而关闭了评论，删除了部分内容。而罗永浩组织该品牌冰箱用户在西门子总部门口维权，并现场砸坏三台冰箱的事件将整个网络舆情推向了高潮。最后，在事情发生两个多月后该品牌中国区总裁终于发表公开道歉信，承认冰箱质量存在问题，并承诺维修。

其次要态度诚恳，真诚沟通。在央视3·15晚会上被曝光，某知名国外手机品牌因为实行双重标准，在中国的售后政策涉嫌歧视；某国产汽车品牌则陷入"生锈门"的负面舆论。两家公司都就此事件先后在各自的新媒体平台上做出回应，但回应的态度和具体行为截然不同。手机公司在其官网上连发三篇声明，但声明内容被指态度傲慢，缺少诚意，不仅没能达到遏制负面舆论的作用，反而激起媒体和用户的愤怒，掀起媒体长达半个月的口诛笔伐。相反，汽车公司则第一时间在其官方微博中诚恳道歉，承诺召回问题汽车，并在新车发布会上由企业代表现场向媒体和用户鞠躬道歉，可谓诚意十足，一举获得媒体好评和用户谅解。

思考与练习

1. 影视媒体常用的沟通手段有哪些？
2. 新媒体沟通中存在哪些问题？如何解决这些问题？
3. 简述舆情监控的基本原则。
4. 如何应对舆情风险？

技 能 训 练

案例一： 2010年7月，某知名洗发水品牌被曝光含有被美国列为致癌物质的二恶烷。消息一出，危机的狂潮即刻掀起，各大主流媒体、网站开始进行疯狂报道，各种批判性很强的网络专题也随之推出。该品牌所属集团公司的股价受此影响，早盘放量大跌15.14%。面对汹涌而来的质疑，该公司当天下午就开始了密集的危机公关。首先，在其官网上发布《关于××周刊失实报道的严正声明》，表示产品所含的微量二恶烷远低于世界标准，绝对不会对人体健康构成影响；集团对该媒体的失实报道及其所带来的影响保留采取进一步法律行动的权利。其次，该公司还在新浪开通微博，短短两小时，发布了15条微博消息，从不同角度对二恶烷进行了知识普及。强大的危机激流将其打了个措手不及，但事件很快又柳暗花明。不久，原国家食品药品监督管理总局发布通报：经过抽检，某品牌制售的洗发水中，二恶烷含量不会危害健康。对产品的合法性来说，质监部门的检测报告代表了官方对事件的定调。但对市场和消费者信心来说，质检部门的报告却并非灵丹妙药，无法在短时间内迅速重振消费信心。原国家食品药品监督管理总局发布通报后，该公司也开始"还击"，发声明称将起诉相关媒体。其后又爆出"某公司员工打媒体人事件"，立即将该公司与大多数媒体对立起来。

案例二： 自2015年2月，一条将知名影视明星代言洗发水的广告和网络神曲《我的滑板鞋》做了无缝衔接的视频在网络上一夜火了起来。而就在短短两天后，该洗发水官方第一时间推出了"原装正版""Duang"视频。这一举动不仅将"Duang"的热潮推向又一波高潮，同时该品牌商"自黑"的娱乐心态也获得了不少业内人士及消费者的高度认可。坐等"躺枪"不如"自黑"，该品牌商火速出"大招"，短时间内"Duang"在微博上已被提及840万次，并由此催生了一个同义词标签。直到2月底，"Duang"仍是微博的热门话题，被提及了近10万次，新一轮的发布和转发依旧滚滚而来。

作为当事方的洗发水品牌也以一则《我是拒绝盗版的，正版Duang降临》视频做出了回应。

分析在这两则案例中两家公司分别采用了何种媒体沟通策略，指出其媒体沟通的可取之处和存在的问题。

能 力 自 评

一、专业能力自评：组织媒体沟通会

目标：以小组为单位，组织一场媒体沟通会，会议内容包括现场组织、流程安排、问题设置、新闻稿撰写等。

说明：教师根据实际情况设置模拟情境，由学生分组完成。

二、核心能力自评

核心能力	是否提高
传统媒体的应用能力	
选择合适媒体的能力	
新媒体沟通的能力	
公关应变的能力	
舆情监控的能力	
媒介意识	
媒介素养	
网络道德	
自评人（签名）： 　　　　　　　　　　年　月　日	教师（签名）： 　　　　　　　　　　年　月　日

注："是否提高"一列可填写"明显提高""有所提高""没有提高"。

模块八 沟通的哲学思考

- ☑ 学习目标
- ☑ 内容结构
- ☑ 引例 中国哲学的精神
- ☑ 子模块一 与自然的沟通——万物照应自然
- ☑ 子模块二 与圣贤的沟通——与孔子对话
- ☑ 子模块三 自我沟通——等待自己的灵魂
- ☑ 子模块四 与团队成员的沟通——合作共赢
- ☑ 子模块五 跨文化沟通——身处地球村
- ☑ 思考与练习
- ☑ 技能训练
- ☑ 能力自评

学习目标

通过本模块的学习，应该达到以下目标

知识目标： 通过案例剖析引发思考，在思考中掌握与自然沟通、与圣贤沟通、自我沟通、与团队成员沟通、跨文化沟通所需的方法，引导自身成为"哲学的我"。

技能目标： 学会从哲学的视角出发，运用沟通的方法分析、解决问题。

素养目标： 哲学思考是最高的精神享受，通过该模块的学习，培养一定的哲学素养，学会与自然环境、周围环境、自我和谐相处，激发自身的浩然正气、使命感，并使自身从哲学学习中得到慰藉。

内容结构

模块八的内容结构如图8-1所示。

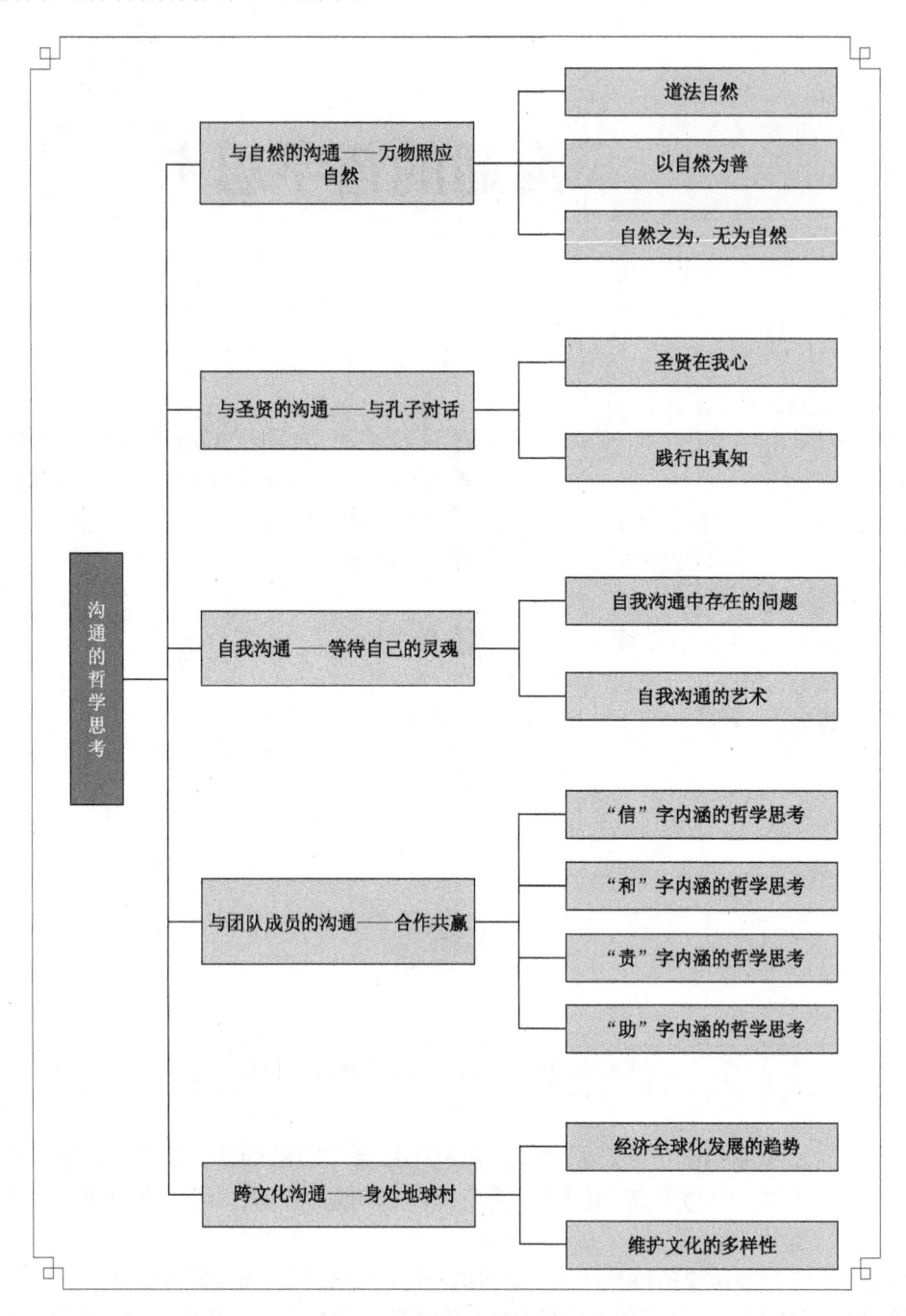

```
沟通的哲学思考
├── 与自然的沟通——万物照应自然
│   ├── 道法自然
│   ├── 以自然为善
│   └── 自然之为，无为自然
├── 与圣贤的沟通——与孔子对话
│   ├── 圣贤在我心
│   └── 践行出真知
├── 自我沟通——等待自己的灵魂
│   ├── 自我沟通中存在的问题
│   └── 自我沟通的艺术
├── 与团队成员的沟通——合作共赢
│   ├── "信"字内涵的哲学思考
│   ├── "和"字内涵的哲学思考
│   ├── "责"字内涵的哲学思考
│   └── "助"字内涵的哲学思考
└── 跨文化沟通——身处地球村
    ├── 经济全球化发展的趋势
    └── 维护文化的多样性
```

图8-1　模块八的内容结构

模块八　沟通的哲学思考

> **引　例**

中国哲学的精神

哲学在中华文化中所占的地位，历来可以与宗教在其他文化中的地位相比。在中国，哲学与知识分子人人有关。在旧时，一个人只要受教育，就是用哲学发蒙。儿童入学，首先教他们读《四书》，即《论语》《孟子》《大学》《中庸》。西方人看到儒家思想渗透中国人的生活，就觉得儒家是宗教。可实事求是地说，儒家并不比柏拉图或亚里士多德的学说更像宗教，人们谈到哲学或宗教时，心中所想的与之相关的概念，可能大不相同。至于我所说的哲学，就是对于人生的有系统的反思的思想。每一个人，只要他没有死，他就在人生中。但是对于人生有反思的思想的人并不多，其反思的思想有系统的人就更少。哲学家必须进行哲学化，他必须对于人生进行反思，然后有系统地表达他的思想。

学哲学不单是要获得这种知识，而且是要养成这种人格。哲学不单是要知道它，而且是要体验它。正如我的同事金岳霖教授所说："中国哲学家都是不同程度的苏格拉底。其所以如此，因为道德、政治、反思的思想、知识都统一于一个哲学家之身；知识和德行在他身上统一而不可分。他的哲学需要他生活在其中，他自己以身载道。遵守他的哲学信念而生活，这是他的哲学组成部分。他要做的事就是修养自己，连续地、一贯地保持无私无我的纯粹经验，使他能够与宇宙合一。"

资料来源：冯友兰. 中国哲学简史［M］. 北京：北京大学出版社，2012.

💡 **思考**：同学们，读了上面的案例后，请你们对照一下自己，有无人生的座右铭、为人处世的原则或不可触碰的道德底线？你们反思过自己的人生吗？

子模块一　与自然的沟通——万物照应自然

同步案例 8-1

生态建设成效显　美丽乡村出"红利"

织金县隶属贵州省毕节市，位于贵州中部偏西。近年来，织金县不断厚植生态"家底"，释放生态红利。中寨镇利用镇域内自然生态的林业资源优势，大力盘活林地资源，提高林地的经济效益，引进企业发展林下食用菌种植，不断把生态优势转化为经济优势，全力打开产业发展新格局，为群众开辟增收新路子，实现"绿色颜值"和"金色产值"双提升。

在官寨苗族乡红岩村，1500余亩柑橘、李子等经果林布满山间，郁郁葱葱的绿色簇拥着花团，让这个大山里的小村庄成了游客踏春赏景的好去处。从曾经的"山旮旯里要粮食"，到如今的"家门口吃旅游饭"，良好的生态着实让当地村民改变了生产生活面貌。

马场镇在全村的坡地上种满了樱桃树，每年无论是踏春赏花季还是樱桃采摘时，都有不少游客慕名而来，农旅融合让群众的腰包越来越鼓。

这些生态项目的建设，为织金县的农村经济发展创造了优势：一是巩固了脱贫成效，不仅为脱贫闲散在家的劳动力提供了就业岗位，也为脱贫农户的经济持续增收创造了条件；二是壮大了村集体经济，为后续的农村乡村基层治理创造了经济条件；三是培养了后续人才，闲散在家的青年人员在基地上务工，不但学会了技术，还懂得了管理，也坚定了对于后续发展壮大"林下经济"的信心。

资料来源：汪瑞梁.织金：生态建设成效显 美丽乡村出"红利"［N］.天眼新闻 2022-3-27.

思考：自工业革命开始，人类对自然的破坏日趋严重，随之而来的各种环境问题成为全球可持续发展的阻碍，人类不得不在环保领域投入越来越多的精力。其实，中国古代就有主张生态和谐的思想，古人提出了顺应自然、不逆天而行的环保观念。东西方各国有许多关于自然环境保护的理论著述，这些思想可为维护人与自然之间的关系提供借鉴和启示。

一、道法自然

《道德经》第六十四章："是以圣人欲不欲，不贵难得之货，学不学，复众人之所过，以辅万物之自然而不敢为。"（辅：以万物为重心，把自己摆在次要的地位，尽量虔诚地辅助万物的生长、发展等自然变迁过程。不敢为：要小心谨慎，有如履薄冰的意思。）

老子主张遵循自然规律，敬重自然，反对逆天而行，违背自然法则。而"道法自然"可谓老子哲学中关于人与自然的关系最重要的观点。"道法自然"出自老子《道德经》第二十五章："故道大，天大，地大，人亦大。域中有四大，而人居其一焉。人法地，地法天，天法道，道法自然。"老子将人与自然看作一个整体，他认为人并不是万物之王，也并不独居其大，人类不过是整个宇宙中的一部分，是组成世界的业已存在的部分。在人类未出现之前，自然就独立于人类而存在，人类应该尊重自然、敬畏自然，并顺应自然的法则。《淮南子·原道训》认为，"天下之事，不可为也，因其自然而推之"。古人在当时就已经知道切不可违背自然规律，如此重视与自然的和谐相处，实属不易。

自然界有其自身发展的内在规律，人的行为只有顺应自然规律，才能做到"无为而无不为"。反之，人类若违反自然规律，恣意妄为，就必然会带来毁灭性的灾难。

二、以自然为善

随着环境问题日益显现，各学派早已开始研究环境问题，提出各种建设性理论。传统伦理学，无论是美德理论、功利主义还是义务论，都是个体主义的，因为品格、功利和义务的落脚点都是个人。一些伦理学家将人的生命视为最高的善，认为只有人或动物才具备自身的利益，而否认陆地、山川、植物、河水、海洋等的利益。其实这是一种功利主义观点，从人的利益出发对一切事物进行优胜劣汰，利人者生，反之亡。对于为了人类的经济利益而破坏自然环境的这种行为或理论是不容商榷的，因为自然环境才是人类生存的保障。

利奥波德创作的《大地伦理学》在环境伦理学发展史上具有划时代意义，《大地伦理学》承认生态系统、环境或大地的权利，他明确肯定了各种生物及生命联合体或生态群落的内在权利。"一件事情，当它有助于保护生命共同体的完整、稳定和美丽时，它就是正确的；反之，它就是错误的。"这是利奥波德提出的人在大地生命共同体中的伦理道德准则。尊重生命共同体的完整是人类的义务和责任。这种观点不再以人类为最高的善，认为人类只是作为生命共同体这个完整体系中的一员，并有义务辅助这个完整体系的发展。

梭罗在他的代表作《瓦尔登湖》中充分阐释了其自然生态思想。他在《瓦尔登湖》结尾的部分写道："我们常常忘掉，太阳照在我们耕作过的田地和照在草原和森林上一样，是不分轩轾的……广阔田地却不当我是主要的耕种者……它们不是有一部分为土拨鼠生长的吗……"在梭罗的描写中，自然与人类融合，没有谁是谁的统治者，人类的发展绝不是对物质财富的不断占有，而是精神生活的丰富与人格的提升。现代，科学技术已十分发达，人们享受高科技的成果，崇尚科技的无所不能。梭罗却早已悟出科技让人类"自己做奴隶的坚守人"，变成"它们的工具了"。

总之，人类不能以自身的尺度为唯一的价值取向去改造自然，而应当同时观照万物自身的尺度，追求并实现人与自然的动态和谐与平衡。

三、自然之为，无为自然

当今世界环境问题日益严重。老子的核心思想是"无为"，其"道法自然"多指"自然无为"。"无为"可以理解为一种"为"的方式，其结果是"无不为"，也可以理解为一种"不为"或无所作为。对于自然环境的破坏我们已经有所为，因此针对环境治理问题我们已经不得不为。我们对于处理环境问题虽已有意识，也被部分人所重视，世界各国的环保人士组织了许多志愿活动，并呼吁人们重视环保。但是，我们不断发展、不断进步的最终目的应该是在自然与环境上"无为"，这是人类与自然融合的最高境界，与"大同世界"有异曲同工之妙，是我们追求的一种理想状态。"无为"的实质就是避免反自然。现在，我们的价值标准以"有所为"为宜，如我们对自然的改造，"无为"并不是什么都不做，也不是不采取任何行动，而是要遵守自然万物的规律，要顺应自然，反对为追求经济利益而破坏自然环境的恶劣肆意的行为。

拓展阅读 8-1

生态伦理学

20世纪早期，法国学者史怀泽的著作《文明的哲学：文化与伦理学》（1923）和美国学者利奥波德的著作《大地伦理学》（1933）构成生态伦理学的滥觞。到了20世纪60年代，由于生态环境问题的日益尖锐，这门学科才正式建立并迅速被人们普遍关注。在生态伦理学视野内，自然对人来说不仅是一种手段性（工具性）的存在（就此而言，自然不过是人的外在对象），而且是一种始源性和本然性的规定。人与自然的分离和对峙，只是理性视野的偏执造成的表象（假象）。这种批判性的理解，为伦理价值视野投向整个生态系统提供了合法性。因为生态伦理观的确立,意味着人对自我本根性的自觉追寻,即向本原的复归,所以自然界及其规定对人来说不再是异己化的超伦理视野的领域,而是通过天人一体与人的伦理价值内在相关的东西。这就在天地人共同构成的有机系统中把理性与价值双重尺度内在地统一起来了,从而为人与自然关系的持续和谐提供了保障。

价值视野在生命和生态领域的确立,使人们不再仅囿于理性视野所给出的可能性,只做"能做"和"想做"的事,而是给予这类人性以是否"应当"的价值限制,从而在社会发展的实践过程中更好地体现人性的完满和健全。生命伦理学和生态伦理学的诞生,为人类在可持续发展中实现理性与价值的有机整合,提供了一种操作上的可能模式。

总之,可持续发展赖以实现的客观条件和主观条件,归根结底与人的自我中心化的扬弃密切相关。从客观条件来看,维系生态系统的动态平衡,保障自然界的自我调节和自我修复功能,以达到人与自然、人与人之间关系的内在协调,有赖于对话和交往关系的确立与深化;从主观条件来看,人的自我反省的批判能力、人的内在约束及其所体现的预警作用,也都需要人们真正扬弃自我中心化结构。这些都是实现经济和社会可持续发展不可或缺的绝对前提。

资料来源:何中华. 可持续发展观及其哲学意蕴 [J]. 哲学研究,1996(09).

拓展阅读 8-2

《道德经》节选

第一章:道可道,非常道;名可名,非常名。无名,天地之始;有名,万物之母。故常无欲,以观其妙;常有欲,以观其徼。此两者同出而异名,同谓之玄。玄之又玄,众妙之门。

释义:"道"如果可以用言语来表达,那它就是常"道"("道"是可以用言语来表达的,它并非一般的"道");"名"如果可以用文辞来命名,那它就是常"名"("名"也是可以说明的,它并非普通的"名")。"无"可以用来表述天地混沌未开之际的状况,而"有"则是宇宙万物产生之本原的命名。因此,要常从"无"中去观察与领悟"道"的奥妙,要常从"有"中去观察与体会"道"的端倪。无与有这两者,来源相同而名称相异,都可以称为玄妙、深远。它们不是一般的玄妙、深远,而是玄妙之玄妙,深远之深远,是宇宙万物之奥妙的门径。

第二十五章:有物混成,先天地生,寂兮廖兮,独立而不改,周行而不殆,可以为天地母。吾不知其名,字之曰道,强为之名曰大。大曰逝,逝曰远,远曰反。故道大,天大,地大,人亦大。域中有四大,而人居其一焉。人法地,地法天,天法道,道法自然。

释义:有一个东西浑然天成,在天地形成之前就已经存在。听不到它的声音也看不见它的形体,寂静而空虚,不依靠任何外力而独立长存永不停息,循环运行而永不衰竭,可以作为万物的根本。我不知道它的名字,所以勉强把它叫作"道",再勉强给它起个名字叫作"大"。它广大无边而运行不息,运行不息而伸展遥远,伸展遥远而又返回本原。所以说道大、天大、地大、人也大。宇宙间有四大,而人居其中之一。人取法地,地取法天,天取法道,而道纯任自然。

资料来源:张景,张松辉译注. 道德经 [M]. 北京:中华书局,2021.

子模块二　与圣贤的沟通——与孔子对话

同步案例 8-2

孔子的坎坷人生

公元前551年，孔子生于鲁国陬邑（今山东曲阜），3岁时，父亲叔梁纥撒手离开人世，撇下孔子和母亲，他们遭受白眼、歧视，无法在孔家继续生活，遂迁居鲁国都城曲阜。不幸的是，在孔子不到17岁的时候，母亲因积劳成疾离开人世。失去了双亲，成了孤儿，孔子并没有自暴自弃，失去家庭温暖，更激发了他在社会上找到自己位置的渴望。年少为理想周游列国，求仕贤君却屡屡碰壁；齐景公两次封邑于孔子，却被晏婴阻拦；楚昭王欲封孔子七百里书社地，又被令尹子西劝阻；51岁终于走上仕途，前后任鲁国中都宰、司空、大司寇，政绩斐然。然鲁国国君听信谗言，无心重振国威，孔子伤心欲绝，弃官离鲁，开始了长达14年的漂泊流浪生活。匡城受拘，陈蔡绝粮，终在68岁时由鲁国大夫季康子迎聘孔子回国，回国前妻子已逝，回国两年后唯一的儿子也不幸辞世，最爱的弟子颜回、子路相继离世，晚景凄凉，悲痛万分。

孔子一生追求仕途成功，渴望像他的偶像周公一样，实现自己的政治理想。然而生在乱世，即使有"知其不可而为之"的勇气，却止步于现实的无可奈何。与他的精神偶像相比，他是一个失败的理想主义者，但就是这样一个失败者，对后来中国的影响，远远超过了他心中的偶像周公。孔子失败于现实，成功于历史。司马迁伫立孔子故居，说道："《诗》有之：'高山仰止，景行行止。'虽不能至，然心向往之。余读孔氏书，想见其为人……自天子王侯，中国言六艺者折中于夫子，可谓至圣矣！"

自此，孔子形象由贤人演变为圣人，由素王演变为至圣先师，"克己复礼，万世师表"的孔子成了千秋万代人们的表率。美国1980年出版的《人民年鉴手册》曾列出世界十大思想家，孔子为十大思想家之首。据统计，《论语》在最重要的十部世界名著中，被翻译的语种数量居第二位。

资料来源：黄伟林. 孔子的魅力：重温孔子圣迹图［M］. 桂林：广西师范大学出版社，2007.

💡 **思考**：同学们，你们觉得孔子的魅力在哪里呢？你们对《论语》里的哪句话感受最深刻？谈一谈你们对它的理解和看法。

一、圣贤在我心

1. 礼之用，和为贵

中国自古便是礼仪之邦，樊树志在《我们的国家：历史与文化》一书中提出："从黄帝开始，举贤禅让，夏禹、成汤、文王、武王、成王、周公这六位君子，都谨慎恪守礼仪，表彰道义，考察信用，彰显过失，倡导仁爱与谦让，使人民视为常规。如果不照此执行，那么统治不稳，民众遭殃，因此夏商周时期被称为'小康之世'。春秋战国时代最为糟糕，堪称'乱世'，在'小康''乱世'之前是个理想社会，称为'大同'。"历史学家吕思勉说："在大同之世，物质上的享受，或者远不如后来，然而人类最亲切的苦乐，其实不在于物质，而在于人与人之间的关系，所以大同时代的境界，永存于人类记忆之中。不但孔子，即先秦诸子，亦无不如此。"黄伟林说："孔子生活的时代，是一个礼崩乐坏的时代，孔子试图在乱世之中，通过恢复周礼，来维持社会，结束无序，回归有序。'克己复礼'可以理解为克制个人内心的私欲，恢复和平文明的社会秩序。"

自刘邦在叔孙通为他行天子之礼后，再无人敢妄自放肆，礼教逐渐演变为统治者的奴役工具。然而，历史总是要回归真实，孔子所倡导的"礼"并非保守、封建、守旧、落后的代名词，"礼"归根结底是一种文化和价值取向，古代把礼作为法律制度，维护国家、社会、人民的关系。现在我们读《论语》，用礼、尚礼、复礼，更多地体现在保持人与自然的和谐、人的身心和谐、人际和谐与社会和谐方面；更多地关注如何提高个人修养，如何培养高尚的品格和君子情操，如何教会个人立身处世的规则和待人接物的方式。孔子所倡导的人才、人格与人文的道德修行，不仅表现为外在规范，更多的是一种思想的共鸣、精神的启迪、理想的升华。

2. 里仁为美，由仁义行

国学大师梁漱溟在《人生至理的追寻》中说："孔子未曾示人以固定之是非，未曾以固定之是非示教于人。孟子，善学孔子者，要人'由仁义行'而不要'行仁义'。行仁义者，规定一条是非准则而循行之，有如后儒'三纲五常'之教者，原非孔孟之所取也。"这段话的大意为发掘内心的仁，是一种道德自觉，而非遵循仁的行为规则，表面去施行。

"仁"的思想是孔子及其弟子穷其毕生所追求的道德境界。《论语》在孔子与弟子的一问一答中，回答了什么是"仁"，"仁"对人生的影响与价值，怎样才能变成具备仁心和仁爱的人，形成了以"仁"为核心，以"爱人""泛爱众""忠恕"为基本理念，以"温、良、恭、俭、让、信、敏、惠"为表现形式的思想架构。

时至今日，在日常的人际交往中要想赢得别人的长久信任和合作，就要像孔子所倡导的那样，先从自我做起。《礼记·大学》中说："古之欲明明德于天下者，先治其国。欲治其国者，先齐其家。欲齐其家者，先修其身。欲修其身者，先正其心。欲正其心者，先诚其意。欲诚其意者，先致其知。致知在格物。物格而后知至，知至而后意诚，意诚而后心正，心正而后身修，身修而后家齐，家齐而后国治，国治而后天下平。"所以，要从修身开始，首先要遵循礼节，其次要遵循"己所不欲，勿施于人"的原则，端正心态，控制欲望，以君子之风待人处世，以仁爱之心谋求共赢。

拓展阅读 8-3

孔子的说话艺术

一是慎言。说话不是一件小事，一言既出，驷马难追，所以说话前要思考、要慎重，言语表达要合适。

二是说话的时机要合适。子曰："言未及之而言谓之躁，言及之而不言谓之隐，未见颜色而言谓之瞽。"（《论语·季氏篇》）意思是不该说话的时候说话，是急躁；该你说话的时候不说，是隐晦；没有察言观色、不见时机地说话，是盲人。所以，再正确的话，也要选择合适的机会说，否则非但没有效果，还会弄僵关系。

三是说话要选择合适的对象。与不合适的人说话，即所谓"对牛弹琴"。子曰："可与言而不与之言，失人；不可与言而与之言，失言。知者不失人亦不失言。"（《论语·卫灵公篇》）

四是说话要把握好分寸。不论是向领导进谏还是劝告朋友，都要把握好分寸。子曰："事君数，斯辱矣；朋友数，斯疏矣。"（《论语·里仁篇》）意思是不恰当地给领导提意见，会自取其辱；喋喋不休地劝告朋友，会被朋友疏远。

五是说有用的话。孔子赞扬闵子说："夫人不言，言必有中。"（《论语·先进篇》）要说对别人有启示、有益处的话。当子贡问"有一言而可以终身行之者乎"时，孔子说："其恕乎！己所不欲，勿施于人。"

说话要注意上面一些问题。当然，更重要的是要言行一致。在言行关系上，我们经常讲要多做少说、做了再说、先做后说。孔子肯定君子"讷于言而敏于行"，主张君子"敏于事而慎于言"，认为"先行其言而后从之"，只有这样人们才会佩服你、相信你、效仿你。

资料来源：郑圣辉. 论语与人生[M]. 合肥：安徽大学出版社，2014.

💡 **思考**：对照一下自己，有没有犯过文中提到类似的错误呢？

二、践行出真知

1. 择偶像，读万卷书，互通思想之交流

偶像是年轻人心中的"精神伴侣"，会直接影响一个人成长过程中的价值取向和行为准则。偶像的前世今生、一举一动都会成为人们津津乐道的话题，20世纪五六十年代大众偶像是雷锋、保尔·柯察金等，七八十年代的标志偶像是张海迪，运动派喜欢中国女排，文艺范喜欢海子、席慕蓉，娱乐派喜欢古龙等，这也是一代青年人在充满向往与迷茫的成长岁月中难以磨灭的印记。然而，随着时代的变迁，人们的价值观和文化背景发生了巨变，年轻人的文化生活里似乎已找不到更显著的文化偶像和符号，各类选秀节目和一夜成名的传奇刺激着年轻人的中枢神经，浮躁心态遍地蔓延，精神文化沁润几近干涸。纵观古今，大师、名家、成功人士的成长经历中必不可少会有精神偶像、良师的谆谆教导，而这些大师、名家、成功人士的精神偶像和良师绝非娱乐明星所能比拟的。

偶像是一种精神激励和追求，一个民族没有优秀的精神品格，不可能屹立于世界先进民族之林，一个人没有正能量的人文修养和道德素质，其心不正，其行必不正，不可能取得长久的发展和上升空间。国学大师梁漱溟曾说："1920年前，我志在出家，然读《论语》后，乐之一字随在可见，语气自然，神情和易，自始至终贯穿着一种和乐的人生观。如云：

仁者乐山,智者乐水;贫而乐;饭疏食饮水,曲肱而枕之,乐在其中;发愤忘食,乐以忘忧,不知老之将至;如是等等。不能不引起我的思寻研味,纠正了过去对人生某些错误看法,遂放弃出家。"由此可见偶像的魅力之巨大,佳作影响力之深远。历史是一面镜子,读史明鉴,历史上的名人典故更是发生过的经典案例和宝贵财富,只有站在前人的肩膀上看世界,视野才会更开阔,积淀才会更深厚。在闲暇之余进行阅读,既是一种享受,又是一种学习,既有思想火花的碰撞,又有灵感的激发,何乐而不为呢?

2. 游故地,行万里路,瞻仰前人之风范

"纸上得来终觉浅,绝知此事要躬行。"孔子周游列国,他游历诸国的经历无人企及,屡败屡战、屡战屡勇的精神更是给门生的一种无言的教诲,政治的谋求虽不得意,但晚年重回鲁国,三千弟子追随其身,著书立说,终于名垂千古。苏东坡仕途历尽艰辛,两次迫害,四度流放,被贬黄州时,游赤壁,作《赤壁赋》,流芳千年。余秋雨在《文化苦旅》中这样写道:"在我居留的大城市里有很多贮存古籍的图书馆,讲授古文化的大学,而中国文化的真实步履却落在这山重水复、莽莽苍苍的大地上。"游历圣人、名人故居与故地,感悟神州山川的人杰地灵,感悟自我的卑微与渺小、历史的厚重、山川的博大、先哲的脚步、生命的敬畏,有一种从历史穿越到现实的快感,又有一种急切改变的紧迫感。行走也是一种学习与收获的方式,弗里德里克·格鲁在《行走,一堂哲学课》中说道:"卢梭只有在行走时才能够真正地思考、写作、创作、获得灵感;兰波靠行走释放年轻的激情与灵感;行走激发创造、唤醒自由,同时令困惑的灵魂获得平静。"行走中被自然激发的感受可以打开人通往内心知识储备的仓库,把生命内部信息与外部知识融合起来,促使人内心的丰满与思想的成熟。

所以,年轻人千万不要在迷茫与无知中浪费生命,要想充实自己,丰满理想,就从自身做起,读万卷书,行万里路,做真心无始、自性清净、知行合一、止于至善的有为青年吧。

拓展阅读8-4

《论语》节选

子曰:"人而无信,不知其可也。大车无輗,小车无軏,其何以行之哉?"

释义:一个人如果没有诚信的品德,就像牛车、马车没有輗和軏一样,怎么可以立身于社会,怎么可以走遍天下呢?

子曰:"君子欲讷于言而敏于行。"

释义:君子说话要谨慎、迟钝,做事要敏捷、勤快。

子贡曰:"如有博施于民而能济众,何如?可谓仁乎?"子曰:"何事于仁,必也圣乎!尧舜其犹病诸!夫仁者,己欲立而立人,己欲达而达人。能近取譬,可谓仁之方也已。"

释义:子贡说:"假如有人能对民众广泛施恩并普遍接济,怎么样?可以说是仁者了吧?"孔子说:"这岂止是仁者,一定是圣人了,就连尧舜恐怕还做不到呢。作为一个仁者,自己企盼立足于社会,也想到让别人能立足,自己企盼事事通达,也想到让别人能通

达。能从近处考虑，将心比心，可以说是实践仁德的途径了。"

子模块三　自我沟通——等待自己的灵魂

同步案例8-3

认识你自己

　　希腊的德尔菲神庙上刻了一句话，翻译成中文是："认识你自己。""认识你自己"能够被刻在神庙上，代表它是希腊人经过几百年的经验积累下来的智慧，是很难达成的一个目标。希腊哲学家苏格拉底常以这句话来教导别人，但是他最后说他只知道一件事，就是自己无知。希腊有一出悲剧，名为《俄狄浦斯王》，里面提到了一个人面狮身的怪兽——斯芬克斯，他提的问题当时很多人都没有办法回答。那个问题其实并不难，我们今天都知道答案。"有哪一种动物可以发出声音，早上四只脚，中午两只脚，晚上三只脚？"答不出来的人就会被吃掉。这里面含有象征意义，如果一个人连这个问题都答不出来，代表他对于"自己是一个人"都不了解。因为这个问题的答案就是"人"。我们小时候在地上爬，好像有四只脚，现在两只脚，将来晚年难免需要拐杖，又变成三只脚了。

　　这说明希腊时代对人的问题非常重视，对自我的了解更觉得是一种很大的困难。所以，我们今天谈自我认识，要谈三个问题：第一，我是谁；第二，人是什么；第三，我要成为什么人。这三个问题是有相关性的。

资料来源：傅佩荣．从自我出发［M］．北京：北京理工大学出版社，2011．

💡 **思考**：同学们，你们能准确回答上面三个问题吗？其实这就是自我认知、自我定位的过程。在成长的过程中，你们的人生观和价值观是什么？不同的人生观和价值观所折射的人生态度与思考问题的方式会千差万别。你们能在纷繁复杂的社会中留给自己片刻的时间，倾听自己的灵魂吗？和自己灵魂对话的过程，就是自我沟通的过程。在自我沟通的过程中，只有通过自身的独立思考、自我反省、自我批评、自我激励，实现自我认同，才能始终保持良好的心境、乐观的情绪、理智清醒的心态，这是实现卓越人生的坚实基础。因此，自我沟通是一个自我认知、自我定位、自我成长和自我超越的过程。

一、自我沟通中存在的问题

1. 缺乏自我认知

　　自我认知就是在日常生活中，通过各种行为、事情对自己的各方面进行体验、察觉、认识的过程。一般我们会通过他人提供的看法了解自己，也可以通过专业的心理测试了解自己。乔哈里视窗（见拓展阅读8-5）告诉我们，人们对自我的认知存在盲目区和未知区，也就是人们对自我的认知是不全面的。每个人的盲目区和未知区大小不一，我们必须通过各种反馈来缩小这些盲目区和未知区，只有这样才能对自己有清楚的了解和认知。

2. 目标模糊

很多人之所以迷茫，就是因为人生没有设定好短期的目标和长远的愿景。心理学已经证明，有目标的人的成功率比没有目标的人大很多，一个目标，一个明确的方向，可以使我们集中注意力，充满激情和干劲。目标传递的是一种敢于面对挑战、克服困难、赢取成功的信念。因此，在工作、生活和学习中，不能没有方向和目标，得过且过的想法只会使自己的人生变得更加糟糕。

3. 情绪管理能力差

情绪失控的表现有焦虑、烦躁、抑郁、冷漠、自卑、嫉妒、情绪减退等。一个人的情商就表现在控制情绪、调整情绪的能力上。如果一个人能了解自己的情绪，妥善管理自己的情绪，找到自我调适、自我暗示、自我激励的办法，就能得到同事、朋友、爱人的欣赏、信任和支持；相反，自暴自弃、怨天尤人、心灰意冷只会使面临的困难雪上加霜，于事无补。

拓展阅读 8-5

乔哈里视窗

美国心理学家乔瑟夫和哈里从自我概念的角度对人际沟通进行了深入的研究，并根据"我知—我不知"和"你知—你不知"这两个维度，依据人际传播双方对传播内容的熟悉程度，将人际沟通信息划分为四个区：开放区、盲目区、隐秘区（又称隐藏区）和未知区（又称封闭区），这个理论被称为"乔哈里视窗"。

	我知	我不知
你知	开放区	盲目区
你不知	隐秘区	未知区

开放区

开放区是自己知道、别人也知道的信息。例如，你的家庭情况、姓名、部分经历和爱好等。开放区具有相对性，有些事情对某人来说是公开的信息，而对另一些人来说可能是隐秘的事情。在日常的人际交往中，共同的开放区越大，沟通起来也就越便利，越不易产生误会。

盲目区

盲目区是自己不知道、别人却可能知道的盲点。例如，性格上的弱点或坏的习惯，你的某些处事方式，别人对你的一些感受，等等。反思现代社会，为什么那些地位越高的人，越难听到关于自己的真话？就是因为围绕在这些人周围的往往都是一些阿谀奉承的人，沟通单向而闭塞。一旦当事人没有博大、开放的胸怀容纳一些敢于对自己讲真话的朋友或善于直言的下属，他的盲目区就有可能越来越大。每个人只有不断地缩小自己的盲目区，才能走向成功。

隐秘区

隐秘区是自己知道、别人却可能不知道的秘密。例如，你的某些经历、希望、心愿、阴谋、秘密、好恶等。即使一个真诚的人也需要隐秘区，完全没有隐秘区的人是心智不成熟的。但在有效沟通中，适度地打开隐秘区，是提高沟通成功率的一条捷径。

未知区

未知区是自己和别人都不知道的信息。例如，某人身上隐藏的疾病。未知区是尚待挖掘的黑洞，也许通过某些偶然或必然的机会，得到了别人较为深入的了解，自己对自我的认识也不断深入，人的某些潜能就会得到较好的发挥。

应用范围

乔哈里模型后来成为被广泛使用的管理模型，用来分析及训练个人发展的自我意识。

它把人的心理分成四个部分：公开我、背脊我、隐藏我、潜在我。这个理论说明，当你对说和问有不同理解的时候，即说得多或问得多，就会使别人对你产生不同的印象，影响别人对你的信任度。

在开放区的运用技巧

他的信息他知道，别人也知道，这会给人什么样的感觉呢？善于交往、非常随和的人容易赢得别人的信任，使别人容易和他进行合作性的沟通。要想使你的开放区变大，就要多说、多问，询问别人对你的意见和反馈。

这从侧面告诉我们，多说、多问不仅是一种沟通技巧，也能赢得别人的信任。因为信任是沟通的基础，有了基础，就不难建设高楼大厦。

在盲目区的运用技巧

如果一个人的盲目区最大，那么他会是一个什么样的人？是一个不拘小节、夸夸其谈的人。他有很多不足之处，别人看得见，他却看不见。造成盲目区太大的原因就是他说得太多，问得太少，他不去询问别人对他的反馈。因此在沟通中，不仅要多说而且要多问，避免盲目区过大的情况发生。

在隐秘区的运用技巧

如果一个人的隐秘区最大，那么关于他的信息，别人都不知道，只有他一个人知道。这是一个内心封闭的人，或者说是一个很神秘的人。这样的人，别人对他的信任度是很低的。如果与这样的人沟通，那么合作的态度就会少一些。因为他很神秘、很封闭，往往会激发别人的防范心理。为什么他的隐秘区最大？是因为他问得多、说得少。

在未知区的运用技巧

未知区大，就是关于他的信息，他和别人都不知道。这样的人，他不问别人对自己的看法，也不主动向别人介绍自己。封闭使他失去很多机会，能够胜任的工作可能也从身边悄悄溜走了。

每个人要尽可能缩小自己的未知区，主动通过别人了解自己，主动告诉别人自己能够做什么。

资料来源：齐忠玉．乔哈里窗沟通法［M］．北京：中国电力出版社，2010．

思考：你认为你在别人眼里是怎样的一个人？可以通过小游戏来测试了解。

二、自我沟通的艺术

1. 自我认知和定位

《从自我出发》这本书里是这样回答"我是谁"的。第一，从自然界的角度来看，与其他生物相比我是人；第二，从地域的角度界定，我是中国人；第三，从社会角色定位，我是学生；第四，从特定人伦关系界定，我是父、母、子、女、夫、妻；第五，名副其实，我叫某某。人是什么？从生物学来看，人是一种有自我意识的生物。从心理学来看，人的意识层次很窄，我们要设法扩充它。有时候我们并不会关心"我是谁"或"人是什么"，我们真正关心的是每个人要"成为谁"，也就是要"成为什么人"。

我要成为什么人？我怎么知道自己应该成为什么人呢？有两种方法：一种方法是爱，另一种方法是信仰。

首先要学会爱，才能被爱。泰勒·本-沙哈尔在《幸福的方法》中提出："一个盖着盖的水壶是无法装水的，无论你再怎么努力，再怎么尝试，水只会从外面流下去，而不会灌满水壶。内在的价值感是一种去接受的态度，一种去接受幸福的态度。"没有哪个人可以关起门来单独认识自己，如果一个人没有爱人爱己的心理，那么他的世界观、人生观和价值观肯定是扭曲的。因此，要想获得爱和幸福，最大的障碍其实是自己，很多时候我们觉得没有人爱自己，最根本的原因是我们先封闭了自己的心灵，不知道体察人与人之间的亲情、友情和爱情，那么我们看待世界的颜色就会是灰暗的。我们希望别人如何对待自己，我们就如何对待自己和别人。当我们把自己照顾得很好时，我们的脾气就会得到改善，对自己和周围的其他人都是如此；而且当我们感到快乐的时候，我们就会更好地对待工作，更好地对待别人。

美国管理学大师彼得·德鲁克曾说过这样一个故事。三个年轻人在一个建筑工地上砌墙，有一位老者走过来问："你们在干什么？"第一个人回答："没看见吗？正在砌墙。"第二个人抬头苦笑："在赚钱养家糊口。"第三个人边干边哼小曲，愉快地回答："我正在为教会建造一座大教堂，让信徒可以在此敬拜神像。"几年后，第一个人仍在另一工地砌墙；第二个人坐在办公室画图纸，成了工程师；第三个人则成了前面两个人的老板——高级管理者。这个故事告诉我们，一个人对待生活和工作的态度，往往反映其内在的世界观和人生观，而世界观和人生观又决定一个人人生道路的高度与宽度。

希腊哲学家苏格拉底曾说："人在还没有找到自己的路之前，最好根据两个原则去走——法律和信仰。"信仰，就是相信人生中有一种东西，它比自己的生命重要得多，甚至是人生中最重要的东西，真正有信仰不在于相信神，而是相信人生应该有崇高的追求，有超出世俗的理想目标。人有了信仰，就如浮萍有了根一样，生命才有根基。善恶判断、价值取向、自律意识和慎独精神的养成，都源自内心的信仰。处在多元化、多样性的社会里，各种诱惑会找上门来，如果没有信仰，没有内心的自律，那么做了坏事只能靠法律来惩处。而有了信仰，就不需要法律的威慑，我们的价值判断自然会是与人为善，不做坏事，"见善如不及，见不善如探汤"，我们的人生观和价值观就会是积极的、正面的、充实的。

2. 自我放松和独处

在快节奏、高压力的工作环境下，每个人都很忙碌，甚至焦虑，可是忙碌就一定代表高效率吗？斯宾塞·约翰逊在《给你自己一分钟》中告诉我们，忙碌并不一定有效率。实际上很多时候，在忙碌的背后我们丧失了倾听自己内心的能力，如果每天给自己一分钟的时间，对自己的行为和想法进行反思，也许就会引导自己向内倾听自己的智慧。周国平说："人们往往把交往看作一种能力，却忽略了独处也是一种能力，并且在一定意义上是比交往更为重要的一种能力。有无独处的能力，关系到一个人能否真正形成一个相互自足的内心世界，而这又会影响到他与外部世界的关系。"所以，从现在开始，每天给自己一分钟的时间，静下心来倾听自己灵魂深处的独白吧。

3. 自我暗示和激励

运用自我暗示改变自己。别让消极的自我暗示控制自己，要用积极的自我暗示改变自己。只要用积极的自我暗示进行反复练习，就能用一些更积极的思想和概念来代替过去陈旧的、否定性的思维模式，这是一种积极的心态，也是一种能在短时间内改变心态的方法。

运用自我激励鼓舞自己或通过自我鞭策保持对学习、生活、工作的热情和激情。自我激励比外在激励更能激发自身的勇气与力量。自我激励的过程：树立愿景和目标，远离舒适，迎接挑战，把控情绪，勇于竞争，敢于犯错，善于总结和内省，学会自我奖励。

4. 自我成长和超越

在困境中成长。林语堂曾经说过："一个人彻悟的程度，恰等于他所受痛苦的深度。"每个人的人生不可能一帆风顺、顺心顺意，生活中难免遇到一些苦难、挫折、失败，在遇到这些令你痛苦的事情时，你的选择决定了成功与否：一种选择是为了成功而总结失败的教训并找出成功的方法，另一种选择是为自己的失败寻找一大堆的借口与理由。而不同的态度会导致不同的结果，为成功找方法的人最终获得了成功，为失败找借口的人依然在失败。因此，在经历过这些困境后，能够摆正心态，发现问题的根源所在，寻找解决的方法并最终战胜它们的人，必然会感受到豁然开朗、别有洞天的愉悦，这就是心智成熟、自我成长的渐修过程。

在读书中成长。"万般皆下品，唯有读书高。"林语堂在《论读书》里这样说："读书，开茅塞，除鄙见，得新知，增学问，广识见，养性灵。一人在世上，对于学问是这样的：幼时认为什么都不懂，大学时自以为什么都懂，毕业后才知道什么都不懂，中年又以为什么都懂，到晚年才觉悟一切都不懂。对于读书我是这么以为的。第一，要凭兴趣爱好，不可功利化。有目的性的读书如果是为了黄金屋和颜如玉，当你自以为实现这个目标后，便将书束之高阁。其实读书和学习是一辈子的事，不可操之过急、用心不纯。可择能陶冶情趣、净化心灵的书本讨来一看，也可为了专业发展选择专业读本，在慢慢的熏陶过程中，自我修养才能得以提升。第二，讲究方法和技巧，万不可死读书，读死书，要用怀疑的眼光去质疑，也要用行动之魄力去践行，要将理论与实践相结合，更要将知识与方法进行凝练。"

在良友中成长。人生择一知己足矣。良友在我们成长的过程中扮演的角色是风向标、参照物、镜子。如果我们有这么一两个积极、乐观、大度、宽容的人做知己，那么我们的心态、信念、人生就会变得积极、乐观、大度、宽容。如果我们处于一个消极、悲观、不求上进的朋友圈里，久而久之，也会"近墨者黑"，毕竟能够"出淤泥而不染"的人很少，所以选择自己的朋友圈很重要。

在不断否定中超越。自我超越是指对自我行为惯性的突破，敢于自我否定、自我突破、自我创新。习近平总书记指出："勇于自我革命，是我们党最鲜明的品格，也是我们党最大的优势。中国共产党的伟大不在于不犯错误，而在于从不讳疾忌医，敢于直面问题，勇于自我革命，具有极强的自我修复能力。" 勇于自我革命是中国共产党区别于其他政党的显著标志。自我革命精神是党永葆青春活力的强大支撑。中国共产党如何始终保持先锋队性质？唯有不断自我革命，始终做到自我净化、自我完善、自我革新、自我提高。不论过去怎样，打碎了重新来过，这就是重生，也是否定，更是创新。

"众里寻他千百度，蓦然回首，那人却在灯火阑珊处。"我们可以这样理解，在人群中找真正的自我，找了千百次都无疾而终，突然转过头去看，发现真正的我却一直等待在那里。所以，我们要时不时地蓦然回首，去等一等我们丢弃很久的灵魂吧。

子模块四　与团队成员的沟通——合作共赢

同步案例 8-4

心连心、手拉手、肩并肩

英国作家萧伯纳说："如果你有一个苹果，我有一个苹果，彼此交换，那么每人只有一个苹果；如果你有一种思想，我有一种思想，彼此交换，每个人就有了两种甚至多于两种思想。"沟通是一种伟大的交换。沟通的最高境界——没有不能沟通的事。不能沟通一次不成功就放弃，要有百折不挠的精神，一次又一次尝试，不断地沟通。沟通可以化敌为友，有出入的解释，可以变成"各自表述"；有争执的领域，可以"共同治理"；被割让的土地，可以"物归原主"——这是一个沟通的时代。

拿出诚心、爱心、耐心。退一步海阔天空，给对方留足面子，在可承受的范围之内让步，而且知道这世界不是全属于我，也不可能只有我是对的，只有这样社会才能进步。若团队没有沟通交流，就不可能达成共识；没有共识，就不可能达成一致意见，不可能有默契；没有默契，就不能发挥团队的作用，也就失去了建立团队的初衷。在团队中，无论情感的交流、他人的认同、利益和机会的获取，还是影响力的发挥，都需要通过沟通来完成。

沟通能力已成为团队生存的核心能力，成为团队能力的决定因素、团队生存的基本条件，没有沟通就没有成功。

俗话说：借力使力，不费力。其实说白了，合作就是借他人之力来助己成功，其中也可以学到很多他人的技巧，起到四两拨千斤的作用。当年拿破仑带领法国军队所向披靡，但在进攻马木留克城的时候，却遭到了前所未有的抵抗。拿破仑最终抓住对方弱点，依靠团队合作，大败马木留克士兵。所以说，个体的力量是有限的，而团队的合作则可以实现个体难以达成的目标。战国时期廉颇和蔺相如之间"将相和"的历史佳话，同样启示着我们，每一家公司都是一个团队，而每一位员工都是其中一员，员工只有具备了团队精神，才能对公司的工作认真负责，对自己的人生和事业负责。

虽然每个老板都希望自己的员工精明强干，能独当一面，但是老板更希望员工能够精诚合作、相互支持。老板重视的是整体效应，正所谓"一花独放不是春，百花齐放春满园"。如果你像一只发现了远处有一片鲜花的蜜蜂那样，不肯将花源告诉你的同伴，只顾自己采花，不管你酿的蜜再多，也比不过一群蜜蜂酿的蜜！不管你个人有多么强大，你的成就有多么辉煌，只有保持与他人之间的合作，才能实现你的梦想，因为只有合作才能走向未来。

资料来源：余世维. 打造高绩效团队［M］. 2版. 北京：北京联合出版公司，2012.

思考：请探讨关于"心连心、手拉手、肩并肩"的哲学思考。从研究和实践的双重视域来看，这个话题富有较强的现实价值和哲学意蕴。谈这个话题，固然绕不开沟通、合作，那么沟通、合作在当今社会生活中真的重要吗？回答这个问题，用一句话来概括最合适——没有沟通就没有成功，只有合作才能走向未来。

从一个高效团队的运行来看，在整个团队成员之间的沟通中，合作、交流、共赢是沟通的落脚点。合作与交流可能是心连心、手拉手、肩并肩式的，无论哪种方式都蕴含着一定的哲学内涵。我们知道，团队中共同确立的价值取向，在思想与灵魂碰撞中产生的行为方式，在团队与社会活动中表达的精神与信仰，就是所谓的团队文化。团队领导者应确立团队成员之间共同的工作目标，把握双方互为认可的行为准则，建构团队的愿景，营造积极向上的氛围。"信、和、责、助"的哲学思考所表达的内涵，构成了团队成员共同的精神信仰。其中的文化价值，在于团队成员之间对合作共赢的渴念、对精神愉悦的渴求、对团队和睦的渴盼、对协同拼搏氛围的渴慕、对相濡以沫情感的渴爱、对和谐融洽愿望的渴切、对贡献社会的渴望。这种理性的思考是深沉的、意蕴深长的、富有建设性的。

"信、和、责、助"这四个字的哲学意蕴，是团队成员相互信任、相互尊重的起点，是团队合作与交流方式的文化体现，是团队作为社会的一部分。

"心连心、手拉手、肩并肩"是三种紧密程度不同的合作方式。心连心式是紧密型的合作，双方在某一方面具有较为一致的价值取向和行动目标；手拉手式是密切型的合作，紧密程度仅次于心连心式，强调双方协作，相互帮助，双方在某一方面的价值取向和行动目标趋同；肩并肩式是宽松型的合作。在国际合作与交流中，在美国举行的2013年"感知江苏"文化周中，就提出了"经济合作手拉手，文化交流心连心"的口号。文化的交流润物无声，文化的力量无远弗届，文化既是民族的，更是世界的，所以文化交流应是心连心的。

一、"信"字内涵的哲学思考

"心连心、手拉手、肩并肩"这三种合作与交流关系，都必须以"信"为前提和基础，只是相互信任的程度不同而已。没有信任，将难以建立合作关系，即使有也不会长久。合作双方之间所表达的"信"，既是相互的信任，又是做事诚信、做人自信、取信对方，双方形成共同的志向与信仰。

要做到"心连心、手拉手、肩并肩"，信任原则是基础。合作过程中可能会有很多插曲，出现这种情况，既要信任对方的人品，又要体谅对方的艰辛与困难。信任表达的是人性，体谅展示的是理性。只有让人性之中善良、智慧、包容的风范放大，才能富有温情；只有让理性的深刻、远见的卓识放光，才能走得更远、更稳。

信任之中不只是体谅，也包含着体贴与温情。团队就像家庭一样，当团队成员在外面遇到困难时，如果回到"避风港"的团队还得不到温暖，而是陷入另一种"审判"式的烦恼中，就会加大团队成员的精神负担和心理压力。团队成员之间的信任是一种思想和智慧，一种精神和动力，一种理解和鼓励。

诚信是一种道德的自我规范，是社会交往的标准，是团队成员之间合作与交流的基本准则，是一个人道德修养的核心部分。人际关系越疏远，彼此信赖的程度就越低。例如，与不熟悉的人进行商业合作，就需要使用具有法律效力的合同、担保等，而对于友情等值得信赖的关系，即使发生了金钱关系也不用烦琐的契约。因此，诚信是讲层次的，而层次是由社会关系决定的，团队成员之间的诚信意识显然是"天之道也"。

自信是人格的力量，是正确的自我认识，是合作成功的心态支撑。对于对手的自信，在于包容和豁达；对于朋友的自信，在于了解和真诚。自信是对自我人格、能力、视野的肯定，是经过深入思考、综合分析后对自身修养、素质的综合评价。正确认识自我、了解自我是自信的基础，离开了正确的自我认识所产生的自信，只能是自傲。自信要有度的把握，不能让对方误认为自负。自信是客观的、理性的，是以自身的修养为衡量标准的；自负是唯心的、感性的，是脱离客观条件、仅凭感觉和想象行事的莽撞。

团队成员之间的"信"，还在于共同目标下的信仰。共同的信仰构成共同的志趣和共同的奋斗方向，共同的信仰是建立高效团队的基础，也是合作与交流的重要基石。信仰是和谐的"先行官"，是一种精神现象，是团队成员之间精诚团结、相互包容、合作共赢的强大动力。

团队成员之间共同的信仰可以是一种共同的对美术、音乐、收藏、旅游、戏剧等兴趣爱好的信仰。信仰是精神动力，是一种为之奋斗的目标。信仰是心中的一盏明灯，促成人们精神的一致；信仰是一种特殊的力量，能够托起沉沦的人生。团队成员之间共同的信仰在于为团队提供精神的力量，产生共同的目标驱动力。

二、"和"字内涵的哲学思考

"心连心、手拉手、肩并肩"的合作也时刻体现着"和"的意蕴,这里既有中庸思想表达的"中和",又有双方合作艺术中"忍"的思考。合作中任何一方过于强调自己的条件,而不换位思考,合作就不会成功。当合作受到非原则性事情的影响时,双方也要学会忍耐。中庸的思想是中华传统文化中儒家提出的哲学思考,倡导以"德"为处世的方法论,是指导人们行为规范的准则。

中庸之道不偏不倚,既不激进,也不保守。"中者,不偏不倚,无过不及之名;庸,平常也。"(朱熹)中庸的内容很丰富并有其严谨的内在体系。中庸要求人们在处理问题时保持一颗平常的心,守善持中,并以宽广的胸怀一以贯之。将这种思想和境界注入团队文化中,就是身处逆境时不要心浮气躁、悲观不前,身处顺境时不要得意忘形、过于乐观。不仅如此,中庸还要求人们认识问题的核心与本质,"识时务者为俊杰",注意观察事物的发展变化,动态地思考事物的进展。将中庸的思想注入双方的合作关系中,要求双方不将个人的观念和喜好强加于对方。

"和"的思想表达的理想境界是合作双方求同存异、和谐相处。其意在除去偏激,反对一意孤行,讲求和睦和气、顾大局。

合作双方的"和",为合作关系的建立与发展找到了一个情感的平衡点。"和"所表达的"平常心",是一种理性的道德修为所表达的一以贯之的习惯,是一种走向成功的坚定信念;"和"所表达的"身处逆境时心不浮气不躁",是一种阳光、积极的进取心态;"和"所表达的"识时务者为俊杰",是审时度势、与时俱进的理性深刻之为。

"和"不但表达了中和的"平淡"取向,还隐喻着一种默默克制、忍耐、等待的智慧。当一方受到不公正的待遇或突发危险的状况时,另一方的体谅,就变成了一种智慧的指导和理性的疏通。合作双方之间的体谅有时还表现为一种忍耐,忍耐不是懦弱,而是一种精神与意志的趋利避害。忍耐看似克制,实质是合作关系中所隐喻的包容、责任和胸襟。

三、"责"字内涵的哲学思考

"心连心、手拉手、肩并肩"的合作也时刻体现着"责"的意蕴,双方只有相互尽责,方能实现友好合作。在合作中,每个人都不希望自己出现失误,但是"人非圣贤,孰能无过"。重要的是,错误发生了,就应该勇于承担责任,及时改正错误。

一个人对待错误的态度可以直接反映他的工作态度和道德品行。出现差错时,是绝不推脱,勇敢地承担起自己的责任,还是拼命寻找一些客观原因以掩盖错误,或者为错误辩解,这是衡量一个团队成员是否优秀的重要标准。

合作中要想赢得别人的尊重,成为一个勇于承担责任的人,就必须改掉推脱责任的坏习惯。出现差错时,要先反省自己,积极寻求改正错误的办法。

合作中如果对自己承担的事情不负责任,也就是对自己的前途不负责任。合作中并没有绝对无法完成的事情,只要承担起责任,不把借口摆在面前,就能实现合作。

可以说,任何一个团队都需要勇于负责并把事情做到位的员工。做好自己的工作,是合作成功、实现价值的第一要素。各行各业,人类活动的每个领域,都在呼唤能自主做好手中工作的员工。德国化学家卡尔·齐格勒说:"如果你能尽到自己的本分,尽力完成自己应该做的事情,那么你总有一天能够随心所欲地做好自己想要做的任何事情。"反之,如果你凡事都得过且过,从不努力把自己的工作做好,那么你永远也无法到达成功的彼岸。

每个团队里都有不同的岗位,每个人都有自己的做事准则,只有履行好自己的职责,才能实现良好的合作与交流。教师的职责是培育人才,医生的职责是救死扶伤,军人的职责是保卫祖国,工人的职责是生产合格的产品……社会上每个人的位置不同,职责也有所差异,但所有岗位都有一个基本要求,就是勇于负责,把事情做到位。

四、"助"字内涵的哲学思考

"心连心、手拉手、肩并肩"的合作也时刻体现着"助"的意蕴,只有相互帮助方能成就你我。无论哪种合作,其本质上都是在给别人提供帮助的同时,也在帮助自己,双方资源共享,互助共赢。在帮助别人的同时,你会收获一种十分难得的强者的感觉,而正是这种感觉激励着你奋发图强,走向成功。

孟子曰:"爱人者,人恒爱之;敬人者,人恒敬之。"凝聚了古人高度智慧的哲理在当今社会依旧是不可动摇的信条。古有孟尝君倾其全部家产供养三千食客,那些食客穷尽"鸡鸣狗盗之能"助他脱离危难;又有刘邦礼贤下士,在众人的帮助下击败项羽,创立了延续几百年的大汉。今有海尔集团"真诚到永远"的承诺,以利人为宗旨,赢得顾客的信任,从一家快倒闭的企业发展成一家世界500强企业。

在你遇到麻烦时,那些主动向你伸出援助之手的人总能得到你的好感。事实上,你希望看到笑脸,你的脸上就要先有笑脸。不能只是抱怨别人,埋怨周围的环境,而应该主动关心别人,主动为别人做一些事情。只有付出真诚,才能得到真诚,那些不过分计较自己的得失,多为别人着想,主动帮助别人的人,总会得到大家的尊重。

物质世界是普遍联系和不断运动变化的统一整体。这就告诉我们,现实生活中很多东西看似没有关系,其实都是相互联系的。在工作中千万不要只关注眼前的事,要知道工作中与自己无关的事不一定对自己没有影响。在合作与交流中更要紧抓这一条不放,只有这样才能游刃有余。

一位老板对在办公室看闲书的一位员工说:"如果你暂时没事可做,为什么不去帮助那些需要帮助的同事呢?"在工作中不要将某项工作孤立地看待,因为工作有连续性,你的工作可能是过去某项工作的延续,或者是未来某项工作的基础,还会涉及多个部门或岗位。工作中有很多中间环节,彼此间需要协调。正如企业管理专家阿瑟·卡维特·罗伯特斯所言:"优异的成绩都是通过一场相互配合的接力赛取得的,而不是一个简单的竞争过程。团队成员必须关注整个团队的利益,而不是自己的利益,要善于传出接力棒,而不是单枪匹马独自完成整场比赛。"

子模块五　跨文化沟通——身处地球村

同步案例 8-5

从电影《喜福会》看中美朋友文化的差异

根据谭恩美的同名小说改编而成的电影《喜福会》给广大观众留下了非常深刻的印象。电影《喜福会》讲述的是四对母女之间由于成长的背景不同，因而在思想、观念等方面存在较大的差异，充分体现了东西方文化之间存在的差异和冲突。四位母亲在中国的时候遭受了巨大的不幸，她们抱着无限期望远渡重洋来到美国。尽管她们在美国生活，但中华传统文化的影响已经融入她们的血液及灵魂深处，因而与她们在美国出生、长大的女儿在生活方式、思维习惯、道德观念等方面表现出非常明显的不同。

《喜福会》这部影片充分阐述了中国人对于朋友之情的重视程度。电影的开头部分，君美的母亲往生后，君美母亲的三个好友仍然给她留了生前打麻将时所坐的位子，并把对她的思念之情转移到君美的身上，将其视如己出。安美无意之中问君美："你的牌艺有你妈妈的好吗？"这充分说明了君美的母亲在安美的心目中占据十分重要的地位。

在三个好友的努力下，君美的母亲生前一直在寻找的两个孩子最终被找到了，这两个孩子是战争期间被遗留在中国的一对双胞胎。君美母亲的三个好友告诉君美，她妈妈一直希望能够找到这两个被遗留的孩子，所以在她死后，作为朋友应该帮她完成这个心愿。然而，君美则反应比较冷淡，她竟然说："我又不是很了解她，她不过曾经是我的妈妈。"阿姨们听后非常生气，反驳她："你怎么能这么说呢……她待人诚恳……唱歌也很好。"在阿姨们的心里，君美的母亲是一个非常不错的人，她们不准君美这样说自己的母亲。

这些场景充分体现了中国人非常注重朋友之间的友谊，讲义气，主动为朋友承担责任。中国人相互之间往往需要比较长的时间才能成为朋友，一旦成了好朋友，这种友谊就会伴随终身，于是便有"友谊万古长青"这句话。而与美国人做朋友并不是一件难事，美国人十分热情大方，给人一种一见如故的感觉，但也会感觉到"人走茶凉"。由于美国地域广阔，人口频繁流动，并且朋友之间非常忌讳透露或打探别人的私事，因此美国人之间的友情看起来有些平淡。

资料来源：牛清艳. 从电影《喜福会》看中美文化差异［J］. 电影文学，2013（24）.

思考：1492 年 8 月 3 日，哥伦布受西班牙国王派遣，带着给印度君主和中国皇帝的国书，率领三艘百十来吨的帆船，从西班牙巴罗斯港扬帆出大西洋，直向正西航线行进，到 1492 年 10 月 12 日发现陆地，一共经过 70 昼夜的艰苦航行。当时哥伦布以为到达了印度，后来才知道，哥伦布登上的这块土地，属于现在中美洲加勒比海的巴哈马群岛。

中美正好在地球两端，从中国北京乘飞机直达美国纽约需要 13～15 小时，坐飞机绕地球一圈也只需要 40 小时左右。交通工具的迅速发展、通信技术的更新换代、网络技术的全面应用，使我们的地球成了名副其实的地球村。身处地球村，我们该如何尊重世界各国的文明，维护文化的多样性呢？

一、经济全球化发展的趋势

自 20 世纪 90 年代以来，以信息技术革命为中心的高新技术迅猛发展，冲破了国界，缩短了各国、各地区之间的距离，产品、技术、信息、服务、货币、人员等生产要素跨地区的流动日趋紧密，使世界经济越来越融为一个整体。经济全球化是当今世界经济的重要特征之一，也是世界经济发展的重要趋势。

尽管 T.莱维于 1985 年提出了"经济全球化"（Economic Globalization）这个概念，但至今对经济全球化的态势仍没有一个公认的定义。国际货币基金组织（IMF）认为，"经济全球化是指跨国商品与服务贸易及资本流动规模和形式的增加，以及技术的广泛迅速传播使世界各国经济的相互依赖性增强"。经济合作与发展组织（OECD）认为，"经济全球化可以被看作一种过程，在这个过程中，经济、市场、技术与通信形式都越来越具有全球特征，民族性和地方性在减少"。总之，经济全球化是指世界经济活动超越国界，通过对外贸易、资本流动、技术转移、提供服务的相互依存与相互联系而形成的全球范围的有机经济整体。

在经济全球化的大背景下，跨国经营的企业就变成了全球范围内的国际分工。零件加工在劳动力低廉的国家进行，总装配在主要的销售市场附近进行，开发设计则在拥有高素质专家的地方进行。因此，这种"全球产品"是全球性资源整合的结果。

今天，世界范围内的资金流动也日益频繁，对世界各国的影响巨大。1997 年，泰国的金融危机很快传播到整个东南亚地区，以及韩国和日本，从而形成严重的地区性金融危机，随后又波及俄罗斯和拉美地区，形成了全球性的金融动荡。

不仅资源、技术、资金、人员的全球化流动越来越频繁，文化也逐渐地参与进来。1998 年夏季，美国迪士尼公司推出的影片《花木兰》，借用中国的故事来表现美国的文化理念；2008 年，美国梦工厂出品的《功夫熊猫》取得了巨大的成功。

总之，经济全球化有利于生产要素和各种资源在全球的合理配置，有利于资本和产品的全球性流动，有利于科技的全球性扩张，有利于促进不发达地区经济的发展，是世界经济发展的必然结果，也是人类发展进步的表现。但它既是机遇，也是挑战。特别是经济实力相对薄弱和科学技术比较落后的发展中国家，面对全球性的激烈竞争，所遇到的风险和挑战将更加严峻。经济全球化过程中亟须解决的问题是建立公平合理的新经济秩序，以保证竞争的公平性和有效性。

进入 21 世纪以来，经济全球化与跨国公司的深入发展，既给世界贸易带来了重大的推动力，也给各国经贸带来了诸多不确定因素，使其出现许多新的特点和新的矛盾。

经济全球化已显示出强大的生命力，并对世界各国的经济、政治、军事、社会、文化等方面，甚至包括思维方式，都造成了巨大的冲击。这是一场深刻的革命，任何国家都无法回避，唯一的办法是适应它，积极参与经济全球化，在历史大潮中接受检验。

二、维护文化的多样性

在经济全球化浪潮下，如何维护世界文化的多样性，如何保护本民族的传统文化，已经引起越来越多有识之士的关注。

第一是立法保护。联合国教科文组织于 1972 年制定了《保护世界文化和自然遗产公约》，把文化遗产和自然遗产纳入保护的范围；1989 年提出了《保护传统文化和民俗的建议》，建议各国把民族传统和民俗文化也纳入保护的范围；2001 年发布了《世界文化多样性宣言》；2003 年通过了《保护非物质文化遗产国际公约》。

越来越多的国家也将无形文化和民俗文化遗产保护作为国家文化政策的一部分。日本是传统文化保护较好的国家，自 19 世纪下半叶起便开始立法保护，立法较早而且十分完备。美国于 1906 年通过《古迹法》，旨在保护美国国家古迹和文化遗产，1935 年通过《历史遗迹法》，1936 年又通过《公园、风景路和休闲地法》。此外，美国的每一个国家公园都有独立立法。

各种法律对保护和利用文化与自然遗产资源起到了重要的作用。应当看到，具有民族特色的各种戏剧、舞蹈、工艺和体育活动等，如果国家不通过立法形式加以保护，不在财政上予以支持，完全通过市场调节和自负盈亏的经营方式是很难维持其生存的，并有可能使之逐步消亡。

第二是开发保护。任何一种文化现象，一旦在社会中失去功能，就会自动消失。可以通过开发旅游，使传统文化恢复活力，使各族人民重新认识本民族的文化。英国就十分注重开发遗产资源，如伦敦两日一次的白金汉宫皇家卫队换岗仪式，每次都会吸引数万名游客。

第三是创新保护。维护世界文化的多样性，保护传统文化，并不是原封不动地继承和保留传统文化，而是适应时代前进的要求，吸收新思维、新概念，对传统的东西进行新的诠释，推陈出新，从而丰富文化的内容。例如，英国传统的房屋室内都有壁炉，壁炉与房屋顶上的天窗相通，以便在取暖时排烟。现在虽不再烧壁炉，但他们在盖房子时仍修壁炉，因为壁炉具有通风透气的功能。这样，壁炉的功能就由取暖转变为通风透气。

总之，在全球化浪潮中，保护各民族的传统文化或民族性较强的文化，对维护世界文化的多样性具有十分重要的意义。世界上的任何民族，如果抛弃民族文化传统，没有任何特色，就会在世界民族之林中失去地位，也会在国际政治中失去影响力。因此，保护中国各民族的传统文化，具有十分重要的现实意义。

拓展阅读 8-6

文化多样性与文化全球化的几种观点

文化多样性是历史上和当代世界的客观事实，世界上的每一个国家、每一个民族都有自己的独特传统，都有自己的文化特色。然而，随着经济全球化浪潮的冲击，文化多样性受到严重的威胁，各国、各民族能否长期保留自己的文化特点，成为许多学者和政治家关注的问题。学术界自 20 世纪 90 年代以来便开始探讨文化多样性与文化全球化（或称"文化同质化")问题,探讨的焦点是文化能否像经济一样,形成全球文化。目前学术界中存在三种观点。

第一种观点认为,有可能会形成全球文化。因为经济全球化将对各民族文化产生很大影响,全球性的互动和一体化导致差异缩小,全球性的规范、思想和实践将压倒本地的规范、思想和实践。有的学者赞成、主张文化全球化或国际化,并提出了实践的方法。

第二种观点认为,从国家和民族文化这个角度来看,在国家和民族没有消亡之前,即在没有组成一个"世界国"之前,不可能有一种整合的全球文化。全球性的互动可能会导致各种文化的新融合,但全球一体化也可能激起各个民族的防范意识,并促使其采取措施保护自己的文化,全球性规范必然会被人们根据本地传统做出自己的解释。

第三种观点认为,创造力和跨文化接触以很快的速度创造着文化,随着全球化的推进,这种创新也会加快。也就是说,文化创新比文化全球化的步伐要快得多,因此最终获胜的是文化多样性。

经济全球化与文化多样性之间是一种互动的关系。全球各国、各地交往速度的加快,互动频率的增加,促使人们进一步了解文化的多样性,同时也促使不同文化之间发生接触或冲突。在接触或冲突的过程中,不同文化之间必然相互影响、相互渗透,强势文化对弱势文化的影响更强、渗透更深,但不可能形成全球同质性的文化。在国家和民族没有消亡之前,民族文化的独特性将长期存在。

总体来说,经济全球化趋势不可阻挡。然而,文化与经济不同,文化多样性或多元化趋势仍将长期存在。

资料来源: 何星亮. 文化多样性与全球化[J]. 湖北民族学院学报,2004(03).

思考与练习

1. 在发展经济的同时,如何与自然和谐共处?
2. 人生是指一个人"从生到死"的一段生命历程,而在这段生命历程中,人总会有大大小小、程度不同的吉凶祸福,在陷入困难、挫折、迷茫时,应当如何处理?如何面对?
3. 如何辩证地看"祸兮福所倚,福兮祸所伏"?
4. 在全球化的今天,处于不同文明、不同文化的人们该如何相处?

技 能 训 练

要求:从哲学上讲,世间万物都处在不断运动、变化和发展中,相互联系、相互影响。我们任何一个人都不可能在社会上独立生存与发展,会不可避免地与他人、他事、他物产生联系。以小组为单位,任选沟通的哲学思考中的一个话题,收集相关资料,完成一份沟通研究报告。

说明：要用辩证的、发展的眼光来分析、解决问题。

能 力 自 评

一、专业能力自评：自我沟通能力诊断

（1）我经常与他人交流以获取关于自己优缺点的信息，促使自我提高。
（2）当别人给我提反面意见时，我不会感到生气或沮丧。
（3）我非常乐意向他人开放自我，与他人共享我的感受。
（4）我很清楚自己在收集信息和做决定时的个人风格。
（5）在与他人建立人际关系时，我很清楚自己的人际需要。
（6）在处理不明确或不确定的问题时，我有较好的直觉。
（7）我有一套指导和约束自己行为的个人准则与原则。
（8）无论遇到好事还是坏事，我总能很好地对这些事负责。
（9）在没有弄清楚原因之前，我极少会感到生气、沮丧或焦虑。
（10）我清楚自己与他人交往时最可能出现冲突和摩擦的原因。
（11）我至少有一个以上能够与我共享信息、分享情感的亲密朋友。
（12）只有当我自己认为做某件事是有价值的时，我才会要求别人这样去做。
（13）我会在较全面地分析做某件事可能给自己和他人带来的结果后再做决定。
（14）我坚持一周留出一点只属于自己的时间和空间去思考问题。
（15）我定期或不定期地与知心朋友随意就一些问题交流看法。
（16）在每次沟通时，我总是听主要的看法和事实。
（17）我总是把注意力集中在主题上并领悟讲话者所表达的思想。
（18）在听的同时，我努力深入地思考讲话者所说内容的逻辑性。
（19）即使我认为所听到的内容有错误，仍能克制自己继续听下去。
（20）当我在评论、回答或不同意他人观点时，总是尽量做到用心思考。

评价标准：非常不同意／非常不符合（1分）；不同意／不符合（2分）；比较不同意／比较不符合（3分）；比较同意／比较符合（4分）；同意／符合（5分）；非常同意／非常符合（6分）。

自我评价：
将你的得分与三个标准进行比较：（1）比较你的得分与最大可能得分（120分）；（2）比较你的得分与其他同学的得分；（3）比较你的得分与所有学生组成的标准群体的得分。在与标准群体比较时，如果你的得分是 100 分或更高，那么你可能位于最高的四分之一群体中，你具有优秀的自我沟通能力；如果你的得分是92~99分，那么你可能位于次高的四分之一群体中，你具有良好的自我沟通能力；如果你的得分是85~91分，那么你的自我沟通能力较好，但有较多地方需要提高；如果你的得分是84分或更少，那么你需

要严格地训练自己以提升自我沟通能力。选择得分最低的 6 项,作为本部分技能学习提高的重点。

二、核心能力自评

核心能力	是否提高
自然为善、保护自然的意识	
领会圣贤、学用礼仁的意识	
倾听内心、自我沟通的意识	
爱人如己、合作共赢的意识	
求同存异、跨文化沟通的意识	
哲学的领悟学习能力	
自评人(签名): 年　月　日	教师(签名): 年　月　日

注:"是否提高"一列可填写"明显提高""有所提高""没有提高"。